深化供给侧结构性改革 降低实体经济成本

降低实体经济企业成本典型案例选编

国家发展和改革委员会经济运行调节局 ○编

中国市场出版社
China Market Press

·北京·

图书在版编目（CIP）数据

深化供给侧结构性改革 降低实体经济成本：降低实体经济企业成本典型案例选编/国家发展和改革委员会经济运行调节局编. —北京：中国市场出版社，2019.4

ISBN 978-7-5092-1777-1

Ⅰ.①深… Ⅱ.①国… Ⅲ.①企业管理-成本管理-案例-中国 Ⅳ.①F279.23

中国版本图书馆CIP数据核字（2019）第002929号

深化供给侧结构性改革 降低实体经济成本
——降低实体经济企业成本典型案例选编

SHENHUA GONGJICE JIEGOUXING GAIGE JIANGDI SHITI JINGJI CHENGBEN
——JIANGDI SHITI JINGJI QIYE CHENGBEN DIANXING ANLI XUANBIAN

编　　著：	国家发展和改革委员会经济运行调节局
责任编辑：	宋　涛（zhixuanjingpin@163.com）
出版发行：	中国市场出版社
社　　址：	北京市西城区月坛北小街2号院3号楼（100837）
电　　话：	（010）68034118/68021338/68022950/68020336
经　　销：	新华书店
印　　刷：	河北鑫兆源印刷有限公司
开　　本：	185mm×260mm　　1/16
印　　张：22	字　　数：350千字
版　　次：2019年4月第1版	印　　次：2019年4月第1次印刷
书　　号：	ISBN 978-7-5092-1777-1
定　　价：	78.00元

版权所有 侵权必究　　印装差错 负责调换

编委会

主　任：赵辰昕

副主任：李云卿

编　委：（按姓氏笔画排列）

于　峰	马　克	马　超	马翔宇	王　飞	王　珺
王卫真	王志民	王远鸿	孔　哲	尹　英	石红艳
左　源	叶建勋	白　玉	毕永田	朱　敏	任洪源
刘　东	刘　伟	刘　松	刘　彦	刘　鹏	刘金明
闫　婷	关　立	许思敏	祁京梅	孙　猛	杨实君
杨真玉	杨靖国	李　红	李　林	李　腾	李华友
李光东	李若愚	吴志琦	吴杏霞	何海林	张　苏
张　洵	张　翼	张利英	张前荣	张晓宏	张曙光
陆应权	陈　晨	林晓锋	范　洋	国　彬	周　岩
单晓红	赵　涛	赵新民	逄艳红	姜　伟	贺亮辉
贾永强	贾帆联	夏　鑫	倪　稞	徐　洪	徐　涛
徐平生	郭　彧	郭胜华	黄　鑫	喻　斌	傅昭南
曾　辉	曾吉明	廖　明	熊华文	薛安添	

前言
The Casebook on Cost Reduction

推进供给侧结构性改革是以习近平同志为核心的党中央科学认识发展大势、深刻把握发展规律、主动适应引领经济发展新常态的重大创新和战略部署，对于解决长期积累的结构性矛盾、提高供给结构对需求变化的适应性和灵活性、促进经济持续健康发展意义重大。"三去一降一补"是供给侧结构性改革的重要抓手，是破解重大结构性失衡、实现经济良性运行的关键举措。降低企业成本作为缓解企业生产经营困难，振兴实体经济，提升供给能力的必要手段，在党中央、国务院坚强领导下，经各方共同努力，工作取得显著成效。为贯彻国务院领导指示，做好降成本工作经验的总结推广，国家发展改革委经济运行调节局组织开展了降成本工作典型案例征集以及《深化供给侧结构性改革 降低实体经济成本——降低实体经济企业成本典型案例选编》编辑发行工作，国家信息中心成立了专门的课题组。

各有关部门、各地区降成本工作牵头部门积极响应，认真组织，共选送300多个有效案例，有的单位还多次补充案例。经课题组反复遴选和有关专家论证，完成了案例的选取和书籍编撰工作。全书从综合施策降本增效、降低税费负担、降低融资成本、降低制度性交易成本、降低人工成本、降低企业用能用地成本、降低物流成本、提高资金周转效率和激励企业内部挖潜等9个方面，精选出60个典型案例，全面直观、形象生动地展现了近几年来降成本工作的主要工作和具体成效，希望能够提炼出一批可复制、可推广的典型经验，对深入开展降成本工作起到启发借鉴作用。

本书得到了各级政府有关部门和相关企业的大力支持，吸取了相关领导和专家学者的宝贵建议，凝聚了课题组和出版社的集体智慧，编委会在此深表敬意和感谢。

由于时间和水平有限，书中难免有疏漏和不妥之处，敬请读者批评指正。我们真诚期盼各界人士对降成本工作提出宝贵意见。

降成本案例集编委会

2018 年 12 月

目 录　The Casebook on Cost Reduction

第一章　综合施策降本增效——001

案例1　减负降本助企业走出困境 挖潜增效促企业转型升级
　　　　——江苏省工业企业降成本增效益／003

案例2　推进"双创"工作 降低企业成本
　　　　——天津市大力促进"大众创业万众创新"／010

案例3　江西省开展"五大特色帮扶"促进实体经济振兴发展／014

案例4　综合施策 干在实处
　　　　——四川省全力推动降成本工作取得实效／020

案例5　做好降成本文章 推进高质量发展
　　　　——湖南省常德市大力降低工业制造业企业成本／025

第二章　降低税费负担方面——031

案例6　广东省"营改增"政策红利助力健力宝总部基地发展／033

案例7　吉林省长春市研发费用加计扣除政策减轻企业创新负担／038

案例8　广东省下调城镇土地使用税和车船税支持实体经济发展／043

案例9　全面优化首都营商环境 切实降低企业税务负担／047

案例 10　江西省宜春市"精准帮扶"降低企业办税成本／053

案例 11　广东省综合运用"五字诀"减费 助力企业"轻装上阵"／058

案例 12　从娃哈哈集团缴费情况看企业降费成效／063

案例 13　广东不断出台清费减负政策 格力电器缴费负担逐年下降／068

案例 14　交通运输部深化港口价格机制改革 加快清理规范港口经营服务性收费／070

案例 15　北京海关取消进出口环节收费 实现"便企惠企"／072

第三章　降低融资成本方面——077

案例 16　四川省绵阳市以核心企业为龙头 有效推进应收账款融资／079

案例 17　打造中企云链供应链金融共享服务平台 推动实体企业降本增效／085

案例 18　山东省打好债券融资"组合拳" 切实为企业降本减负／090

案例 19　广东省中山市深化银税互动 为企业换来"真金白银"／095

案例 20　河南省政府推进采购合同融资 助力中小微企业降压减负／099

案例 21　济南海关创设"银关保"新型担保模式 缓解企业融资难融资贵／103

案例 22　四川省创建新型政银担合作模式 建立小微企业融资新机制／106

案例 23　广西"惠企贷"降低融资成本 助力中小企业发展／110

第四章 降低制度性交易成本方面——113

案例 24　浙江省将"最多跑一次"改革向纵深推进 / 115

案例 25　江苏省推进"不见面审批"和"3550"改革
　　　　政府服务效率大幅提高 / 121

案例 26　河南省以"减证"促"简政"　企业实现"一照一码"
　　　　走天下 / 128

案例 27　从 24 天到 5 天
　　　　——北京市提高企业开办效率降低制度性交易成本 / 132

案例 28　江西省瑞昌市深化商事登记制度改革成效显著 / 137

案例 29　山西省试行企业投资项目承诺制　实行无审批管理 / 142

案例 30　四川省德阳市"一窗式"全程代办推动投资项目
　　　　审批提速 / 146

案例 31　海南省海口市国家级高新区推行"极简审批"改革 / 151

案例 32　福建省福州市通过"互联网+不动产登记"降低登记成本 / 156

案例 33　广州海关"关邮 e 通"打造邮件快速通关通道 / 162

案例 34　江苏省抓好知识产权保护　服务降成本优环境 / 168

第五章　降低人工成本方面——173

案例 35　广东省综合施策降低企业社会保险成本 / 175

案例 36　北京市企业选择住房公积金缴存比例灵活性增强 / 178

第六章　降低企业用能用地成本方面——183

案例37　管住中间放开两头 积极构建电力市场化交易机制
　　　　——云南省深化电力体制改革力促用电成本降低 / 185

案例38　蒙西电网推进电力体制改革 降低企业用能成本 / 190

案例39　湖北省电价改革降成本提效益促发展 / 193

案例40　河南省濮阳市积极推进工业用地弹性出让
　　　　降低企业用地成本 / 197

第七章　降低物流成本方面——201

案例41　贵州省从三个方面创新突破 推动降低物流成本工作落实 / 203

案例42　山西省高速公路差异化收费政策成效显著 / 207

案例43　广东林安物流集团创新发展模式 全面推进物流业
　　　　降本增效 / 212

案例44　中储智运创新无车承运人模式 打造物流服务新生态 / 219

案例45　四川省成都市构建城市共同配送创新模式 积极推动
　　　　降低物流成本 / 223

案例46　市场监管总局集中开展海运领域反垄断执法 降低进出口
　　　　物流成本 / 228

第八章　提高资金周转效率方面——233

案例47　通过保证金清理及保函替代一揽子解决工程尾款 / 235

案例 48　中关村积极推动投贷联动试点成效初显 / 238

案例 49　创新云南建筑工程综合保险 助力工程建设企业降低成本 / 242

第九章　激励企业内部挖潜方面——245

案例 50　徐工集团内外并举努力实现降本增效 / 248

案例 51　中联重科股份有限公司变革生产计划模式 / 252

案例 52　工具全寿命周期成本控制助力西飞 / 256

案例 53　多维度指引下的能源集中管理
　　　　——株洲中车通过自我挖潜实现降本增效 / 262

案例 54　基于互联网模式的精益成本体系搭建
　　　　——北汽集团从价值链源头有效控制成本 / 271

案例 55　提升成本管理水平 促进产品效益增长
　　　　——九洲公司实行产品全过程精细化管理的探索与实践 / 279

案例 56　西山煤电（集团）打出创新管理和降本增效"组合拳" / 284

案例 57　河钢集团基于工具和管理创新实现降本增效 / 291

案例 58　一手抓敏感成本 一手抓政策红利
　　　　——云南冶金集团降成本出实招见实效 / 298

案例 59　精益管理促进降本增效 创新驱动引领企业发展
　　　　——新疆天业苦练内功挖掘降本潜力 / 304

案例 60　打造陶瓷产业链整合服务平台 开辟传统产业降本
　　　　增效新路径 / 311

附 录——317

国务院关于印发降低实体经济企业成本工作方案的通知／319

关于做好 2018 年降成本重点工作的通知／333

The Casebook
on Cost Reduction

第一章
综合施策降本增效

本章选取了 5 个较为全面阐述近年来降成本突出工作的典型案例。包括了 4 个省级和 1 个市级政府案例，其中省级政府案例涵盖了东、中、西不同地区，概况反映了降成本各项政策的实施过程、地方经验和工作成效。

江苏省先后 3 次出台了降低实体经济企业成本的相关文件，帮助企业走出困境"轻装上阵"，走出了一条政府和企业共同发力的降成本之路，天津降成本工作的一大特色是，在贯彻落实国家降成本各领域要求的基础上，结合自身特点，增加自选动作，创新性地增加了对降低创新创业成本的工作要求，突出了天津特色，反映了天津实际，解决了天津问题；江西在全省范围内开展"五大入企帮扶行动"，并配以 130 条具体政策措施，真金白银为实体经济"降成本"；四川省把降成本工作作为深入推进供给侧结构性改革、振兴实体经济的"牛鼻子"工程，扎实做到四个"着力"，综合施策、干在实处，推动降本减负工作取得积极成效，助力经济高质量发展；湖南省常德市是长江经济带的重要节点城市和洞庭湖生态经济区的重要组成部分，但同时也是一个经济欠发达的中西部内陆城市，近年来把帮扶实体经济作为产业立市战略的重中之重，大幅降低制造业企业成本，增强了企业发展信心、发展活力和发展动能。

案例 1
减负降本助企业走出困境 挖潜增效促企业转型升级
——江苏省工业企业降成本增效益

一、基本情况

为大力推进供给侧结构性改革，切实降低实体经济企业成本，江苏省政府先后 3 次出台了降低实体经济企业成本的相关文件，旨在为实体经济减负，帮助企业走出困境"轻装上阵"。降成本政策实施以来，循序渐进、持续发力，在税费负担、融资成本、人工成本、用能成本、物流成本和制度性交易成本等方面陆续出台措施，在"减"字上做足文章，从宏观数据看，效果显现，企业普遍反映成本压力趋于缓解、发展环境明显改善。与此同时，作为市场主体的企业，在政策的鼓励和引导下，顺应市场变化，修炼内功、降本增效，打造竞争优势，也取得了积极成效。

二、主要做法

2016 年 2 月 26 日，江苏率先在全国出台《关于降低实体经济企业成本的意见》；同年 11 月 29 日，又发布《关于进一步降低实体经济企业成本的意见》。2017 年 8 月 28 日发布了《省政府关于切实减轻企业负担的意见》（以下简称《意见》）。意见共包含 17 条举措，涉及省财政厅、省国税局、省地税局、省交通运输厅、省经信委、省物价局、省人社厅等20多个政府相关责任部门。

（一）税费成本方面

江苏省政府出台的降成本文件中，所涉及的税费减免政策最多，如全面推开营改增试点，研发费用税前加计扣除，清理规范涉企政府性基金和行政事业性收费等诸多政策。在国家法律政策框架下和省级权限、财力可承受范围内，提出现阶段江苏省可以实现的最优惠减负政策，尽最大可能减少制度和政策羁绊，让企业最大限度地享受政策红利。值得一提的是，江苏省专门根据"大走访大落实"活动中收集到的企业诉求，针对性地提出了相关举措。如对于部分行业因为进项抵扣不足，"营改增"后上缴税收不降反增的情况，提出进一步帮助纳税人用足各项过渡安排和优惠政策，确保所有行业税负只减不增。符合条件的营改增企业，继续按简易方式缴纳增值税。

（二）融资成本方面

长期以来，"融资难融资贵"一直是困扰企业生产经营的主要问题之一；银行贷款门槛高、手续多、条件苛刻等因素让企业感到"银行钱难借""借款费用高"。因此，降成本政策涉及融资过程的诸多环节，包括降低银行贷款门槛、简化手续、规范清理融资通道、减少融资中间环节费用、优惠利率等措施。

（三）用工成本方面

"招工难""用工贵"是现阶段制约企业发展的难题。企业转型升级、创新发展，走智能制造之路，需要研发人员、高级技工等人才支撑，但面临"人难招"的窘境；而招用这些人才需要支付高额薪酬，自主培训技工则投入更高，且面临人员流动频繁等造成的额外成本投入等现实问题；另外，企业又不得不承受工人工资刚性增长带来的压力。因此，江苏省的降成本政策在保持工资水平合理增长，降低企业社保费缴费比例，发放稳岗补贴和职工培训补助等方面出台相应措施。

（四）能耗成本方面

在企业经营总成本中，能耗成本所占比重仅次于原材料成本和用工成本，在成本总计中占有一定比例，合理降低能耗成本支出，将有助于企业效益提升。而工业企业耗能主要来源于用电，若企业节省用电、减少电费支出将对企业降低成本发挥直接作用。此番降成本政策涉及工商业用电价格合理降低、扩大直接交易用电量（电价相对较低）、大用户优化用电服务等。

（五）物流成本方面

工业企业的运输业务多数外包给物流企业，仅少数企业内设物流机构，但企业通常也会有自有车辆、船舶等交通工具运输费用支出，因此降低物流成本会使部分工业企业受益。此番降成本政策所涉及的降低物流成本主要包括规范港口、机场、铁路等经营服务性收费，规范通行审批、优化通行环境，实施货车通行、船舶过闸、航空收费优惠等方面政策。

（六）内部挖潜方面

在降低实体经济成本工作中，政府的作用是着力推动体制机制的转变，降低影响经济运行效率的成本，营造良好的发展环境，而企业才是降成本的主体，只有企业注重研发投入、加强技术创新，提升管理水平、加强成本控制，降低生产经营低效的成本，建立长久的成本优势，才能真正实现降本增效的目标。2016年11月，江苏省政府再次出台的进一步降低实体经济企业成本文件中明确指出应"鼓励引导企业内部挖潜。支持企业实施管理创新和精益生产，利用新一代信息技术等手段，实现内部管理升级，创新生产经营模式，提高效益水平。加强先进技术和管理方法推广,鼓励企业强化目标成本管理,实现降本增效"。为落实"眼睛向内,降本增效"的新要求,江苏梳理挖掘了一批自我创新、增强内生动力、降本增效的典型企业,并加强宣传推广。

三、经验成效

从宏观层面看,降成本政策为工业经济带来积极变化。一是工业企业税金及附加、期间费用呈现下降趋势。2017年,江苏省规模以上工业企业主营业务税金及附加、管理费用项下税金、应交增值税同比下降0.3%,与2016年相比回落5个百分点。每百元主营业务收入中的税金及附加为3.81元,较2016年减少0.4元。每百元主营业务收入中期间费用为7.22元,较2016年减少0.11元。二是工业企业盈利能力增强、经营效益稳步提升。2017年,江苏省规模以上工业实现利润总额1.04万亿元,同比增长12.4%,较2016年提高2.4个百分点,利润总额继续位居全国首位;与此同时,亏损企业亏损面11.6%,较2016年缩小0.7个百分点,亏损企业亏损额同比下降9%,亏损企业亏损程度有所减轻。三是调查显示过半企业获益、经营信心有所增强。2017年7月,国务院开展第四次大督查,抽选江苏省60家规模以上工业企业进行降低企业成本问卷调查,调查结果显示:40家企业分别从减费降税、融资利率优惠、直接交易用电等降成本政策中获益,占比达到67.8%(有效问卷59份);省统计局开展的百家工业企业大走访活动结果显示86%的企业充满信心,看好制造业未来的发展。减负降本政策成效显现,已帮助企业度过最困难的日子,逐步走出困境。

(一)税费成本方面

企业反馈政府性基金和行政事业性收费明显减少,不少企业已享受到研发费用加计扣除政策。某电力企业,是与香港合资经营的发电企业,是行业内的知名企业,享有税费减免的政策优惠,其2017年教育费及附加等政府性基金缴费较2016年减少300余万元；2017年城市建设维护税、印花税等税金支出较2016年减少500余万元。另一家某基础化学原料生产企业，需缴纳原料法定检验费，2016年累计发生法定检验费180万元，随着清理规范一批行政事业性收费政策出台，国检部门依据政策取消原料法定检验费中的品质检验费，企业2017年减少近200万元费用支出。

（二）融资成本方面

政府在降低企业融资成本和中间环节费用方面做了大量工作，效果明显。某大型水泥企业，拥有新型干法旋窑水泥熟料和水泥粉磨生产线，年产水泥达3000万吨，是江苏省水泥行业中的领军企业，资金需求量大，2016年向银行贷款金额55.7亿元，贷款利率为5.35%，因企业经营状况良好、效益稳定，2017年享受政策利率优惠，仅上半年向银行贷款额就达到46.7亿元，且贷款利率仅为4.35%，节约利息支出2700多万元。

（三）用工成本方面

降低用工成本尽管难度较大、金额较小，但企业普遍感受到政策为企业释放了红利，自身信心得到了鼓舞和振奋。某食品加工企业，是一家拥有2100多名员工的大型企业，2017年支付给员工的薪酬过亿元。降低社保费率及失业稳岗补贴政策实施后，养老保险费率阶段性下调1个百分点，2017年企业因此项费率下调减少支出23万余元；失业保险费率阶段性下调0.5个百分点，因此项费率下调减少支出12万余元。另外，企业申请2016年失业保险稳岗补贴，依据企业及职工上年度所缴纳社会保险费总额的50%发放稳岗补贴，2017年为企业减少支出近26万元。

（四）能耗成本方面

2017年上半年电力直接交易量达到7586.3万千瓦时，占企业购电量比例为 94.6%。某大型特钢企业，经整合重组、淘汰落后产能，技术全面升级，采用国内最先进的生产工艺和一流设备，产品质量达到优质标准，是江苏省优质钢铁企业，钢铁产能约 140 万吨/年。2017 年，企业直购电实际结算量 4.8 亿千瓦时，价格低于电网价格约 0.025 元/千瓦时，全年共计节省用电支出 960 万元，因用电成本降低，利润总额增加 2.4%。另一家某大型电线电缆制造企业，享受政策提供的大用户优化用电服务，合理配置变压器容量，充分利用谷时低价电进行生产，2017 年节省用电成本约 380 万元。

（五）物流成本方面

物流成本不断降低。某石化企业，是大型的原油加工企业，原油运输环境决定运输成本，通常情况下费用较高，随着柘汪港开港，原料油经水路由港口运入，节省运费，加之通行环境的优化，服务性收费进一步规范，共节约运输成本约 600 万元。

（六）内部挖潜方面

一是通过研发多种耗材、优化成本选择、精细化管控，以降低原材料成本实现企业增效益。某液晶材料科技公司 2015 年原材料消耗占制造成本比重超过 70%，企业针对原材料消耗过重、价格回升较快、挤压利润空间的现状，积极推进新材料的研发，在订单、质量有保证的前提下，优先选用国产原材料降低成本，不间断监控主材消耗，节约原材料使用。2017 年，该企业原材料耗材占制造成本比重较 2015 年下降 2 个百分点，实现利润 1691 万元，同比增长 72.1%。

二是推进机器代人、提高劳动效率、智能化生产，以减少用工成本实现企业增效益。某纺织企业，积极推进"数字化智能纺纱车间"项目，新建 4.56 万锭的数字化全流程纺纱生产流水线车间，设备均采用数控系统，主机设备数控化率达到 100%。虽然智能车间工人平均工资高于普通车间 1000 元左右，但每个月车间可减少人工成本支出约 80 万元，提高了生产效率,实现效益提升。

三是改造节能技术、匹配设备效率、合理化用能,以节约能耗成本实现企业增效益。某化工企业,是江苏省大型的基础化学原料制造企业,年耗能量在 120 万吨标准煤,用能支出约 9.5 亿元,为提高企业生产过程中的能源利用效率,2016 年 7 月开始对生产工艺流程中的循环水系统、火炬长明灯等设备优化改造,节约了设备用能,为企业走出连续亏损的窘境提供了有效途径。

从上述典型案例中不难看出,政府降成本措施为不少企业带来实实在在的政策红利,而部分企业为适应经济新常态通过内部挖潜节约经营成本也卓有成效,由此促使工业经济效益产生积极变化。

案例 2
推进"双创"工作 降低企业成本
——天津市大力促进"大众创业万众创新"

一、基本情况

天津降成本工作的一大特色是,在贯彻落实国家降成本各领域要求的基础上,结合自身特点,增加自选动作,创新性地增加了对降低创新创业成本的工作要求,突出了天津特色,反映了天津实际,解决了天津问题。为了推进"双创"工作,天津推出多项降低创新创业成本的政策措施,大力促进"大众创业万众创新"。

二、主要做法

(一)营造一流创新创业环境

加强知识产权保护,出台严格知识产权保护方案,建立独立的知识产权法庭,打出"专利优先审查+协同保护+维权援助+严格执法"的组合拳,全力保护创新成本,维护创新热情。

持续推进行政审批和监管改革,优化市场环境,降低制度性交易成本。深化企业登记改革,推行许可经营项目筹建登记制度,避免工商登记与行政审批互为前置的问题。开展商务秘书企业注册登记,不具备办公场所的经营者可以通过住所托管方式获得经营资格。开展市场主体住所（经营场所）登记制度改革，放宽经营者住所（经营场所）登记条件。推进企业名称自主申报改革，推行企业登记全程电子化，推出了国家新标准电子执照，共享信息200多项，真正做到"数据多跑路、群众少跑腿"，在自贸试验区东疆港率先实现企业办照"一次不用跑"。全面推行企业简易注销，提升市场退出效率、降低企业退出成本，提高了社会资源利用效率。

（二）推动创新创业平台建设

天津推动创新创业平台专业化、服务特色化，引领效能升级、资源升级。打造天津高新区双创示范基地建设，布局遥感测控、智能制造、节能环保等领域专业化众创空间，以龙头企业为主体，集聚产业高端创新要素，培育形成新能源和新能源汽车、新一代信息技术和文化创意、大健康"两新两特"产业体系。

其中典型的做法是全国首推创新创业通票（以下简称创通票）制度。创通票是为了鼓励支持和更好服务"大众创业万众创新"而设计发行的一种针对特定科技服务的定额有价电子编码。创通票编码与申请企业或个人、服务包，以及达成的效果一一对应，其中服务包是指由政府向提供专项服务的第三方购买的针对某种创新创业行为的服务，免费提供给创新创业者使用。创通票的管理与使用遵循公平普惠、自主申领、专款专用的原则，不能拆分、转让、买卖和质押。创通票通过"互联网+政府服务"模式，再造政府资源配置流程，大幅降低了企业创新创业成本。这一制度自2015年推出以来，经过三年来的实践取得了显著成效，激发了区域创新创业活力。2016年服务全面实现线上办理，开通了"创通票平台"系统、手机App、微信公众号和订阅号等渠道，"国家高企""专利""商标""知识产权贯标""新三板挂牌"五大服务包也实现上线。2017年新上线了"市级高企服务包""新四板服务包"。

（三）创新金融服务支撑作用

以"降成本、促创新"为目标，天津出台了《天津市普惠金融发展实施方案》，持续加大对民营经济、小微企业的金融支持，积极开展金融服务创新，着力拓展融资渠道，完善金融服务体系，切实破解"融资难融资贵"对创新创业的制约难题，强化金融对创新创业的支撑作用。

积极发挥政府引导基金作用，带动社会资本向"双创"投资。天津积极组建创业投资基金和产业引导基金，推出天使投资引导基金、创业投资引导基金、海河产业基金等，预计带动社会投资3000亿元。目前海河产业基金共核准母基金25只、规模2105亿元，涉及集成电路、高端装备制造、新能源汽车、人工智能、大数据、云计算、生物医药等战略性新兴产业，中芯国际12寸线扩产及半导体标准件、京东智慧物流机器人等一批优质项目逐步落地。

积极创新融资方式，发展多元化融资渠道。天津推动实施小微企业应收账款融资专项行动，支持小微企业利用应收账款融资服务平台进行融资，减少应收账款占用，扩大融资服务、降低融资成本。大力发展无抵押物担保贷款，推出了面向初创科技企业的打包贷款，目前已帮助1193家企业解决无抵押无担保的信用贷款5.42亿元。推动投贷联动试点，积极争取试点银行在天津设立投贷联动机构，国家开发银行、中国银行持续跟进推动试点工作，截至2018年1季度，投贷联动累计投放77户，贷款余额10.3亿元。推动企业利用资本市场。高效落实对企业股改上市挂牌的专项资金补助，降低企业上市融资成本，截至2018年2季度，累计有409家民营企业获得企业上市挂牌专项资金补助30260万元。知识产权金融不断创新。天津突破传统融资模式，指导知识产权服务机构与天津中小企业信用担保中心合作，研发"担保+回购"模式的专利权质押担保产品"智保贷"，形成"企业+银行+担保+回购"新模式，为企业解决融资难题。天津光电安辰信息技术股份有限公司获得首笔"智保贷"发放的专利质押贷款300万元。鑫融资租赁（天津）有限责任公司办理了全国首单专利售后回租业务。推动平安财险、人寿财险等4家财险公司开展专利保险承保业务，创新试点险种"境外展会专利纠纷法律费用保险"，海鸥表业获得首单保险。

三、经验成效

天津以深化"放管服"为抓手，营造优质创新创业环境。出台了《关于营造企业家创业发展良好环境的规定》（"津八条"）及相关落实细则，营造公平竞争的创业环境，弘扬企业家精神，激发企业家创新创业活力。

创通票获得了双创企业的广泛欢迎，到2017年年底累计已发放创通票5000余张，为企业节约创新创业成本7000多万元。同时创通票制度也促进了高端服务业聚集发展，吸引了470多家来自全国各地的服务机构，有效提升了双创示范区的创新创业环境和活力。目前这一制度已向其他省市复制推广，贵州省贵安新区、江西省南昌市等地学习创通票制度设计了具有自身特色的双创平台，广东、江苏等地的平台建设运营合作正在洽谈中。

2017年，天津通过开展专利权质押融资需求调查、政策培训、银企对接、金桥之友等活动，服务企业100余家，42家企业获得专利质押贷款65笔，贷款金额25.37亿元。截至2018年2季度，各类知识产权质押贷款超过30亿元，其中18家企业获得专利质押贷款25笔，贷款金额15.6亿元。

案例 3
江西省开展"五大特色帮扶"
促进实体经济振兴发展

一、基本情况

江西省积极贯彻落实国务院关于振兴实体经济的决策部署,从 2016 年 5 月开始,在全省范围内开展"五大入企帮扶行动",并配以 130 条具体政策措施,真金白银为实体经济降成本,真心实意优化营商环境,推动解决了一大批制约企业发展的突出问题,实体经济呈现出健康快速发展态势。

二、主要做法

(一)省领导"包干到企",拓宽政企沟通新渠道

为架起政企之间沟通的"桥梁",江西开展省领导挂点联系园区企业活动,企业不必为找领导反映问题"绕圈子",领导不用层层汇报"听实情"。一是省领导与企业"结对子"。全省 104 个园区都安排了省领导挂点联系,每位省领导分别挂点 2~3 个园区,按照好中差 5:3:2 的比例,选定 10 家作为该园区的联系企业,每年上半年,由省委办公厅制定《省领导挂点联系开发区及对口省直部门安排表》,省降成本优环境专项办提

出挂点联系工作建议，省领导每年5—6月份开展集中走访调研。二是协调解决一批重大问题。对企业反映的涉及省级层面的重大问题，省领导直接面对面与企业交流，通过召开现场协调会等形式协调解决。现场不能解决的，专门组织召开部门协调会，推动涉企问题解决进入快车道。2017年，省领导挂点帮扶面对面听取企业诉求102件，现场解决65件，交办解决37件，企业满意率100%。三是示范引领市县联动。带动全省4200名省市县领导开展"点对点"结对帮扶，实现省市县三级领导全覆盖、104个工业园区全覆盖、1.5万个规模以上企业全覆盖。引领市县"一企一策"解难题，萍乡市定期召开政企双月恳谈会，收集企业反映问题83件，协调解决68件。九江市以"茶叙"沙龙的方式，每月邀请10～20户企业参加，由市四套班子领导协调解决问题。2017年，市本级开展4轮60余次政企"茶叙会"，共收集企业反映问题600多个。赣州南康区在全市率先实现标准厂房按揭贷款；南昌市高新区结合园区产业特点，出台了生物医药、新一代信息技术产业、光电产业、航空产业等产业扶持政策；崇仁县立足做大做强变电设备产业出台了系列政策。这些都取得了良好效果。

（二）开发企业精准帮扶平台App，推进干部帮扶常态化

在开展省市县三级领导挂点联系企业、机关干部下企业活动基础上，江西开发企业精准帮扶平台App，以信息化手段构建帮扶企业的长效机制，进一步提升帮扶企业的时效性。一是有问题随时用手机反映。企业精准帮扶平台App设置了诉求中心，企业可通过分配的用户账号，在手机平台实时反映存在的困难和问题。在办理程序上，省直挂点部门对有关问题进行筛选分类，并对诉求合理、指向明确、描述具体的困难问题提出初步办理意见，提交省入企帮扶小组办公室。省入企帮扶小组办公室提出办理意见后，将问题转交省直各相关职能部门进行研究，提出办理意见。二是明确办理责任和时限。各单位明确网上办理人员、职责和办理时限，对企业反映的诉求，省直挂点部门应在2个工作日内提出初

步办理意见;省入企帮扶小组应在 2 个工作日内将问题转交省直职能部门;省直职能部门在收到转办问题后,3 个工作日内予以确认,7 个工作日内予以解决或提出解决方案,确因客观原因难以解决的,主动进行解释说明。三是线上线下互为补充。线上解决问题成为常态,累计线上办结 1674 个。对涉及多个部门较为复杂的问题,通过 App 手机平台移交给省降成本优环境专项办,由该办召集有关部门进行工作会商,就企业反映的问题提出解决办法,累计召开工作会商会 68 次,解决企业较为复杂问题 362 个。

(三)金融"无缝对接",消除银企互动肠梗阻

整合金融机构、金融企业、金融专家与企业"无缝对接",通过政银企对接活动、银行挂点园区企业、金融专家服务团精准施策、政银联动减费让利等专项活动,累计为企业降低融资成本 110 亿元以上。一是金融政策成体系。构建"省级政策+部门配套+地方举措"的政策体系,先后制定金融扶持政策 61 条,设立转贷(倒贷)基金 100 只,基金规模达到 76.52 亿元,累计为 10239 家企业倒贷 897.94 亿元,节省企业"过桥"成本 3.1 亿元。全省各地也出台相应的金融帮扶政策。如上饶市引导设立中小微企业转贷互助帮扶基金,帮助中小微企业解决转贷过桥资金。目前,上饶市本级已成立注册资本金 1.5 亿元转贷基金公司。2017 年 3 月末,全市共有转贷基金 10 只,规模总计 9.8 亿元,累计帮扶企业 510 家,累计发放金额 52.3 亿元。新余市成立市级还贷周转金。截至目前,已累计完成还贷周转 525 户、867 笔,还贷周转金额 132.22 亿元,为企业节约还贷成本 1.56 亿元。各县区参照市里成立自身的倒贷周转金,确保 1000 万元以下的倒贷在县区运转。二是搭建银企对接平台。为破解融资难融资贵,江西大力整合现有的银行金融机构,形成"立体式"金融定向帮扶体系,让金融元素与企业需求深度融合。共组织 23 家银行省行(总行)挂点园区帮扶企业,每家银行挂点帮扶 3~7 个园区,累计出台优惠信贷政策 90 余条,在各市县或园区开展 23 场政银企巡回对接活动,

授信金额超9000亿元。全省各地创新对接模式。吉安市创新开展"行长+厂长"结对帮扶，组织驻市14家银行机构分别与全市14个工业园区"1+1"结对子，累计开展专题培训50余场，收集融资需求260余个，解决融资金额3.6亿元。吉安市、九江市等地金融机构分别组建"金融综合服务站""金融精准扶贫工作站"，推进园区金融服务站建设全覆盖，打通金融服务实体的末端环节，为企业提供最快速、最直接的金融服务。三是开展金融专家服务。组建省市两级服务团，为企业提供对接服务3000余次，对接成功并达成合作协议1700余家，发放贷款657亿元。组织20家银行机构签订金融服务承诺书，对全省贷款中间环节收费开展专项整治，共精简收费项目7项，降低收费标准63项，为企业节省各项费用0.65亿元。全省各地纷纷推出形式多样的金融专家服务。景德镇市从驻地银行机构、保险公司和证券公司中挑选出18家金融机构共36名高管和专家组建市金融专家服务团，通过电话沟通、上门走访会商、业务培训等多种方式，为支柱产业、重点企业提供有针对性的建议和融资渠道。为支持上市企业华意压缩从压缩机产量世界"第一大"向"第一强"迈进，该市组织辖内11家银行联合对其发放贷款12.75亿元，贷款平均利率为3.77%，截至2017年年底该企业杠杆率已由2015年的111.3%、高于企业杠杆率警戒线21.32个百分点，下降至75.7%，营业收入由2015年的68.56亿元增长至2017年的81.14亿元，增幅18.3%。

（四）专家精准帮扶，组建联盟共同攻克难关

为解决企业技术匮乏、创新乏力问题，江西瞄准产学研一体化，充分挖掘全省科技创新资源，通过科技与教育部门联袂，为实体企业不断注入创新动力。一是专家入企送科技。建立"两个库"（精准帮扶专家数据库、企业科技需求数据库），遴选1532位专家建立"精准帮扶专家数据库"，派出700余名专家，帮扶企业744家，解决技术难题623个。开展"百校联百园""千名博士教授进千企"活动，全省高校与115个市县或园区、3800家企业在科技咨询、成果转化等方面建立合作。全省各地

开展不同形式的专家入企帮扶。景德镇市与南昌航空工业大学进行对接合作开展精准帮扶工作，就该市航空企业技术难点进行精准帮扶和对接。截至目前，帮扶团共派出10余位专家为13家企业解决了6个技术难题，另有15个技术难题正在解决当中。二是建立科技服务平台。引领企业实施创新驱动战略，组建包括智慧物联等在内的5个省级产业技术创新战略联盟，建立校企合作服务信息平台和科技成果综合服务平台，汇聚90余所高校、2000余名企业家，成功举办4场在线对接会，实现技术对接1298次。全省技术合同登记成交额保持10%以上增幅，突破80亿元。32个众创空间拟确定为国家备案众创空间、3个科技企业孵化器拟确定为国家级科技企业孵化器，新增551家高新技术企业，另有515家企业已通过评审。

（五）产业链对接帮扶，健全链条激发内生动力

深入开展产业链对接帮扶活动，推动关联产业、上下游配套和资源要素集聚，把延链、补链作为激发产业活力的核心。一是强化主导产业。全省各地按照首位产业首要扶的工作思路，强化主导产业的扶持力度。例如，九江市出台《打造"5+1"千亿产业集群实施方案》，明确重点打造石油化工、现代轻纺、电子电器、新材料、新能源五大产业集群。吉安市制定了《关于推进首位产业龙头企业发展的若干意见》，从用地、重资产建设、设备补贴、创新、上市等八个方面给予重点扶持。新余市出台《关于全力支持新钢跨越发展三十条措施》《促进赣锋雅保龙头拉动打造全球锂电高地三十条措施》等，从产业培育、财政金融、生产要素、发展环境等方面明确举措，重点扶持新钢发展和打造全球电池级碳酸锂和氢氧化锂等锂材料高地。二是推进补链强链。江西以特色优势产业和骨干龙头企业为核心，成立有机硅、电子信息、铜材、光伏、新能源汽车、智能电机、网络信息安全、中医药等10个产业联盟，围绕重点骨干企业和上下游配套企业，在技术、产品、劳务等方面开展帮扶。例如，鹰潭市组建移动物联网产业联盟，产业联盟已集聚包括华为、中兴、百

度、阿里、腾讯在内的国内160家物联网龙头企业、科研机构，形成了集研发、制造、认证、测试、培训、服务为一体的产业体系，为促进全国物联网产业相关主体间的交流和深度合作奠定了坚实基础。三是优化企业培育。为提高企业发展质量，江西建立全省"小升规"企业储备库，加强跟踪服务，组织开展全省中小食品企业与龙头电商企业协作对接活动，开展专业化小巨人培育工作，将市场专注、精品制造、特色发展的企业确认为专业化小巨人企业，带动众多中小企业走小而专、小而优、小而强发展路子，夯实工业经济发展基础和后劲，全省每年规模以上企业增长1000户。另外，借助中国500强企业高峰论坛契机，组织各地按产业链发展需求，与500强企业"一对一"对接。

三、经验成效

通过一系列降成本政策的落地实施，截至目前，江西省两年累计解决涉企问题27741个，降低企业负担1600亿元。2017年1季度，全省规模以上工业企业每百元主营业务收入中的成本为87.36元，比2016年上半年减少1.38元；规模以上工业利润同比增长24.4%，较上年同期提高5.5个百分点。全省生产总值同比增长9.0%，增速居全国第4位。

案例 4
综合施策 干在实处
——四川省全力推动降成本工作取得实效

一、基本情况

近年来,党中央、国务院将"降成本"确定为推进供给侧结构性改革的重点任务,将其作为积极应对当前经济下行、助力实体企业转型升级、推进供给侧结构性改革的重要举措,出台《降低实体经济企业成本工作方案》等政策举措,对降成本工作进行了系列安排部署,有效缓解实体经济企业困难、助推企业降本增效。四川认真贯彻中央和国务院决策部署,多措并举切实抓好各项降成本工作任务的组织落实,全力推动降成本工作取得实效。

二、主要做法

四川把降成本工作作为深入推进供给侧结构性改革、振兴实体经济的"牛鼻子"工程,综合施策、干在实处,推动降本减负工作取得积极成效,助力经济高质量发展。实际工作中,重点是做到了四个"着力":

(一)着力健全降本减负政策体系,全力推动落地落实

严格落实国家降成本、减负担部署要求,结合实际创新举措,制定

出台1个总体方案（供给侧结构性改革总体方案）、2个操作方案（降成本实施方案和降成本实施细则）和若干具体措施（如推进供给侧结构性改革17条政策措施、降低民营企业融资成本16条措施等），着力构建"1+2+N"的配套政策措施，形成了"省级政策+部门举措+地方措施"政策框架体系。连续7年组织编印"惠企减负政策文件汇编"免费向企业发放，认真组织开展减轻企业负担政策宣传周、税收宣传月、价格政策宣讲进企业等活动，帮助企业用好用足政策红利。梳理形成政策措施台账，每季度组织开展政策实施效果测算评估，每年随机抽取部分市（州）开展减负工作专项督查，推动各项惠企减负政策落地生效。

（二）着力完善涉企清单制度，清理规范涉企行为

聚焦企业成本负担重难点领域，以制定实施涉企事项清单为重要抓手，着力规范涉企行为。一是严格实施涉企收费清单。从2013年开始实施涉企收费目录清单管理制度，对清单进行动态调整，在相关部门网站和执收场所公布，并汇编成册发放给有关部门和重点企业，切实减少涉企收费自由裁量权。截至目前，在全省范围内实施征收的政府性基金共17项、涉企行政事业性收费共23项、省级设立实行政府定价的涉企经营服务性收费共4项，实现省定政府性基金和涉企行政事业性收费均"零收费"。二是建立完善涉企保证金目录清单制度。在全省先后3次组织开展涉企保证金清理规范行动，督促各市（州）及省级各部门对照《国务院部门涉企保证金目录清单》核实、确认全省涉企保证金项目，公布全省涉企保证金目录清单，自觉接受社会监督，并严格涉企保证金清退返还。三是扎实推进行政权责清单制度建设。全面梳理行政机关职能职责，形成《四川省权力清单》及各部门"权力责任清单"，明确了各行政权力事项行使层级，并实行动态清理调整，给行政职权戴上制度的"紧箍咒"，促进各项行政权力依法规范公开运行，以政府权力的"减法""除法"换取企业效益的"加法""乘法"。

（三）着力优化营商环境，充分激发企业活力

深入推进"放管服"改革，2017年以来新取消33项中央指定地方实施的行政许可事项和25项中央指定地方实施的行政审批中介服务事项，投资项目报建审批事项减至46项，工商登记前置审批事项减至32项。认真做好"互联网+政务服务"工作，于2017年12月正式开通覆盖全省各部门、各市（州）、各县（市、区）的四川政务服务网，为社会提供"系统一站式"政务服务。在自贸区开展"证照分离"改革，对99项事项实行分类管理，其中完全取消行政审批5项、审批改为备案2项、全面实行告知承诺22项。打好注册资本实缴改认缴、年检改年报、"多证合一"、全程电子化登记以及简易注销登记等商事制度改革"组合拳"，让企业注册更加便利、市场准入制度性成本不断降低，截至2018年1季度末，全省实有各类市场主体（含分支机构）总户数迈上500万台阶，居全国第6位。

（四）着力优化工作机制，强化工作协同配合

不断完善降成本工作机制，充分发挥降本减负领导机制的作用，促进了全省降成本工作的高效运行。一是切实强领导。建立起省政府主要领导参加的双月经济运行分析调度会议制度，定期通过资源配置和力量调配，协调解决企业及经济运行中重难点问题。有效整合完善全省减轻企业负担和降低实体经济企业成本工作领导力量和机制，统筹推动降成本、减负担政策措施的贯彻落实。二是人员有保障。不管机构如何变动，及时做好降成本工作领导小组成员调整充实，特别是确保发展改革、财政、审计等部门联系人员稳定畅通，协调推进全省减负工作。三是沟通无障碍。抓好"线上+线下"沟通交流平台建设，设立"企业减负工作"网站专栏，动态发布惠企减负政策、减负工作动态，定期编发工作简报，创建四川减负工作QQ群、微信群，强化成员单位间及省市县间沟通交流、工作协作。四是监督无死角。统一公布全省各地企业负担监督举报

电话和邮箱,设立企业成本负担网上咨询投诉平台,建立和完善企业负担举报、转办及查处机制,聘请181名企业负担监督员监督减负工作,及时掌握企业反映的问题并协调解决。

三、经验成效

(一)主要经验

一是主动作为是前提。省委、省政府高度重视降成本工作,主动作为,建立双月经济运行分析调度机制协调解决企业反映的重大问题;省政府分管领导担任全省减轻企业负担及降低实体经济企业成本工作领导小组组长,每年审定降本减负工作要点、定期总结,强化各项减负政策措施制定和落实。

二是协同联动是支撑。保持降本减负工作领导机构稳定有效运行,及时做好成员调整充实,特别是注重发挥发展改革、财政、审计、税务等部门在降本减负工作机制中的积极作用,推动了重大政策举措"出得来、落得实";通过不断健全全省减负调查督办机制、沟通宣传机制,调动了各界共同关心和支持降成本工作,有效解决了一批企业反映的突出问题,为有力有序有效推进减负工作提供了良好支撑。

三是聚焦重点是关键。积极适应降成本工作阶段性变化规律和实际,紧盯企业诉求,围绕治乱、清费、降本等针对性地出台政策举措,坚决禁止乱收费、乱罚款、乱摊派等违规违法现象,成为全国行政收费项目最少、收费标准最低的省份之一,构建降成本政策体系,积极研究营造良好营商环境方法举措,推进了减负工作持久深入开展,不断迈上新台阶、取得新成效。

(二)取得成效

一是企业负担有效降低。2016年、2017年和2018年1季度全省分别为企业降成本和减负担 820 亿元、675 亿元和 88.85 亿元，企业生产经营成本持续下降，2018 年 1—3 月，规模以上工业企业每百元主营业务成本为 83.7 元，比全国平均水平低 0.63 元。

二是工业经济运行稳中向好。全省工业经济呈现"稳中有进、量质并升"的良好发展态势，2017 年全省规模以上工业增加值同比增长 8.5%，比全国平均水平高 1.9 个百分点，增速在全国十大经济省份中列第 1 位；2018 年 1—4 月全省规模以上工业增加值累计同比增长 8.2%，比全国平均水平高 1.3 个百分点；动能转换成效持续显现，新产业新项目新企业等新动能对规模以上工业增长的贡献超 50%。

三是工业经济效益持续改善。2017 年，全省规模以上工业企业实现利润 2610.6 亿元，增长 29%。2018 年以来继续保持良好势头，主要效益指标增速均列经济大省首位。1 季度，全省规模以上工业企业累计实现利润总额 634.3 亿元、同比增长 21.7%；实现主营业务收入 9968.9 亿元、同比增长 13.6%；亏损企业亏损额为 70.6 亿元、同比下降 1%。

案例 5
做好降成本文章 推进高质量发展
——湖南省常德市大力降低工业制造业企业成本

一、基本情况

常德市地处洞庭湖滨，是长江经济带的重要节点城市和洞庭湖生态经济区的重要组成部分，但同时也是一个经济欠发达的中西部内陆城市。近年来，常德市委市政府把发展经济的着力点放在实体经济上，把帮扶实体经济作为产业立市战略的重中之重，针对经济面临下行压力、制造业企业面临发展困难的情况，采取有力措施，大幅降低制造业企业成本，切实做好降成本文章，努力推进高质量发展，增强了企业发展信心、发展活力和发展动能。

二、主要做法

（一）政策惠企，释放红利降成本

创新和落实降成本的政策措施，加大政策支持，释放政策红利，真正把政策交到企业手里，让政策助力企业发展。

一是积极创新政策。2016年，常德市出台了《常德市帮扶工业企业十条》，市财政每年安排4亿元工业企业帮扶解困专项资金，主要用于融资奖补、技改补助、兼并重组奖励等方面。被企业誉为近十年来"最有力、最实惠的政策",省经信委以转发文件的形式在全省推广。2017年,下发了《关于进一步降费减负促进工业企业健康平稳发展的通知》,采取多项突破性举措降低企业成本,帮扶企业发展。

二是广泛宣传政策。各类降成本政策文件通过政府网站、政府公报、上门发放等形式,广泛宣传,广而告之。创新性地编辑出版《政策清单》,从国家、省、市三级迄今有效施行的1000多件政策文本中,原汁原味梳理出政策"干货"3000多条,免费发送给企业、基层和市县党政机关。印发《减轻企业负担百问百答》《创新创业政策选编》《小微企业政策选编》等政策书籍近万册,走进企业开展政策宣讲,帮助企业了解政策、兑现政策。

三是扎实落实政策。坚持从完善机制、强化督查等方面促进政策落地。如为规范收费行为,在全省率先建立和实施涉企收费目录清单制度,在湖南日报专版公开常德市涉企收费项目清单,做到清单之外无收费。同时,加大督促检查力度,多次派出联合检查组督导政策落实情况,在全市开展政策落实大调查大走访大督导行动,增强企业"获得感"。

(二)机制活企,清障破阻降成本

以供给侧改革理顺体制机制、优化营商环境,下大力清除影响企业发展的障碍和阻力,切实降低企业制度性交易成本,进一步激发企业活力。

一是大幅提升审批效率。对形式审查的项目原则上要求即时办理,对实质审查的项目除公示时间和专家论证时间外原则上不超过7个工作日,整体提速达67%。推行重点工业企业项目审批绿色通道制度,实行批前指导、容缺受理、限时办结。深化项目代理工作,对业主自愿委托的工业项目,实行审批手续全程代办。探索推行行政审批告知承诺制,对能够通过事后监管予以纠正且不会产生严重后果的行政审批事项(环境影响评价、规划选址、用地预审等法律和行政法规明确规定为核准前置条件的除外），行政审批机关可告知企业审批条件，企业业主以书面形式承诺，并在规定期限内提交相关审批材料，确保项目建成前办结全部审批手续。大力推进"互联网+政务服务"，行政许可备案事项全部网上可办。

二是大力推进公正执法。全面推行"双随机、一公开"监管，大力推行联合检查，积极探索跨部门抽查，避免重复检查、多头检查，防止检查过多过滥。严格规范行政裁量权，组织开展部门执法案卷公开评查，建立健全较大数额罚款、责令停产停业等重大行政处罚备案制度，对企业给予5万元以上罚款和吊销许可证、执照及责令停产停业等行政处罚，依法报同级政府法制办备案，严禁未经集体研究随意进行重大行政处罚。

三是广泛开展测评评议。市优化办组织开展了优化经济发展环境公开测评和"百科大评议"活动，组织企业、办事群众和优化环境监督员对各地各单位暨重点科室优化发展环境工作成效进行满意度评价，促进依法行政、文明执法、高效服务，得到企业的普遍好评。

（三）解难助企，强力减负降成本

下大力帮助解决企业反映强烈的税费负担重、要素成本高、融资难融资贵等热点难点问题，让企业减负增效、轻装前行。

一是全面落实减税降费政策。严格落实国家减税降费政策，以政府税费的"减法"换取企业发展的"加法"和市场活力的"乘法"。2016年以来，税务部门共为企业落实税收优惠减免近120亿元。全面清理行政事业涉企收费和经营性服务收费，取消、停征和降标全市涉企行政事业性收费140余项，每年减负3亿多元。大力规范和降低涉企中介收费，组织规划、环保、安监、消防等部门引导、鼓励、促进中介服务机构严格执行减半收费政策，仅安全风险评估方面就为企业节约成本近3000万元。

二是多措并举降低要素成本。降低用电成本方面，用电服务鼓励实行"一厂一策"，在优化基本电费缴纳方式、提高功率因数、用好用活峰谷电价政策等方面提供个性化服务。同时，每年由区县市财政对生产用电同比增量部分给予用电奖励，市财政给予配套奖补。降低人工成本方面，通过降低工伤保险、生育保险、失业保险费率，开展稳岗补贴和养老保险缴费费率过渡试点等，累计为企业减少用工支出5.85亿元。降低用地成本方面，推广工业用地"长期租赁""先租后让""租让结合"等弹性供应方式，大力推进园区标准化厂房、创业基地和科技企业孵化基地建设，对标准化厂房建设和入驻企业给予补贴、租金减免等优惠。此外，对企业用气、用水等成本，做到"能降则降、应降尽降"。

三是切实减轻融资负担。在加大政银企对接合作，奖励金融机构扩大信贷投放的同时，着力解决周转资金短缺、担保费用过高等突出问题。目前，常德市累计为中小企业提供过桥资金13.54亿元，过桥资金月利率不超过5.5‰，与民间小额贷款公司相比，为工业企业减少利息支出2600多万元。进一步降低国有融资担保公司担保费率，一律控制在1.2%以内，并视情况逐年下降，2016年以来常德财鑫担保公司已累计让利2700多万元。同时，大力推进基金投资，柳叶湖清科基金小镇于2018年2月6日正式揭牌，签约入驻基金及管理机构28家，注册总资本151.7亿元，有效缓解企业融资难题。

（四）服务暖企，全力帮扶降成本

强化暖企服务和企业帮扶措施，进一步降低企业办事、技术创新和品牌推广等方面的成本。

一是推进暖企服务行动。连续3年开展"千名领导干部服务千家企业"结对帮扶活动，面对面、一对一为企业帮困解难。向22家重点企业派驻企业特派员，帮助企业协调外部环境、解决困难问题。常德市大力推进"暖企行动"，开通了企业服务热线，设立企业服务邮箱，组建"重点企业微信群"，实行领导、部门、优化环境监督员联系企业制度，最短时间了解企业困难，最快时间回应企业诉求，做到线上即时反馈、线下快速办结。同时，相继推出定制公交、银企对接、春风系列招聘、用电企业网格化服务等一系列实打实的暖企措施，切实让企业感受到党委政府的真诚和温暖。湖南日报以《唯有真诚最动人》为题，对常德"暖企行动"和优化发展环境的做法进行了报道，给予了肯定和好评。

二是鼓励科研创新。设立了7000万元的创新能力专项资金，组织500多家企业与省内外200多所高校院所开展产学研创新合作。着力打造"智汇洞庭·科创常德"科技成果转化品牌，组织省内外科技服务机构、高校、科研院所来常与90多家企业对接，提供科技服务，发布技术成果133项，公布各类合作项目108项，促进了一批创新项目落地转化。中国工程院院士印遇龙评价说："常德市委、市政府通过搭建智汇平台，引进科技前沿技术和科技创新人才，将解决常德企业发展的源动力问题，将带来科技创新领域的飞跃式发展。"2018年5月19日，新华社以《政府"做媒"，20个科技成果转移转化项目落户湖南常德》为题进行了报道。

三是强化地方品牌推介。以常德品牌行动为依托，印发《常德市名优产品推介目录》，收集名优产品200多种，组织赴上海、深圳、长沙等地举办"常德品牌、中国品质"多场品牌推介活动，帮助企业有效拓展了市场。通过打造"掌上常德"移动电商平台、强力推进物联网建设等"互联网+"模式，帮助企业拓展市场，市财政还对参加国、省两级展会的企业给予了参展补助。

三、经验成效

降成本工作是一项系统工程、长期工程、战略工程，从实践来看，常德市大力降低制造业企业成本的做法，探索出了一些成功的经验和有益的启示。

一是推进降成本，既要贯彻政策，又要创新政策。对国、省降成本政策措施，必须不折不扣贯彻落实到位。在此基础上，根据产业发展、财政实力等情况，因地制宜出台降成本措施。如《常德市帮扶工业企业十条》《关于进一步降费减负促进工业企业健康平稳发展的通知》，都是常德市贯彻落实国、省降成本政策基础上的创新性举措。

二是推进降成本，既要综合施策，又要精准施策。降低企业成本，牵涉到方方面面，需要综合施策，多方使劲。为增强降成本政策的实效性，在政策出台之前，常德市委市政府多次就降成本工作进行专题研究，主要领导多次深入企业，了解企业发展的实际情况，听取企业的意见和建议，并由分管市领导牵头，组织相关人员深入企业调研，就常德企业成本与外地企业成本进行比较分析，在此基础上，出台有针对性的政策措施，得到了各方的认可和好评。

三是推进降成本，既要强化落地，又要注重落细。对降成本各类政策措施，既要通过加强宣传、督导检查等推进落实，又要对落实过程中发现的新情况新问题，一个一个研究、一个一个化解，确保降成本政策措施落到实处、收到实效。如在落实湖南恒安生活用纸有限公司降低用水成本优惠政策时，面临排污计量、部门协调等系列问题，经组织相关部门现场办公，问题得到圆满解决，预计每年可为企业降低污水处理费用成本100多万元。

四是推进降成本，既要主动服务，又要积极解难。牢固树立"政府就是店小二"的意识，主动在企业证照办理、行政审批、周边环境维护等方面做好服务工作。同时，对企业发展中出现的新问题，实行精准帮扶、积极解难，既降低了企业人力、物力成本，又融洽了政企关系，提振了企业信心。据初步统计，仅市经信委、市产业立市办、市优化办等部门2018年来就帮助相关企业解决了供电不稳、物流通道不畅、合法权益受侵害等问题160多个。

常德市通过大力降低制造业企业成本，经济持续健康发展，规模以上工业增加值迈上千亿台阶。常德高新区成功跨入"国家级"方阵，常德成为湖南省第三个同时拥有国家级经开区和国家级高新区的市州。新增3家全国两化融合管理体系贯标试点企业、4家省级企业技术中心和工程技术中心、1家国家级科技企业孵化器。2018年上半年，电子信息增长41%、新材料增长53.7%、节能环保增长32.3%，新旧动能加速转换。

The Casebook
on Cost Reduction

第二章
降低税费负担方面

本章选取了 10 个相关案例，分别是营改增、研发费用加计扣除、城镇土地使用税、办税便利化、精准帮扶的减税案例，以及广东省采取综合措施降费、娃哈哈降费成效、格力电器缴费负担下降、清理规范港口经营服务性收费、取消进出口环节收费的降费案例，对其经验做法进行了归纳总结。

"营改增"政策全面推开后，减税效应持续释放。健力宝集团作为老牌名企，经营开始回暖，复兴的信心与希望得到重振。作为老工业城市，吉林省长春市通过高新技术企业税收优惠和研发费用加计扣除减轻企业税负，激活了一汽-大众等企业的创新驱动力。广东省对城镇土地使用税和车船税两个地方税种调整税额标准，力求实现"城镇土地使用税在全国处于较低水平，车辆车船税在全国处于最低水平"，营造低税负的营商环境。北京市税务部门先后推出了"一日领票""票e送""最多跑一次"清单和"全程网上办"清单等一系列优化营商环境举措，着力解决纳税服务"最后一公里"问题。江西省宜春市层层发动、上下联动、政企互动，落实联点企业1280户，实现了全市规模以上工业企业全覆盖。优选100户基础好、潜力大、前景广的重点企业和100个带动性强的重大项目进行重点帮扶，促使惠企政策落地生根。广东省全面深化省定涉企行政事业性收费"零收费"改革，综合运用"免、清、放、晒、查"五字诀，助力企业"轻装上阵"。娃哈哈集团内部统计显示，随着国家降成本政策的贯彻落实，企业缴纳的18项各类收费均呈下降趋势。格力电器也反映，不断出台的清费减负政策，对企业降本工作起到切实可见的助力作用。交通运输部高度重视清理规范港口经营服务性收费工作，多次召开部专题会议研究部署，加快清理规范港口经营服务性收费，推进港口价格形成机制改革。北京海关通过"政府购买服务"，取消了除安全产品制售外的全部收费项目，实现"便企惠企"。

案例 6
广东省"营改增"政策红利
助力健力宝总部基地发展

一、基本情况

我国自 2012 年以来,逐步实施"营改增"减税政策,从试点到全面推开,税收政策红利不断扩大,减税效应持续释放。同时,"营改增"有力地促进了产业分工优化,拉长产业链,带动制造业升级和服务业发展。按照中央统一部署,广东省从 2012 年 11 月 1 日起启动实施交通运输业和部分现代服务业"营改增"试点,2013 年 7 月扩大到广播影视业,2014 年 1 月扩大到邮政和铁路运输业,2014 年 6 月扩大到电信业。作为供给侧结构性改革和财税改革的重头戏,2016 年 5 月我国开始"营改增"全面试点,建筑业、房地产业、金融业、生活服务业等最后一批试点行业纳入"营改增"范围。从广东省"营改增"减税效果看,全面推开"营改增"试点以来(截至 2017 年 12 月底,不含深圳)共为 174.3 万户"营改增"试点纳税人累计减税 1526.6 亿元,改革红利充分释放。

健力宝品牌饮料拥有 30 多年的经营积淀,既是许多"80 后""90 后"的集体回忆,也是难以取替的民族品牌。2004 年,广东健力宝集团有限公司成立佛山市三水健力宝贸易有限公司,实行品牌所有权和经营权分离的管理模式。而 2007 年开始,台湾统一集团取得健力宝贸易公司 100% 的股权,从运营资金、经营策略、渠道拓展等方面进行优化和扩展。

近年广东健力宝集团有限公司（以下简称健力宝集团）养精蓄锐，不断发展壮大。一是2016年9月迁址至中国三水国际水都饮料食品基地，扩大生产规模；二是大规模回归一线城市，积极开拓战略市场；三是以9.5亿元从统一集团手中回购健力宝贸易公司（现健力宝食品公司）100%的股权，收回品牌经营权，正式实现民族品牌回归。2016年和2017年，健力宝品牌饮料年销量已高达15亿元，尽管与巅峰时期的50亿元销售额存在较大差距，但企业的经营回暖、品牌正式回归，也重振了这家老牌名企复兴的信心与希望。

二、主要做法

"营改增"减负面广，减税红利明显。主管税务机关主动为健力宝集团提供个性化纳税服务，出动"税援团"为企业量身定制发票涉税内控制度，举办专题培训会，进行一对一政策辅导，协助企业尽快适应增值税新税制，最大可能地享受税收新政带来的红利。

健力宝集团结合税务部门独家定制的发票内控制度，积极完善生产原材料招标采购制度，主动融入新税制。一是建立健全供应商遴选机制，防范虚开发票、假发票风险；二是按照增值税相关管理要求，优化物资、设备采购模式，尽量统一谈签，明晰业务流程，明确合同主体或受票单位必须为增值税纳税主体；三是规范和完善材料、资产管理系统和流程，尽量选择一般纳税人作为供应商；四是根据增值税税制变动的情况，及时与供应商修改完善公司的采购合同范本，并与供应商签订补充协议，筑牢涉税业务的法律、财税等各类风险的防控底线；五是采用"性价比"最高策略，进行价格比选，若遇到一般纳税人和小规模纳税人同时报价，则选择"成本+税金"最小化的方案，找寻价格成本平衡点。

三、经验成效

(一)"营改增"全面铺开减少了重复征税,结构性减税效应突出

与传统饮料制造和销售行业相似,健力宝集团及健力宝食品公司的主要成本构成为生产原材料(如水、白糖、蜂蜜、甜蜜素、果味调味料等)以及包装物(如塑料瓶、铝质易拉罐、纸箱等),上述物资的成本占每年主营业务成本总额的80%以上。除此以外,职工薪酬、劳务费、专业咨询费、广告宣传费和运输仓储费等为企业期间费用的主要项目。

在我国饮料行业市场需求疲软、企业业绩增长乏力和成本上升的大环境下,企业面临营业收入和利润"双降"的困境。主要包装材料价格连月上涨,也缩窄了健力宝集团及食品公司的获利空间。

"营改增"试点全面推开,打通了各行业抵扣链条,彻底解决生产和流通环节重复征税的问题,可以说是给健力宝集团实现转型升级送来了一份大礼。税负下降以及激活企业深层活力等"营改增"深层次效应正在健力宝集团身上加速显现。

尽管企业近年总体销售额出现一定波动,但企业相关数据显示,从2015年起,税负率逐年下降,从最高的5.61%降至2017的3.15%。得益于税收负担的减轻,企业集团盘活了经营资金,2015年至2016年间企业财务费用减少近2000万元,有效减轻企业融资压力。

(二)"营改增"全面铺开减税降负,为总部基地提供良好的经济和财税环境

"营改增"全面铺开不断释放改革红利,试点范围扩大到建筑业、房地产业、金融业和生活服务业,实现货物和服务业征税抵扣全覆盖,不仅消除了重复征税带来的税收负担,而且能够取得充分的营改增服务进项抵扣发票,进一步加大减负力度,促进扩大有效投资,为总部基地提

供良好的经济和财税环境。

健力宝集团购进的营改增服务覆盖电信服务、运输服务、广告服务、咨询服务、建筑服务等，2016年5月至2017年12月，健力宝集团"营改增"项目带来的进项税额突破1000万元，占进项税总额比例超过5%；健力宝食品公司则更为显著，营改增进项税额高达2800万元，占比超过10%，减税效应明显。

另外，迁至三水区水都基地后，注重品牌建设及职工人文关怀的健力宝集团打造了品牌文化展厅和职工教育基地，通过购买建筑服务取得近1400万元的进项税额。回购健力宝食品后，健力宝集团重新调整集团经营策略，把商品企划、营销策划、广告宣传等服务性板块，从生产制造中分离至健力宝贸易，通过购进市场及推广、专业咨询服务，健力宝贸易公司自2016年5月起共取得超过1560万元的进项税额。这对优化总部基地生产结构、促进专业分工、鼓励主辅分离、激发企业深层活力有着积极的作用。

深化增值税改革持续推进，2018年5月国家再为企业派送减税降负"大礼包"，对制造业等行业的增值税税率从17%降至16%，为健力宝集团及其旗下企业带来真金白银的减税获得感，鼓励企业进行固定资产投资和扩大再生产，为加速发展增添新的动力。

（三）"营改增"全面铺开贯通了抵扣链条，激发企业发展活力

"营改增"试点后，第二、三产业之间的抵扣链条得以打通，为产业转型升级带来了重要的推动力。健力宝集团计划以增资方式将旗下土地使用权和不动产注资至健力宝食品公司，盘活优质资产和资源，增强产品的竞争力和市场占有率，助推健力宝食品公司做大做强。健力宝集团财务部李经理表示："健力宝集团在全面'营改增'后收到了实实在在的减税红包，盘活了整个集团，确实对整个集团和品牌恢复元气带来了巨大的积极作用。减税效应让我们拥有更多的资金用于搬厂后的设备更新与研发，顺应了新税制带来的组织结构优化，为公司带来了更快的发展。

尽管距离昨日的辉煌还有很远的距离,但健力宝始终坚持不懈奋斗,积极谋求转变,重新出发,善用国家政策红利,抓住转型机遇,不断创新和开发有生命力的产品,回馈市场,回馈消费者。"

(四)"营改增"全面铺开推进了行业治理,规范市场环境效应突出

一方面,促进企业内部管理明显规范。为实现进项税额"应抵尽抵",健力宝集团多管齐下,优化企业涉税内控管理制度和成本控制制度,提升企业管理的规范性、有效性。由于营改增后实行以票控税,带动企业从产业链构建、财务管理、合同管理、供应商选择等方面不断完善内部治理机制,加强内控建设,增强了税收管理意识,促进了企业的精细化管理,促进了企业规范经营管理。另一方面,促进企业经营环境明显改善。在企业整体税负降低、营业收入整体增加、营利能力明显增强的同时,由于增值税实现环环相扣,企业间由过去"主动不要票"向"主动要开票"转变,倒逼行业全链条走向规范,资金回款速度明显提升,降低了制度性交易成本,经营环境明显向好。

案例 7
吉林省长春市研发费用加计扣除政策减轻企业创新负担

一、基本情况

高新技术企业税收优惠和研发费用加计扣除减轻企业税负,不但激活了大企业的创新驱动力,而且让民营企业有奔头,中小企业有盼头。作为"降成本"的重头戏,国务院2016年8月发布《关于印发降低实体经济企业成本工作方案的通知》(国发〔2016〕48号),要求"落实好研发费用加计扣除政策"。

作为老工业城市,长春市把实施创新驱动发展战略作为转型升级的关键。主要生产高铁、动车组、城轨等铁路客车的中车长春轨道客车股份有限公司(以下简称中车长春)是高新技术企业,目前拥有精度高、技术先进的碳钢车体、不锈钢车体及铝合金车体生产线,同时配备了德国、意大利、法国、英国及日本等国制造的当今世界最先进的技术装备,该公司通过与法国阿尔斯通公司联合设计生产250公里动车组、与德国西门子公司联合设计生产380公里动车组及转向架,构建起制造高速动车组的技术研发平台。目前铁路客车占国内用量的50%,覆盖全国所有的铁路局和地方铁路公司,城轨车占全国用量的80%,产品出口到澳大利亚、伊朗、巴西、中国香港等多个国家和地区。公司研发项目为新一代高速动车组、新型铁路客车、新型城市轨道交通车辆研发项目,主要研发形式为自主研发。

一汽-大众汽车有限公司（以下简称一汽-大众）是我国第一个按经济规模起步建设的现代化乘用车生产企业。该公司主要生产销售德国大众、奥迪 ABCD 级系列轿车、奥迪 V6 系列发动机及其总成、零部件，并销售自产产品、提供售后服务等。经过 25 年的发展，一汽-大众产能布局已覆盖东北长春、西南成都、华南佛山及华东青岛，拥有轿车一厂、轿车二厂、轿车三厂、轿车四厂、发动机传动器厂、成都发动机厂以及冲压中心七大专业生产厂。一汽-大众在快速发展的过程中，技术研发实力不断增强。目前，公司拥有造型试验车间、台架试验中心、造型与虚拟现实中心、测量技术中心、车辆安全中心和多个功能实验室等重要技术部门。2016 年，试制中心建成并投入使用。完备的试验手段及高精度的测试设备，保证了一汽-大众在产品预开发、本地化开发、国产化认可、零部件开发以及整车道路试验方面具有了较强的技术实力。

二、主要做法

为鼓励企业开展研发活动，提高科技竞争力，研究开发费用加计扣除政策几经调整，扶持力度逐渐加大，成为关注度高、含金量大、导向性强的企业所得税优惠政策。2015 年《关于完善研究开发费用税前加计扣除政策的通知》（财税〔2015〕第 119 号）对享受优惠的企业研发活动及研发费用的范围进一步放宽，同时逐步减少研发费用加计扣除口径与高新技术企业认定研发费用归集口径的差异。《国家税务总局关于企业研究开发费用税前加计扣除政策有关问题的公告》（国家税务总局公告 2015 年第 97 号）简化了研发费用在税务处理中的归集、核算及备案管理，进一步降低了企业享受优惠的门槛。尽管研发费用加计扣除政策的文件不断地完善，但是在企业实际执行过程中，依然有很多模棱两可的情形出现。2017 年 11 月出台的《国家税务总局关于研发费用税前加计扣除归集范围有关问题的公告》（国家税务总局公告 2017 年第 40 号）文件,完善和明确了部分研发费用掌握的口径,为企业享受研发费用加计扣除政策提供文件依据,帮助企业更好地享受税收红利,持续激发企业的创新活力。

为进一步鼓励科技型中小企业加大研发费用投入,2017年5月,根据国务院常务会议决定,财政部、国家税务总局、科技部联合印发了《关于提高科技型中小企业研究开发费用税前加计扣除比例的通知》(财税〔2017〕34号),将科技型中小企业享受研发费用加计扣除比例由50%提高到75%。2018年9月,财政部、国家税务总局、科技部联合对外发布《关于提高研究开发费用税前加计扣除比例的通知》(财税〔2018〕99号),企业开展研发活动中实际发生的研发费用,未形成无形资产计入当期损益的,在按规定据实扣除的基础上,在2018年1月1日至2020年12月31日期间,再按照实际发生额的75%在税前加计扣除;形成无形资产的,在上述期间按照无形资产成本的175%在税前摊销。通知明确,企业享受研发费用税前加计扣除政策的其他政策口径和管理要求按照《财政部国家税务总局科技部关于完善研究开发费用税前加计扣除政策的通知》《财政部税务总局科技部关于企业委托境外研究开发费用税前加计扣除有关政策问题的通知》《国家税务总局关于企业研究开发费用税前加计扣除政策有关问题的公告》等文件规定执行。

三、经验与成效

一是有力地缓解了企业研发创新的资金压力。一汽-大众2015年度发生的自主研发费用为9.43亿元,加计扣除金额为4.72亿元;2016年度发生自主研发费用8.53亿元,加计扣除金额为4.26亿元。通过研发费用加计扣除优惠政策的执行,降低了企业研发成本,缓解了资金压力,企业营业收入和利润有所增加。2015年度一汽-大众企业营业收入额为2525.33亿元,2016年度为2777.71亿元,比2015年增长9.99%。2015

年度长春地区入库企业所得税 82.91 亿元；2016 年度为 86.71 亿元，比 2015 年增长 4.58%。2016 年其缴纳税收占长春市财政局税收总收入的 82.86%，对全省收入形势具有举足轻重的影响。

二是有力地提升了企业研发创新能力。不同发展阶段，需要不同的税收优惠政策来支持，一汽-大众发展壮大时期设备更新较快，近年来一系列研发费用税前加计扣除政策助力企业"爬坡过坎"，鼓励企业大胆加大技术研发投入，尤其 2015 年新政策实施以来，企业研发创新的能力不断增长，同时对企业日后有目的调整研发方向、增强自身研发能力起到了相应的指引作用。一汽-大众 2015—2016 年在开发原有 PQ32、PQ34、PQ35、PQ46 平台的基础上，不断创新，增加研发项目，进一步提升企业市场竞争能力。

三是有力地促进了企业将更多资金投入到研发创新中。在新政实施后，中车长春倍受鼓舞，将更多的资金投入到研发创新中，2016 年进一步加大研发力度，加强了对新产品、新工艺、新技术的研发，研发投入为 73750.78 万元，较 2015 年投入 71657.63 万元，增幅为 3%，研发能力和水平得到进一步提升。通过该优惠政策的执行，投入研发、享受政策拉动收入和利润的增长，用收入、利润的增长反哺研发费用的投入，形成良性循环。2016 年该企业营业收入为 3204213.30 万元，较 2015 年营业收入 3027633.64 万元，增幅达 6%。利润总额为 381550.27 万元，较 2015 年利润总额 347588.12 万元，增幅为 10%。提高了研发效益，加快了企业资金的回收，增强了该企业现金流的周转能力。

四是有力地推动了企业产业结构优化升级。在研发设计手段方面，2016 年一汽-大众全面采用 CAD 技术，采用先进的研发设计软件，实现了由二维设计转为 CATIA、PRO/E 三维设计；电气设计采用国际先进的 ELCAD 软件；同时还开展了异地协同设计。在仿真分析工作方面，开展了多领域 CAE 仿真分析。目前，在结构强度、结构振动、车辆限界、空调导热、车辆重量管理等领域具备了独立解决复杂问题的能力。同时在车辆碰撞、车辆空气动力学、车辆动力学、结构优化、车辆噪声、结构疲劳等领域实现了重大突破。该企业还开展了虚拟现实中心建设。构建软件、硬件系统，通过三维效果图、三维动画、录音、影像等多媒体方式，实现产品全方位、多元化、立体动态展示，为产品开发提供虚拟设计平台。研发费加计扣除最新优惠政策的实施已使该企业深深受益。

案例 8
广东省下调城镇土地使用税和车船税支持实体经济发展

一、基本情况

2017年年初，广东省委、省政府提出制定支持实体经济发展的若干措施，切实降低企业成本。省财政厅成立工作小组，组织省有关部门赴江浙等省开展税费负担专项调研，形成专题调研报告，对全省企业税负情况进行了比较分析，会同省地税局、省国税局提出了在地方权限内减税的有关建议清单，在严格落实中央减税政策的同时，选择地方有权限、下调有空间的城镇土地使用税和车船税两个地方税种调整税额标准，力求实现"城镇土地使用税在全国处于较低水平，车辆车船税在全国处于最低水平"，营造低税负的营商环境。

2017年，广东省政府印发《广东省降低制造业企业成本支持实体经济发展的若干政策措施》（粤府〔2017〕90号，以下简称"实体经济十条"），首条"降低企业税收负担"中，明确"在国家规定的税额幅度内，降低城镇土地使用税适用税额标准，将车辆车船税适用税额降低到法定税率最低水平，降低符合核定征收条件企业的购销合同印花税核定征收标准；允许符合条件的省内跨地区经营制造业企业的总机构和分支机构实行汇总缴纳增值税，分支机构就地入库。全省契税纳税期限统一调整到办事房屋、土地权属前"等五条减税措施。

二、主要做法

（一）迅速出台政策细则

"实体经济十条"出台后，按照省委、省政府各条政策"一个月内落地"的要求，省财政厅会同省地税局迅速出台政策细则，历经征求意见、专家论证、集体研究等多项程序后，2017年9月，经报省政府批准，省财政厅会同省地税局印发《关于调整城镇土地使用税税额标准的通知》（粤财规〔2017〕4号），公布了调整后的税额标准和调整程序要求。2017年10月，省政府印发了《关于调整车辆车船税具体适用税额的通知》（粤府〔2017〕103号），公布了新的车辆车船税适用税额。

（二）最大限度减税降负

城镇土地使用税方面，自2017年1月1日起，全省不同级次城镇土地使用税，由1～30元/平方米下调至1～15元/平方米，即最高档由30元降低到15元，不同级次相应降低，其中，广州、深圳市由3～30元/平方米下调至3～15元/平方米，珠三角其他城市由2.5～15元/平方米下调至2～10元/平方米，粤东西北市由1～18元/平方米下调至1～8元/平方米。整体减税40%左右，考虑到城镇土地使用税对地方特别是欠发达地区的财力影响较大，允许从2017年起分两至三年到位。车辆车船税方面，从2018年1月1日起，将广东省车辆车船税降低到法定税率最低水平，总体减幅为25%左右，其中与企业有关的货车、挂车、作业车、机械车等，减幅超过80%。

（三）积极推动税制完善

针对城镇土地使用税区域间不平衡、土地等级不统一、行业税额不协调等情况，在出台政策中从三个方面完善税制，保持区域协调，按照城市发展水平,广州与深圳市最高档为15元/平方米,其他珠三角地区最高档为10元/平方米,粤东西北地区最高档为8元/平方米,区域之间保持一致,相邻地区保持协调。适当简化等级,土地等级统一简化为五级,以地市为单位统一划分,各级相应等级的税额标准一致,划分更加清晰、合理,并注重公平统一。

三、经验成效

(一)各项地方税收执行标准均居于全国较低或最低水平

政策实施后,广东省各项地方税收执行标准均居于全国较低或最低水平。城镇土地使用税方面,广州市城镇土地使用税减税4亿多元,广州开发区制造业企业由每平方米5元降低到3元,减税40%。珠海市玉柴船舶动力股份有限公司城镇土地使用税从每平方米2.5元降为1元,加上公共租赁住房享受税收优惠政策,2017年减税50.1万元,减幅达60.18%。雪花啤酒(汕头)有限公司2017年减税13.9万元,减税20%。河源港资企业龙记金属制品有限公司适用税额由5元降低为3元,2017年减税74.46万元,减幅40%;华润水泥封开有限公司2017年减税20.5万元,2019年调整到位后将减税102万元,减幅达到66%。车辆车船税方面,除个人受益明显外,大型物流企业也明显受益,例如广东力进物流股份有限公司,调整前应纳车辆车船税约5万元,调整后2018年应纳车辆车船税约为0.8万元,减税降幅达83.33%。

(二)减税政策得到企业广泛好评

2018年年初,南方日报开展"实体经济十条"落实情况第三方评估,降低企业税收负担的政策使用有感度在"实体经济十条"中排名第2,有感度20.03%,减税政策取得了积极成效,得到了企业的广泛好评。

（三）减税政策需地方财税部门全力以赴抓落实

由于城镇土地使用税还需要地市政府制定详细的调整方案报省政府审批，将税额标准落实到每一个地块，省财税部门连续三次下发指导性文件，全力以赴抓好减税政策的落地。一是快报快审。要求各市提前做好调整方案制定工作，省政府批准政策后，对各地方案实行预审，审核一批、呈报一批，分三批呈报省政府，省政府批准后及时向下批复，最终 21 个市调整方案全部在 2017 年 12 底前批复完毕。二是严审严批。在审核中注重确保减税幅度、税额协调、调整规范，省根据各地税额水平测算减幅要求，最终减税幅度最大的市达 55%，最低的也近 20%，平均减幅 38%。三是稳妥推进。充分考虑各地财力情况，为避免出现财政运行风险，允许各地分步到位，最终广州、深圳、东莞、中山、珠海、汕尾、河源、阳江 8 市在 2017 年一步调整到位，惠州、江门、茂名 3 市分两年调整到位，其他 10 个市分三年调整到位。2017 年统计城镇土地使用税减税 39.72 亿元，加上印花税、契税等共 44.38 亿元，2018 年起增加车辆车船税减税 18 亿元，到 2019 年全部到位年减税可达 80 亿元。

案例 9
全面优化首都营商环境
切实降低企业税务负担

一、基本情况

近年来，北京市持续深化"放管服"改革，持续推动服务方式创新，服务流程优化，企业成本降低。2017年9月北京市委、市政府发布《关于率先行动改革优化营商环境实施方案》，要求切实降低企业税费负担。

作为全国税务系统优化营商环境试点单位之一，北京国税局推出《优化营商环境提升办税便利度实施方案》，持续推进税收便利化改革。北京国税局从不同角度采取多种措施，大力缩短纳税人纳税时间，营造公平透明可预期的税收营商环境，全力打造"六能"型纳税服务平台、北京国税微信矩阵、全市业务通办等9个服务品牌，切实让首都纳税人体验更方便、更快捷和更有效率的办税方式。截至2017年年底，北京国税《优化营商环境提升办税便利度实施方案》15类61项具体任务中，已完成或取得阶段性成果47项，完成进度达77%。北京市税务部门先后推出了"一日领票""票e送""最多跑一次"清单和"全程网上办"清单等一系列优化营商环境举措，着力解决了纳税服务"最后一公里"问题，最大限度地为企业发展"松绑"。

二、主要做法

（一）制度护航，制定时间表路线图

北京市国税局在制定优化营商环境措施的过程中，积极开展"问需求、优服务、促改革"活动，多方询问纳税人需求，认真分析问题意见，分别召开了金融行业、房地产行业、建筑行业等座谈会，与近200户纳税人进行了深入座谈，收集解答纳税人政策咨询问题500余条；对大企业以及具有行业代表性的企业，如首钢、中国铁建、中国北方工业等，进行实地走访，摸清诉求，有的放矢。通过一系列税企沟通方式，为精准制定措施提供了依据保障。

一是制定北京国税深化"放管服"改革路线图。印发了《北京市国家税务局转变税收征管方式，提高税收征管效能实施方案》，通过4大类20项改革任务，实现打造与北京城市功能相适应的税收征管方式的改革总体目标。

二是制定北京国税深化"放管服"改革时间表。印发了《北京市国家税务局优化营商环境提升办税便利度实施方案》，核心是15类61项任务清单，靶向是精准打造便利快捷的税收办税环境、科学规范的税收治理环境、智能专业的税收服务环境、公平透明的税收法制环境等"四大环境"。便利快捷的税收办税环境方面共有10类45项措施；科学规范的税收治理环境方面共有3类8项措施；智能专业的税收服务环境方面共有1类3项措施；公平透明的税收法治环境方面共有1类5项措施。

三是制定配套制度。先后印发了《北京市国家税务局"便捷服务百日行动"实施方案》《北京市国家税务局"互联网+政务服务"工作实施方案》《北京市国家税务局进一步落实减税措施优化纳税服务工作方案》《北京市国家税务局关于纳税事项告知及提示提醒的公告》等15项推动办税便利化的政策文件。

（二）打造品牌，持续提升办税便利度

北京国税打造"一表集成、一次办结、国地联办、一网通办"的便捷办税体系。围绕集成优质服务，提升办税便利度，北京国税着力打造了9个特色服务品牌：一是打造"能问、能查、能看、能听、能约、能办"的"六能"型纳税服务平台。二是打造北京国税微信矩阵。三是推出发票"网上申领配送"业务，简称"票e送"。四是实行办税实名制，目前已采集办税人员实名登记信息1000万条，实现纳税人身份信息一次采集、国地税双方互认、共享共用。五是在全国首创启动了电子缴税"三方协议"网上签署业务，于2018年3月1日正式上线启用。六是搭建网上办税审批中心，打造"网上办、后台审、集中批"的不见面模式，为纳税人搭建了网上办税的"高速路"。七是建立税收业务函件寄递中心，专门组建了相应机构，通过邮寄挂号信方式实现"税务事项核查函""税务事项提示函"等文书批量处理。八是全市通办，自2016年8月起，北京市国税局对7大类375项涉税事项实现全市通办，纳税人可就近选择任意办税服务厅办理涉税事项。九是立足首都经济特点，对全市2280户大企业开辟绿色办税通道，推出发票线上直送、诉求快速响应、税收风险推送、自我遵从免查、政策个性定制等5项特色化服务举措，构建首都大企业特色服务体系。

（三）有序推进，巩固完善优化成果

一是通过对优化项目仔细研究，认真分析，分类分步有序推进。对牵涉面少、见效快的工作内容"立行立改"，有效解决影响办税效率的瓶颈问题，减少纳税人往返次数、报送资料，降低办税时长，迅速提升纳税人办税便捷度和获得感。对涉及纳税人端软件的工作内容"先立后破"，确保税收信息系统运行平稳，降低改革措施对纳税人的影响，改变分散项目的系统优化模式，以集成的思维建设大架构的智能平台。对需要税务总局给予政策、技术等支撑的工作内容"稳妥推进"，围绕建立现

代税收征管和服务方式,形成成熟稳定的制度体系、管理体系、组织体系和信息化体系,持续深化营商环境改善。

二是发挥基层主观能动性。在推进过程中,鼓励各区局结合实际创造性地开展工作,推出更多更好更有针对性的措施,进一步拓展完善,发挥综合效应。如西城国税局提供"一站式"企业注销服务、延庆国税局建立深山里的便民办税服务站等措施都取得了良好效果。

三是开展样本跟踪分析。对世界银行《营商环境报告》开展深入研究,确定指标细节和重点问题。开展样本跟踪分析,对标世行评价标准,在全市范围选取100户样本调查单位,建立长期跟踪分析机制,定期进行办税时长调查和问题深入诊断,检验优化成果。

(四)简政放权,大力压缩办税时间

自2015年以来,北京国税网上办税项目从7大类14个业务事项,拓展到11大类31个业务事项,能够覆盖90%以上的常见业务类型。通过不断增加网上办税项目和优化网上办税流程,网上办税业务量保持较高增速。与2015年相比,2017年网上办税业务量增长4倍以上,网上办税服务厅业务量占全部业务量比例达到80%,网上申报比例达到99%;与年初相比,大厅人流量减少30%以上,纳税人平均等候时间减少40%以上。

北京国税先后推出了28项"不见面的服务"和7项"不见面的管理"。针对准备时间,推出宣传咨询、发票领用代开2个"不见面"服务,截至2017年11月底,北京12366热线共受理业务咨询来电342万通,技术服务咨询来电208万通;针对申报时间,推出预约办税、一般申报、修改申报、备案事项4个"不见面"服务;针对缴税时间,推出签订协议、缴纳税款2个"不见面"服务。

2017年8月21日,北京国税在全国范围内率先进一步扩大取消增值税发票认证的纳税人范围,使98%的增值税一般纳税人不需前往办税服务厅办理增值税发票认证,每月减少实体办税服务厅增值税发票认证数

量 50 万到 70 万份。探索开发"一表集成"申报，目前已将增值税一般纳税人申报表"一主表、九附表"汇总简化为一张"基础数据表"，实现增值税一般纳税人大部分申报数据自动填写。"一表集成"系统填写的项目由原来的 530 项减少到 91 项，大大缩减了纳税人的申报准备和办理时间。

三、经验成效

（一）新红利：优惠政策降税负

"政贵在行，事成于实"。为确保一系列减税政策落地生效，北京市国税局、地税局按照国家税务总局工作部署，将政策落实与深化国地税征管体制改革紧密结合，围绕政策宣传培训、办税服务、统计分析、督导检查等各环节联合制定了一系列工作措施，确保政策落实无缝衔接。

（二）新流程：环节精简提效率

2018 年 3 月以来，北京市国税局通过整合 10 个涉税事项，实行"套餐式"服务，打通了新开办企业办税事项全流程，符合条件的新开办企业从申请"套餐"到领取发票可一日完成。初次申领增值税发票"快捷办理"服务不仅实现了审批提速，还对接税控服务单位缴费系统实现网上缴费，后续税控设备发行、增值税发票领取业务的办理时长也大幅缩减。"最多跑一次"、全市通办、免填单服务，在这一项又一项的措施中，北京市国税局、地税局最大限度地为纳税人做节省时间的"减法"。

（三）新体验：服务创新享便利

"足不出户，在家办税"，《北京市地税局办税事项"全程网上办"清单》的出台将无数纳税人的这一愿景变成了现实，89 个事项中单位纳税人可网上办理 79 项涉税业务，自然人纳税人可网上办理 10 项涉税业务。纳税人可通过北京互联网地税局电脑客户端、北京互联网地税局手机 App、北京市地方税务局微信公众号、支付宝城市服务等多渠道办理，在网络上实现高效办税。纳税人可以通过网站桌面版、网站移动版、移动客户端、短信、邮件、微信等多渠道进行业务办理和交互；采取"服务广场+办税广场"模式，将栏目功能呈现产品应用化，按纳税人使用频率排序，为纳税人提供"网购式"应用新体验。2017 年 1 月到 11 月，"六能"平台累计访问量达 500 万次。

（四）新形式：宣传辅导贴需求

微博、微信、移动客户端，堪称新时代信息传播的"三驾马车"，北京市国税局、地税局坚持用好这三种接地气的宣传渠道，努力将税收信息传达给每一个有需要的纳税人。据不完全统计，围绕优化首都税收营商环境这一项工作，北京市地税局"两微一端"发布 200 余条信息，阅读量超 50 万。截至 2017 年 11 月底，北京国税微信矩阵关注人数突破 100 万，累计点击量达到 6000 万次。

案例 10
江西省宜春市"精准帮扶"降低企业办税成本

一、基本情况

2016年上半年,江西出台80条降成本优环境政策措施,其中,涉及降成本方面的举措共有60条。本着"能让则让、能放则放"的原则,江西各地各部门拿出了有利于降低企业成本的"真金白银"和有利于优化发展环境的改革举措。帮扶企业渡难关,关键在于"精准把脉"。2017年11月,江西省政府发布《关于精准深入推进降成本优环境的补充意见》。在江西已出台的降成本优环境政策举措中,减税降费力度最大,成效也最为显著。2017年前三季度江西省企业减负清单中,全省共为企业减负约845亿元,其中减免税费688.36亿元。

宜春市认真贯彻落实省委、省政府降成本优环境专项行动各项决策部署,层层发动、上下联动、政企互动。深入企业一线,实施精准帮扶。市、县两级四套班子领导落实联点企业1280户,实现了全市规模以上工业企业全覆盖。优选100户基础好、潜力大、前景广的重点企业和100个带动性强的重大项目进行重点帮扶。宜春市财政局在落实税收优惠政策和企业扶持政策上积极行动,专门下发了《开展优化产业发展环境活动工作方案》,促使惠企政策落地生根。

远东福斯特新能源有限公司(以下简称福斯特)成立于2009年7

月，是一家专业从事锂离子电池研发、生产、销售及售后服务于一体的国家高新技术企业，是远东智慧能源股份有限公司（上市公司）的控股子公司。福斯特是江西省锂电龙头企业，目前 18650 圆柱锂离子电池日产 120 万支，居国内产销规模第一，全球排名第三（仅次于三星和松下）；动力电池生产规模为年产 10 万组，经工信部专家审查，顺利进入《汽车动力蓄电池行业规范条件》的第四批企业目录。产品广泛应用于电动汽车、邮政车、特种车、基站储能、电动自行车、笔记本电脑、移动电源等领域。近几年锂电池市场前景看好，企业的成长也迈入快车道。2017 年销售收入 149232 万元，同比增长 46.43%；销售成本 120130 万元，同比增长 53.75%；利润 9875 万元，同比下降 7.6%；实现税收 3660 万元（其中增值税 1505 万元，企业所得税 2155 万元），同比下降 50.68%。（注：因 2017 年新增生产线购进机器设备等影响了企业利润、增值税税款 3600 万，若无此影响，税收同比将实现增长。）

二、主要做法

（一）组建专业团队，打造驻企重点帮扶

宜春市国税局对重点企业制定了"一对一"个性化服务方案，通过组建专业化帮扶团队实行驻企式重点帮扶。该局成立了一个由五名专业人才组成的团队对福斯特开展一对一的政策宣讲和税收辅导服务，解答企业日常经营中遇到的企业兼并、资产重组、股权转让、分红处置、四方抹账等涉税问题。通过建立挂钩帮扶机制，加强税务部门与福斯特的日常联系，定期开展对口服务，对企业出现的涉税风险操作进行及时预警，将企业的合理诉求第一时间反馈到局领导班子，便于及时进行决策和回应。

（二）开展税企宣讲，消除企业纳税误区

宜春市国税局税务人员多次上门就近期新出台的增值税改革新政以及相关税收优惠政策向企业财务人员以及管理人员进行政策讲解并回答有关问题。福斯特是一家高科技的新能源企业，属于国家大力扶持的新兴产业，产品技术含量高，科研投入大，国家近期也密集出台了大量的减税政策，而宜春市国税局税务人员的上门宣讲服务让企业能够最及时地了解到最新的税收政策，充分享受税收红利，对企业缓解资金困难、提升市场竞争力帮助巨大。

（三）定制减税套餐，充分享受税收红利

为了使"降成本优环境"的各项减税举措能够一次性地在企业精准落地，宜春市国税局针对企业的不同情况为企业定制了专属减税方案，为企业及时准确全面地享受各项税收优惠政策提供帮助。以福斯特为例，税务人员通过分析纳税申报资料以及实地调研后，为其开具了"落实好高新技术企业税收政策、企业研发费加计扣除税收政策，并做好职工教育经费支出扣除比例提升的纳税处理"这一方案。作为一家高新技术企业，该企业可以享受减按15%的税率征收企业所得税。企业开展研发活动中实际发生的研发费用，未形成无形资产计入当期损益的，按照本年度实际发生额的50%，从本年度应纳税所得额中加计扣除。而企业作为高新技术企业，其职工教育投入经费支出扣除比例可以按8%的比例税前扣除，该局将该项容易忽略的减税政策列入个性化指导套餐，方便企业及早安排，进行相关账目处理。从福斯特的申报数据来看，企业成本下降明显，例如2016年度企业研发费用加计扣除1440.41万元，2017年度企业研发费用加计扣除1990万元，同比增长38.16%。

（四）升级服务方式，降低企业办税成本

如何为纳税人提供更快捷、更高效的服务，是宜春市国税局在推行

"降成本优环境"活动过程中一直思考的问题。宜春市国税局税务人员一改过去"常坐办公室，企业跑断腿"的工作方式，创造性地将工作地点平移到企业，用现场办公的形式为企业解决好实际困难。2017年上半年福斯特为建设"年产3GWh高能量密度动力储能锂电池研发及产业化项目"，购进进口设备金额5811万元。为保障福斯特新项目顺利实施，税务人员主动上门服务，简化手续，为企业及时抵扣进口环节增值税额106万元。2017年7月10日，宜春市国税局收到《关于远东福斯特新能源有限公司销售电池包涉及四方抹账的请示》，立即组织专业团队上门服务落实，对相关税收政策进行宣传，对企业往来账务处理进行指导，企业及时回笼资金3270万元。

三、经验成效

（一）理念要全局化

减税实际上也是增税，要用大局观来考量降成本优环境活动的各项举措。表面上看来，纳税人享受的税收优惠多了，当期的税收收入受到了影响，但作为税务部门要站位更高、眼光更远，通过减税措施鼓励企业进行技术创新、加大科技研发，提升员工素质，这对扩大税基、涵养税源、提升企业长远竞争力是大有裨益的。以福斯特为例，通过实施政策帮扶，企业有更多的资金用于技术研发，有效地激活了公司发展活力，该公司近三年销售收入实现快速增长，企业实现了跨越式发展。

（二）服务要个性化

宜春市国税局强调"降成本、优环境、促发展"专项行动的推进要和企业的实际需求紧密联系起来，在服务上既注重统筹协调推进，又要考虑个体特殊需求，特别是通过个体分析，找准企业发展中独有的痛点和难点。该局在构建降成本优环境服务体系上做到上下联动、形式多样，既有"讲座式""组团式"等社会化服务方式，又有"包干式""顾问式"等个性化宣传辅导，通过全面打造降成本优环境服务矩阵，确保相关工作一体化推进。

（三）沟通要制度化

从实际工作中来看，国务院六项减税政策以及其他税收政策的落实就是与时间赛跑，纳税人知晓的越早，受益就越多。宜春市国税局通过定期税收宣讲、建立帮扶团队，将沟通方式制度化，让税法宣传成为税务部门的一项固定工作，目的就是早一日让纳税人熟悉政策，争取多一日的适应期，少一分顾虑和担忧，多一分从容和满意。

案例11
广东省综合运用"五字诀"减费
助力企业"轻装上阵"

一、基本情况

清费减负是供给侧结构性改革和"放管服"改革降成本的重要抓手。近年来,广东省全面深化涉企收费"零收费"改革,综合运用"免、清、放、晒、查"五字诀,多措并举,打出了清费减负的"组合拳",推出了一批制度性、管长远、见实效的政策措施,助力企业"轻装上阵"。

2016年,广东省在全国率先实行现行省定涉企行政事业性收费"零收费",当年即减免金额131亿元。2017年又取消或停征35项中央涉企行政事业性收费政策。"多头收费"是清费减负的一项难点。为彻底清除"多头收费"的乱象,广东省制定了"涉企收费进清单,清单之外无政府定价的收费"的管理目标,并向社会公布。目前,广东省市县三级目录清单体系已经全面建立。制定了涉企收费目录清单,也并非一劳永逸。社会经济不断发展,收费项目和标准也在随之变化。广东省在推进涉企收费改革中,还对目录清单实行动态管理。每年选择1~2个企业反映大、收费标准高的收费项目开展评估,依据评估结果对收费项目进行调整。

近几年广东省政府在降低企业成本方面采取了很多举措,企业从中感受到了变化并得到实惠。以珠海格力电器为例,政府性基金、水、电、气,包括一些制度性的成本占企业营收比重逐年下降。工业用电的价格大幅下降,2016年为企业减少成本280多万元,2017年为企业减少成本1400多万元。再如,2016年至2017年,据不完全统计,广汽集团在广东省内重点投资企业享受政策优惠节约成本约8.3亿元。像格力电器和广汽集团这样享受到涉企清费减负改革红利的企业在广东还有很多。

二、主要做法

(一)免:免征全部省定涉企行政事业性收费和部分中央设立项目的地方收入

广东省在认真贯彻落实国家取消、停征部分行政事业性收费政策的同时,结合本省实际,树立政府"不收费是常态,收费是非常态"的理念,按照"上下联动,部门配合,试点先行,逐步推开"的工作思路,深化涉企行政事业性收费"零收费"改革,将取消、免征涉企行政事业性收费写进省委、省政府《关于推进价格机制改革的实施意见》,融入《供给侧结构性改革降成本行动计划》等战略层面进行布局。至2017年12月,已先后取消、免征了130多项涉企行政事业性收费,实现省定涉企行政事业性收费"零收费"和23项中央设立的涉企行政事业性收费项目免征地方收入。"零收费"改革取得了突破性进展,企业普遍反映满意度高。与此同时,对免征的收费项目,加强信息公开,在收费目录清单的基础上,对减免收费行动通过新闻发布会、在主流媒体上进行政策解读等方式向社会详尽介绍政策,并配套公布减免收费的项目情况及操作办法,确保政策执行到位。

(二)清:取消一批、停止一批、降低一批

围绕当前涉企收费存在的突出问题,按照减少收费项目、降低收费标准、缩小收费范围的目标和原则,通过取消一批、停止一批、降低一

批,减轻企业负担。

一是清底数。根据国家发展改革委等四部门关于清理规范涉企经营服务性收费的统一部署,明确政府价格主管部门和行业主管部门的清费责任,对涉企收费项目进行逐一清理、核对,将保留的项目逐一列明收费项目名称、行业主管部门、收费标准、收费范围、收费对象、收费期限以及下一步清理意见等信息,严禁擅自设立收费项目、截留价格管理权限,锁定了实行政府定价的涉企收费"底数"。二是清项目。加大对行政审批中介服务收费的清理力度,重点清理了省直审批部门委托开展的技术性服务收费,取消了气象部门"防雷产品测试"等9项行政审批中介服务收费、建设行业注册建筑师等4项强制培训收费、食品药品监督管理部门在审批过程中委托开展的"四品一械"12项审评技术服务收费。自2017年1月1日起,取消了18个地市车辆通行费年票制,不再收取年票、普通公路次票和高速公路出口代收次票。三是清标准。就是对企业反映大、标准高、制定时间较长的收费项目开展评估,并依据评估结果,停止征收部分收费,降低了部分收费标准。2016年8月,广东省全面停止收取18项海关通关环节经营服务性收费;降低了"来往港澳小型船舶快速通关系统"收费标准,并限期在2018年8月31日前实现政府购买服务。自2017年7月1日起,广东省对行经43个省属国企路段并使用粤通卡支付车辆通行费的合法装载货运车辆,试行通行费85折优惠。

(三)放:下放和放开一批经营服务性收费定价权

下放和放开一批经营服务性收费定价权,最大限度缩小政府定价范围,激发市场主体活力。在《广东省定价目录(2015年版)》取消、放开75项经营服务性收费的基础上,2016年先后取消了防雷检测、食品药品审评技术服务2项46个子项涉行政审批的中介服务收费,放开了矿山救援、食品检验检测2项366个子项的经营服务性收费。2017年,广东省又按照省委第十次党代会关于强市放权的要求,将《广东省定价目录(2015年版)》中只涉及广州、深圳市辖区范围内的省列管价格的重要交通运输服务、环境保护、教育收费、重要专业服务等15项定价事项下放两市管理；2018年新修订的广东省定价目录又在2015年版的基础上再压缩政府定价项目40%，政府定价范围只限定在重要公用事业、公益性服务、网络型自然垄断环节。

(四) 晒：实行政府定价的涉企收费目录清单常态化公示

按照项目法定、权责一致、简政放权、公开透明的原则，适时及时向社会公布政府管理的涉企行政事业性收费、政府定价的经营服务性收费等目录清单，实行动态管理。动态修订公布《广东省全国性行政事业性收费目录清单》《广东省省定行政事业性收费目录清单》《广东省政府定价的经营服务性收费目录清单》《省政府部门纳入政府定价的行政审批中介服务收费目录清单》等清单。此外，广东省同步推进建立省市县三级目录清单体系，目前，省市县三级目录清单体系已全面建立，实现了"涉企收费进清单，清单之外无政府定价的收费"的管理目标。

(五) 查：对减免征涉企收费政策开展专项价格执法检查

对减免征涉企收费政策开展专项价格执法检查，确保政策落地见效。按照"双随机，一公开"原则，通过直查、下查、交叉检查等多种方式在全省范围内对涉企收费开展专项检查，查处违规收费行为74起，实施经济制裁共约1.3亿元，有效遏制了乱收费、乱摊派等违规收费行为。

三、经验成效

一是"清费减负"减轻企业负担。作为清费减负工作走在全国前列的省份，广东省近些年来不断完善涉企收费目录清单，对标一流营商环境，企业负担持续减轻。据不完全统计，2016年、2017年广东省涉企收费"零收费"改革共为企业减轻收费负担超过400亿元。

二是上级支持为"清费减负"的落地提供坚实基础。"零收费"改革取得突破,离不开国家发展改革委的大力支持以及省委、省政府的坚强领导。在国家发展改革委价格司指导下,广东省将"深化行政事业性收费改革"写进了省推进价格机制改革实施意见,并通过省政府、省委审议。"零收费"改革上升到了省委、省政府的改革战略布局。

三是上下联动是"清费减负"成败的关键要素。2017年,省级层面出台降成本工作方案和实施细则等制度性文件后,广州市配套出台了可直接量化的降成本第一批工作清单,佛山市出台了被媒体誉为"佛山样本"的降成本"佛十条"。上下政策的配套联动,为清费降本工作创造有利条件。

四是部门协同为"清费减负"提供必要保障。为加强协调统筹,凝聚工作合力,广东省先后建立了19个部门参与的降成本行动领导小组和30个部门参与的部门联席会议制度,共同推动国家和省降成本相关政策措施的贯彻落实。如取消、免征涉企行政事业性收费后,省财政厅配套制定了部门工作保障资金实施方案;清理行政审批中介服务收费困难多,就利用联席会议制度平台共同研究,压实责任。与此同时,各地也相应成立了领导机构,形成了多部门协作、齐抓共管的工作格局。

案例12
从娃哈哈集团缴费情况看企业降费成效

一、基本情况

杭州娃哈哈集团创建于1987年，现已发展成为规模、效益位居前列的大型饮料企业，饮料产量位居世界前列。在全国29个省份建有近80个生产基地、180多家子公司，拥有员工3万名。产品主要涵盖蛋白饮料、包装饮用水、碳酸饮料、茶饮料、果蔬汁饮料、咖啡饮料、植物饮料、特殊用途饮料、罐头食品、乳制品、医药保健食品等10余类190多个品种，其中包装饮用水、含乳饮料、八宝粥罐头多年来产销量一直位居全国前列。30余年来娃哈哈一直保持稳健发展。企业规模和效益已连续19年位居中国饮料行业第一，为中国500强企业、中国民营500强企业。据娃哈哈集团内部统计，全公司共有政府性收费、非税收入、经营服务性三大类，具体18项各类收费，近年来随着国家降成本政策的贯彻落实，企业缴纳的各种规费呈下降趋势。

二、主要做法

为深入贯彻落实中央和省委、省政府关于加强供给侧结构性改革的决策部署，进一步减轻企业负担，降低企业生产经营成本，优化发展环境，促进经济平稳健康创新发展，浙江近年来推出一系列降成本政策措施。

2016年4月，发布《浙江省人民政府办公厅关于进一步降低企业成本优化发展环境的若干意见》（浙政办发〔2016〕39号），就企业反映突出的税费、用工、用能、融资、用地、物流、外贸、制度性交易等8个方面成本问题，提出了30条政策措施，全年可减轻企业负担1000亿元左右。同年发布《浙江省人民政府办公厅关于进一步减轻企业负担降低企业成本的若干意见》（浙政办发〔2016〕152号），确定20条降低企业成本措施，提出了20条"定向、定期、精准、有力"的政策措施，可再为企业减轻负担200亿元以上。具体而言，暂停向企事业单位和个体经营者征收地方水利建设基金，可减轻企业负担80多亿元；扩大电力直接交易范围和规模，可减轻企业负担36亿元；鼓励企业购置使用工业机器人，可减轻企业负担35亿元；实行差别化城镇土地使用税政策，可减轻企业负担20多亿元；降低公路物流运输成本，可减轻企业负担9.6亿元。2017年6月，浙江省又发布《浙江省人民政府办公厅关于深化企业减负担降成本改革的若干意见》（浙政办发〔2017〕48号），推出10个方面共35条政策措施。

以"企业为基"是浙江特色。浙江一直努力营造亲商爱商的良好氛围，并致力于打造"中国商务成本洼地"。尤其近年来，面对不断高涨的企业生产经营成本压力，浙江较早推出了降低企业成本"组合拳"，企业减负工作一直走在前列。当前，浙江企业非税负担全国最低。

三、经验成效

（一）缴费金额呈逐年下降趋势，2017年减费成效最明显

娃哈哈集团在浙江省范围内缴纳的各种规费金额2015年为4587.08万元，2016年下降到3665.90万元，2017年进一步下降到1301.33万元，与上年同口径比较下降65%。其中，政府性收费从2015年的3113.18万元、2016年的2207.28万元下降为2017年的0元（未包括教育费附加、地方教

育费附加、残疾人保障金等其他基金），同比下降100%；主要原因是浙江省从2016年年初和11月1日起开始停征价格调节基金、地方水利建设基金、防洪费河道费，政策效果在2017年得到完全释放。仅地方水利建设基金一项，2017年就为娃哈哈集团省下了2207.28万元。非税收入（含行政事业性收费）从2015年的1110.96万元、2016年的991.08万元下降为2017年的793.81万元，其中2017年比上年下降20%。详见表1所示。

表1 娃哈哈集团2015—2017年规模对比（浙江范围内）（单位：万元、项、%）

类别	2015年累计		2016年累计				2017年累计			
	种类	金额	种类	金额	增减额	增减幅度	种类	金额	增减额	增减幅度
总计	153	4587.08	151	3665.9	-921.18	-20	131	1301.33	-2364.57	-65
1. 政府性收费	1	3113.18	1	2207.28	-905.9	-29	0	0	-2207.28	-100
2. 非税收入（含行政事业性收费）	37	1110.96	31	991.08	-119.88	-11	27	793.81	-197.27	-20
其中：排污许可权费	1	372.91	0	0	-372.91	-100	0	0	0	0
污水处理费	1	698.4	1	949.04	250.64	36	1	749.83	-199.21	-21
行政事业性收费	35	39.65	30	42.04	2.39	-3	26	43.98	1.94	4
3. 经营服务性收费	115	362.94	119	467.55	104.61	32	104	507.52	39.97	8

（二）缴费项目呈不断减少之势，2017年项目减少量最多

2017年浙江落实国家取消行政事业性收费政策，对最后3项省定涉企行政事业性收费进行了改革。这些减负政策在娃哈哈集团数据中得到了确切反映。2017年娃哈哈集团在浙江省内公司的缴费项目为131项，比2016年减少20项，比2015年减少22项，实现缴费项目与缴费金额"双下降"。其中，2017年公司在浙江省范围内缴纳的行政事业性收费为26项，比上年减少4项，共缴费43.98万元（见表2）。随着财税

〔2017〕20号文件的政策效应在2018年得到完全释放，这26项行政事业性收费中的21项将取消或停征，另外5项特种设备检测费浙江省已将其转为经营服务性收费，并且按只减不增的原则降低收费。

表2 娃哈哈集团2017年行政事业性收费明细（浙江范围内）（单位：元、项）

类别	种类	项目	2017年降费金额	备注
行政事业性收费（均是中央收费项目）	产品检验类	包装容器检测费	35900	2017年4月1日起取消
		出口产品检测费	2640	
		生产许可证审查费	2600	
		药品检测费	3970	
	计量仪器、器具检验类	安全阀校验费	36783	
		测厚仪检定费	80	
		电子秤检验费	30	
		电子天平检验费	10996	
		干燥箱检定费	1000	
		锅炉检验费	620	
		可见分光光度计检定费	2500	
		灭菌锅检定费	3400	
		数显酸度计检定费	5460	
		温度计检定费	60	
		压力表检定费	2292	
		紫外分光光度计检定费	566	
	基础、工程类	白蚁防治服务费	111403	
	年审、年检类	锅炉压力容器年检费	19000	
		健康证年检费（体检费）	94370	
	培训类	叉车培训费	18250	
	其他类	特种行业人员体检费	5226	
	特种设备检测类	叉车检验费	22837	2017年7月1日起转为经营性收费，收费标准只减不增
		储气（液）罐检验费	6605	
		电梯检验费	46184	
		锅炉、压力设备、压力管道等设备检测费	4116	
		起重机检测费	2872	
	合计	共26项	439760	

（三）降成本政策基本得到落实

在2017年浙江省政府出台的35条减负政策中还包括了降低用能成本、用工成本等娃哈哈内部统计范围之外的成本费用。据了解，这些政策在娃哈哈集团也得到了较好的落实。如，由于下调失业保险单位缴费比率，娃哈哈集团2017年缴纳的失业保险金金额由2016年的1310.11万元下降到759.60万元，同比下降42.0%。又如，由于享受直购电交易优惠政策，娃哈哈集团省内公司直购电平均单价由2016年的0.69元/千瓦时降低为0.65元/千瓦时，每度电下降4分钱；与非直购电相比，用电成本2016年节省了492.33万元，2017年节省了525.02万元。

案例 13
广东不断出台清费减负政策
格力电器缴费负担逐年下降

一、基本情况

降低企业生产管理成本、减轻企业负担,不仅是政府贯彻落实供给侧结构性改革的重要举措,更是实体经济特别是制造业转型升级、提质增效的良方。近年来,为了进一步减轻企业负担,广东省不断出台清费减负政策。作为中国制造的代表之一,格力电器是广东省重点企业、珠海市龙头企业。有关政策在格力电器落地后,对企业降本工作起到切实可见的助力作用,为实体经济发展保驾护航。

二、主要做法

一是积极贯彻落实国家营改增政策。营业税和增值税,是我国两大主体税种。"营改增"于全国范围内推广。2011 年,经国务院批准,财政部、国家税务总局联合下发营业税改增值税试点方案。从 2012 年 1 月 1 日起,在上海交通运输业和部分现代服务业开展营业税改增值税试点,格力电器在营业税改增值税试点范围内。至 2017 年年底,执行、落实"营改增"为格力电器总部带来的可抵扣税额总计达到 15.16 亿元。

二是积极减免行政事业性收费。根据《广东省供给侧结构性改革降成本行动计划（2016—2018年）》（粤府〔2016〕15号）的部署，2016年3月29日，广东省发展改革委、广东省财政厅发布了《关于免征部分涉企行政事业性收费的通知》，决定在全省范围内对所有企业免征省设立的和部分国家设立的行政事业性收费，包括自2016年4月1日起停征堤围防护费。据统计，2016年该举措为格力电器减少成本1569.68万元；2017年为格力电器减少成本3266.27万元。

三是不断出台降低电价、调整城镇土地使用税等其他降成本措施。根据《广东省发展改革委关于降低我省工商业用电价格的通知》，大工业用电价格下调，2016年为企业减少用电成本286万元，2017年减少1410万元。根据《广东省人民政府关于印发广东省降低制造业企业成本支持实体经济发展若干政策措施的通知》和《珠海市人民政府关于调整珠海市城镇土地使用税适用税额标准的通知》，2017年起，市区高新技术企业城镇土地使用税由2.5元/平方米降至2元/平方米，此项政策2017年为企业减少成本111.54万元。

三、经验成效

广东省清费减负相关政策对降低企业成本效果显著。格力电器总部2015年至2017年缴费金额占收入比重逐年下降，其中2017年减费成效最明显，各项支出占收入比重仅为0.54%。详见表1所示。

表1　2015—2017年格力电器缴费情况（单位：万元、%）

项　目	2015年	2016年	2017年
政府性基金	33502.84	30372.51	31544.48
国家设定收费项目	4624.96	5269.10	8396.90
经营服务性收费项目	57.68	79.65	110.56
水、电、气费	30307.31	31703.71	32990.07
合计金额	68492.79	67424.97	73042.02
各项支出占收入比重	0.73	0.67	0.54

案例 14
交通运输部深化港口价格机制改革加快清理规范港口经营服务性收费

一、基本情况

受全球经济发展环境的影响，我国外贸形势面临严峻考验，进出口环节收费引起社会关注。国家相继出台多个文件，国务院领导同志先后多次作出批示，要求有关部门开展促进外贸稳增长、规范进出口环节涉企收费等工作。结合中央全面深化改革的总体部署，以及落实推进交通领域价格改革的工作任务，交通运输部高度重视清理规范水上涉企收费工作，多次召开部专题会议研究部署，加快清理规范水上涉企经营服务性收费，推进港口价格形成机制改革。

二、主要做法

一是放开竞争性服务收费。充分发挥市场对资源配置的决定性作用，放开集装箱和外贸散杂货装卸作业收费、国际客运码头作业收费，以及船舶垃圾处理、供水等船舶供应服务收费，分别由政府指导价、政府定价统一调整为市场调节价，由港口经营人、船舶供应服务企业根据市场供求和竞争状况、生产经营成本自主制定收费标准。

二是精减港口收费项目。对内贸集装箱、散杂货装卸作业费、客运码头作业费等各类劳务性收费，由按作业环节单独设项收费改为包干收费。取消了引航员滞留费、引航计划变更费和靠垫费，归并了开关舱费和系解缆费到停泊费，大幅精减了港口收费项目，港口经营服务性收费项目从原来的 45 项减压到 17 项。

三是降低港口收费标准。改进引航费计费方式，提高了引航费的起征计费吨，对大船进行分档，降低引航费率，并对 12 万净吨以上的船舶引航费实行上限封顶，同时下调了引航费节假日、夜班的加收比例。对外贸进出口的货物及集装箱，减半征收港口设施保安费。

四是改革拖轮费计费方式。参照国外港口做法，将拖轮费由按拖轮马力和使用时间计收调整为按被拖船舶的大小和类型计收。新的拖轮费标准实施后，解决了多年饱受争议的"大马拉小车"、多配拖轮、延长辅助作业时间等不合理问题。同时，总体下调了拖轮费总额，并不再另行收取节假日和夜班加班费。

五是督促港口企业贯彻落实。交通运输部联合国家发展改革委印发通知，督促港口企业和引航机构将收费项目全部纳入公示范围，主动公开，接受社会监督。推动港口企业进一步挖掘降本增效的潜力，合理调降了自主定价的港口作业包干费收费标准。

三、经验成效

近年来，交通运输部会同国家发展改革委深化港口价格形成机制改革，放开了竞争服务性收费、降低了收费标准、精减了收费项目、建立实施了港口经营服务性收费目录清单和公示制度，有力规范了港口经营服务性收费，优化了营商环境，大力促进了物流降本增效。通过"减项、并项、降费"，港口企业为外贸企业和航运企业减轻负担 10 亿元；通过下调拖轮费总额，不再另行收取节假日和夜班加班费，每年可再减轻航运企业负担 2 亿元；通过调降自主定价的港口作业包干费收费标准，从 2018 年起，上海港集团、天津港集团等 7 家港口企业集团每年可降低进出口物流成本约 44.6 亿元。

案例 15
北京海关取消进出口环节收费实现"便企惠企"

一、基本情况

虽然目前我国进出口环节的服务已经基本市场化,但部分服务机构仍存在借助优势地位,在提供服务过程中收取较高费用的情况。2015年7月,国务院办公厅发布《关于促进进出口稳定增长的若干意见》(国办发〔2015〕55号),要求"坚决清理和规范进出口环节收费"。国家发展改革委等部门持续对进出口环节收费出台政策进行集中清理规范。2015年9月国家发展改革委、财政部、工业和信息化部、交通运输部、商务部、海关总署、质检总局等7部门联合印发了《关于进一步清理和规范进出口环节收费的通知》。这次清理规范的重点是沿海、沿江、沿边的港口、码头、口岸向外贸船舶、货物、运输车辆的违规收费,进出口环节没有法律法规依据的行政审批(管理)前置服务收费,口岸检验和查验过程中及各类进出口管理电子平台凭借行政权力、行政地位强制服务收费,港口、码头企业及船公司向外贸企业不合理收费。2016年9月国务院发布《降低实体经济企业成本工作方案的通知》提出,"扩大行政事业性收费免征范围,清理规范涉企收费"。

2016年,全国海关落实供给侧结构性改革,全面清理和规范进出口环节收费,对查验没有问题的外贸企业免除吊装、移位、仓储等费用。

围绕"降成本",全国海关在全面清理和规范进出口环节收费的同时,全部取消行政事业性收费项目,海关所属事业单位及其经济实体的进出口环节经营服务性收费呈逐年显著下降趋势,2016年1—11月,同比下降73%。

二、主要做法

(一)北京数据分中心先后停止20余项进出口环节涉企收费

根据《海关总署关于取消海关预归类服务等3项收费的通知》(署财发〔2015〕86号)、《海关总署关于进一步规范海关事业单位及所属经济实体涉企信息系统收费有关问题的通知》(署研发〔2015〕112号)、《海关总署关于进一步开展清理规范进出口环节经营服务性收费工作的通知》(署财发〔2015〕314号)等文件要求,近年来,北京数据分中心已先后停止了证明联打印费、条码工本费、预归类服务费、安全产品后续服务费(包括补卡、变更、延期、解锁等)、自理企业数据传输处理费等20余项进出口环节涉企收费。自2017年1月1日起,北京电子口岸通过"政府购买服务"的方式,取消了除安全产品制售外的全部收费项目。详见表1。

表1 进出口环节涉企服务停收费用项目情况表(单位:万元)

序号	文件依据	停收项目	停收或降费日期	原年收入
1	《海关总署关于取消和停止有关收费的通知》(署财发〔2012〕383号)	条形码制售工本费	自2012年8月1日起	50
		进出口收付汇联打印服务费	自2012年10月1日起	1500
2	《海关总署关于取消海关预归类服务等3项收费的通知》(署财发〔2015〕86号)	海关预归类服务费	自2015年4月15日起	50
		安全产品后续服务(包括补卡、变更、延期、解锁等)		76

续 表

序号	文件依据	停收项目	停收或降费日期	原年收入
3	《海关总署办公厅转发〈国家发展改革委关于废止部分服务收费政策文件的通知〉的通知》（署办发〔2015〕21号）	预录入技术设备补偿费	自2015年5月15日起	300
4	《海关总署关于进一步规范海关事业单位及所属经济实体涉企信息系统收费有关问题的通知》（署研发〔2015〕112号）	自理企业数据传输处理费	自2015年6月1日起	200
5	资产管理委员会批复	快件系统初装、保税系统初装、保税系统加装、展览品系统初装、展览品系统加装、电子手册系统初装费	自2015年8月1日起	10
6	《海关总署关于进一步开展清理规范进出口环节经营服务性收费工作的通知》（署财发〔2015〕314号）	保税仓库监管系统、快件物品监管系统、展览品监管系统、电子手册系统、电子账册系统、合作预录入收费。免费开发QP系统	自2016年1月1日起	743
7	《关于停止销售安全数据库软件的函》（司函字〔2016〕30号）	电子口岸安全数据库软件	自2016年6月1日起	118
8	资产管理委员会批复	电子口岸企业注册信息录入费、报关员IC卡技术服务费	自2016年7月11日起	17.6
9	督审司通知	企业年审、变更、延期、换证	自2016年8月4日起	50
10	政府购买服务	全部项目	自2017年1月1日	5466
合计				8581

(二) 实现电子口岸综合服务平台及辅助通关系统免费开放

实现电子口岸综合服务平台及辅助通关系统（易速平台）的免费开放是北京海关 2017 年伊始，为深化"放管服"改革，坚决贯彻中央为企业减负增效的改革部署，打响的"当头炮"。为贯彻落实国务院促进进出口稳定增长的措施，进一步降低和减少进出口环节收费，清费减负为企业卸包袱、增动力，促进外贸增长，通过"政府购买服务"的方式，北京海关 2017 年 1 月 1 日起免费为在京进出口企业提供"易速"平台的电子报关等辅助通关综合服务。

三、经验成效

一是北京进出口环节实现了"降成本"。通过近年来持续停降费措施，北京地区进出口环节"降成本"工作取得成效。在极大地减轻企业经营支出负担的同时，提高了企业通关整体效率，以 2017 年全年实际情况统计测算，平均为每票进出口货物节约操作成本 20 元（包括易速平台和其他项目的综合减负效果），每票导入用时仅需几秒，比原手工录入节省 14 分 50 秒，2017 年共计为企业减负 3900 余万元。

二是免费使用"易速"平台切实让企业大大减轻了负担。"易速"平台向企业宣布取消所有收费，让企业不再因为通关成本问题而影响到开拓业务。中外运敦豪国际航空快件有限公司作为首批参与"易速"平台试运行 8 家企业之一，通过应用平台"报关单报文直传"功能，实现企业自有 ERP 系统直接与海关报关单录入系统对接，导入一票报关单最快仅需十几秒。受惠于这项政策，中外运敦豪每票进出口货物可节约操作成本 13 元，预计全年可节省费用 200 多万元。"易速"平台提供免费的技术支持和优质的服务，履行了政府为企业减负的承诺。嘉里大通物流有限公司作为易速平台的首批应用试点企业，在应用"易速"平台以前，日均需 10~20 名制单员、5~10 名报关员和至少 3 部车辆常备通关现场用以满足日常报关、查单、手工预录入以及通关后续操作的工作。在使用"易速"平台后，现只需 1~2 名制单员、1~2 名报关员即可完成全部通关流程。

The Casebook
on Cost Reduction

第三章
降低融资成本方面

融资难、融资贵、融资慢是企业当前关注的焦点和痛点，也是降成本工作的着力点。本章选取了8个相关案例，涵盖供应链金融、债券融资、银税互动、融资担保、普惠金融等多种缓解融资矛盾的具体做法。

四川省绵阳市在全国率先开创了"应收账款长虹模式"，为支持中小微企业发展、拓宽企业融资渠道、降低融资成本、提高融资效率提供了一套行之有效的新方案。中企云链依托大企业在实体经济中的行业领军地位和优质信用，充分利用银行等金融机构给予大企业的授信和资金支持，创新出一种可拆分、流转、融资的电子付款承诺函，为企业间应收应付往来款清算提供新选择，解决大企业债权确权难题。人民银行济南分行立足山东实际，在市场培育、环境营造、激励奖惩等方面下大功夫，有力推动了债务融资工具的推广使用，债券融资的低成本优势逐步显现。广东省中山市结合外向型经济和中小微企业分布广、融资难等特点，创新银税互动向中小微企业输送更多的金融资源。河南省为切实降低中小微企业成本，缓解中小微企业融资贵融资难问题，探索推进政府采购合同融资，助力中小微企业降压减负。济南海关创设"银关保"新型担保模式，有效缓解企业融资难融资贵问题，大幅度降低了企业开立银行保函的综合成本，释放了大量的占压资金。广西壮族自治区设立中小工业企业信贷引导资金，专项用于引导和促进金融机构开展"惠企贷"业务，有效缓解了中小工业企业融资压力。

案例 16
四川省绵阳市以核心企业为龙头有效推进应收账款融资

一、基本情况

健全金融创新体制机制,引导金融机构"脱虚向实",是全面创新改革试点的重要内容,对支持实体经济发展、系统推进四川先进制造强省建设具有重要意义。在四川省经济和信息化委、中国人民银行成都分行的积极引导和具体指导下,绵阳市深入推进应收账款融资服务试点工作,在全国率先开创了一种全新的服务模式,即以供应链核心企业带动为主要特点的"应收账款融资长虹模式"(以下简称长虹模式),为支持中小微企业发展,拓宽企业融资渠道、降低融资成本、提高融资效率提供了一套行之有效的崭新方案,值得广泛推广借鉴。

长虹模式是指通过人民银行中征应收账款融资服务平台(以下简称中征平台),实现长虹集团供应商管理系统、金融机构信贷系统的对接,为供应链中小微企业提供应收账款一体化在线融资服务。中征平台是人民银行征信中心搭建的定位于提供应收账款融资信息服务的金融基础设施,通过集聚应收账款融资参与各方,帮助小微企业盘活应收账款,实现信用增级,提高金融机构贷前调查效率,促成融资交易。该模式下,供应链中小微企业通过核心企业供应商管理系统的融资申请模块提交融资申请;核心企业通过供应商管理系统审批同意后,相关信息经中征平台自动实时推送给金融机构信贷系统；金融机构通过信贷系统审核确认、反馈融资意向、完成账款转让通知后，相关信息经中征平台自动反馈给核心企业供应商管理系统；核心企业通过供应商管理系统确认账款转让后，更新信息自动发送至中征平台；金融机构在中征平台完成应收账款转让登记并全额发放贷款；中征平台自动生成成交单并发送给供应商管理系统和核心企业，并在货款到期时自动提示还款；核心企业将到期货款直接支付至金融机构约定账户，在线融资流程完成。

2015年6月，中国人民银行、工业和信息化部将绵阳市确定为全国首批两个应收账款融资服务试点城市之一。2015年7月，人民银行成都分行、四川省经济和信息化委等部门联合印发《四川省应收账款融资甘泉行动计划》，明确提出要发挥核心企业在应收账款融资服务试点中的带动作用，并大力发展在线应收账款融资业务，形成以点带链、以链带面格局。2015年9月，人民银行征信中心、人民银行成都分行与绵阳长虹集团签订全国首个依托线上平台推动应收账款融资的三方《合作备忘录》。2016年6月，长虹集团供应商管理系统与中征平台完成系统对接，开始为供应链中小企业提供在线应收账款融资服务。2017年3月底，由四川省经济和信息化委牵头，会同人民银行成都分行、四川省财政厅组织联合调研，深入总结工作经验，拟进一步以绵阳市为重点，再选取部分市（州）有代表性的核心企业，开展"长虹模式"试点推广工作。

二、主要做法

一是各级政府引导。省委、省政府将推进应收账款融资作为全面创新改革试点的重点任务之一进行安排部署，给予重点关注和支持。绵阳市政府按照《四川省应收账款融资甘泉行动计划》相关要求，及时印发《绵阳市企业应收账款融资服务试点工作方案》，成立应收账款融资服务试点工作领导小组，建立信息专报和定期通报两项制度，并明确具体推进工作由绵阳市经济和信息化委与人民银行绵阳市中心支行双牵头，同时出台相关鼓励政策，对参与并有实绩的核心企业、注册并有实绩的小微企业给予一定资金补助，2016年年底给予长虹集团补助资金100万元。2017年印发《绵阳市应收账款融资服务试点深化方案》，按照"提速、扩面、升量、防风险"思路，继续深化试点工作开展。绵阳市经信委切实履行牵头责任，与人民银行绵阳市中心支行建立密切的工作联系机制；全面调研全市800多户规模以上工业企业，摸清应收账款底数；加大对核心企业长虹集团的指导和支持力度，积极帮助协调解决遇到的问题和困难，并帮助争取政策和资金支持；多场合、多渠道、多形式开展应收账款融资服务平台的宣传和培训，鼓励和引导广大企业积极使用平台开展线上应收账款融资。

二是人民银行推动。人民银行绵阳市中心支行在人民银行总行及人民银行成都分行的指导下，与绵阳市经信委共同调研分析全市产业特点和应收账款融资业务现状，加大对核心企业长虹集团的支持力度，累计为长虹财务公司申请再贴现临时额度9次、4.5亿元，办理再贴现34.72亿元；支持长虹集团办理跨境人民币结算业务61.95亿元；支持长虹集团及股份公司在银行间市场发行超短融、短融等直接债务融资工具111亿元；支持长虹集团开展跨国公司外汇资金集中运营试点，为其争取到可集中配额的对外放款额度24.72亿美元、外债额度1亿美元。

三是核心企业示范。长虹集团作为线上应收账款融资的首户核心企业，深入落实三方《合作备忘录》要求，以"互联网+"思路规划中征应收账款融资IT对接方案，并全面授权其下属四川长虹集团财务有限公司具体组织实施。财务公司加强与中征公司以及中国银行绵阳分行等外部金融机构的密切配合，积极制定并细化《中征-长虹应收账款融资方案》，带领长虹集团旗下虹信软件公司进行系统开发；组织长虹集团旗下长虹股份、美菱股份、长虹教育公司、虹信软件等企业陆续注册，充分发挥带头示范效应；制作《关联方线上供应链融资创新方案》宣传资料，持续对供应链企业进行宣传和培训，截至目前，共计宣传培训供应链企业260户，带动供应链企业注册110家，带动作用明显。在长虹集团带动下，已有奇瑞汽车、特变电工等 90 家核心企业与中征平台开展系统对接。

四是金融机构参与。围绕该模式，绵阳市各银行业金融机构积极跟进，主动与长虹集团对接，重点在机制、项目、平台和产品等方面不断创新，及时为长虹集团供应链中小微企业量身定制差异化的应收账款融资方案，如中国银行绵阳分行的"融易达"，绵阳市商业银行的"供e融"，绵阳游仙区农村信用合作联社的"才升道-速e通"等。特别是中国银行，其供应链金融业务系统已与中征平台、长虹集团供应商管理系统三方完成系统对接，将"融易达"线下合作转入线上合作，成为首家实现"银-征-企"三方系统直连的国有大型金融机构。同时，在中国银行的带动下，已有交通银行、徽商银行等 24 家资金提供方与中征平台开展系统对接。

五是积极防范各类风险。要针对可能出现的问题，提前谋划、细致推进、积极防范，切实规避应收账款融资过程中的各类风险。要密切关注核心企业的生产经营状况，防范可能存在的因核心企业生产经营问题带来的系统性风险；要强化社会信用体系建设，完善监督制约机制，引导金融机构、核心企业、供应链企业等各方诚实守信，严格按照市场规律办事，防范具体操作过程中可能出现的信用性风险；要高度重视网络信息系统运行监测和防护，防范可能存在的信息安全性风险；要严格按照国家最新政策和金融监管部门的有关规定有序推进，防范政策性风险。

三、经验成效

一是构建多方合作机制。长虹模式是一项系统性较强的工程，涉及层面广、协调难度大、技术要求高，推动应收账款融资，务必要在综合统筹协调上下功夫，坚持"各级政府引导，人民银行推动，核心企业示范，金融机构参与"的基本思路，充分调动并发挥政府产业部门、人民银行、核心企业和银行业金融机构的资源优势，重点在政策引导、技术支持、业务拓展等方面做文章,不断构建完善沟通、协调和合作机制,着力形成群策群力、各尽所能、多方联动推进应收账款融资的工作格局,从而总结提升长虹模式,并在试点推广基础上形成面向四川乃至全国可复制、可推广的长虹模式经验。

二是培育壮大核心企业。核心企业具有既了解企业采购业务流程,又熟悉金融机构风险控制需求,同时对关联企业应收账款的风险控制能力和控制手段强于外部金融机构等优势,是长虹模式的精髓所在。推动应收账款融资,要结合地方实际,在全面调研梳理的基础上,以"处于产业链核心地位、应付账款较多、融资频繁、最好拥有独立的财务公司等"为重要标准,选择好核心企业,逐一推动、逐步扩大,形成多点开花、以点带链、以链带面的应收账款融资局面,有效促进中小微企业发展。

三是政策引导各方参与。尽管长虹模式具备多方共赢的优势,但由于企业前期认识不足,特别对核心企业来讲,还存在所担债务由商业信用变为银行信用刚性兑付的顾虑,还存在因退货、质量扣款等无法补偿的风险,仅仅依靠市场自发力量推进应收账款融资存在困难。推进应收账款融资,务必要坚持市场化原则和收益风险共担原则,综合考量各方利益,运用政策杠杆特别是产业、财税、金融政策杠杆,通过重点行业引导扶持、纳入财金互动政策支持、细化金融机构差别化信贷措施、完善风险补偿机制、加大宣传培训力度等方式,充分调动核心企业、金融机构和中小微企业参与的积极性。

四是缓解了供应链中小微企业融资难、贵、慢的问题。通过与信用度高的核心大企业"捆绑",实现了信用增值化,融资难度明显缓解;通过核心企业引入多家银行业金融机构竞争、争取银行业金融机构给予"批发价"等方式,提前确定应收账款融资的利率,实现了利率优惠,融资成本有效降低;通过在线网络平台一键完成融资需求,实现了服务便捷化,融资效率明显提高。据测算,通过中征平台融资的加权平均利率比绵阳市平均水平低 0.25 个百分点,以长虹、九洲集团为核心的融资加权平均利率更是比平均水平低 1.45 个百分点；获得贷款平均周期较传统模式节省 3~5 天，最快可实现当天放款。截至 2018 年 12 月底，绵阳市加入中征平台的金融机构 173 家、核心企业 6 户、中小企业 254 家，实现平台融资 182.9 亿元。长虹模式有效带动和推动了全国应收账款融资服务工作的深入开展。从全国范围来看，中征平台已累计促成应收账款融资 8.5 万亿元，其中促成中小微企业融资 6.3 万亿元。

国务院常务会议上提出要"大力发展应收账款融资"；中国人民银行、工业和信息化部高度认可该模式，助推国家层面相继出台《金融支持制造业强国建设的指导意见》《关于金融支持工业稳增长调结构增效益的若干意见》《小微企业应收账款融资专项行动工作方案（2017—2019年）》《中华人民共和国中小企业促进法》《关于推广支持创新相关改革举措的通知》，明确发挥中征平台作用，通过应收账款融资帮助中小企业解决融资问题。

案例 17
打造中企云链供应链金融共享服务平台
推动实体企业降本增效

一、基本情况

为贯彻落实新发展理念，深入实施创新驱动发展战略，大力推动双创工作，利用"互联网+"和"四众"创新理念，创新商业模式，打造大中小企业融通发展的一站式供应链金融共享服务平台，充分发挥大企业在产业链中的核心骨干带动作用，有效缓解广大中小企业融资难融资贵，同时帮助大企业优化资金结构、降低财务成本，促进提质增效，助力金融脱虚入实，实现产业链协同创新、共同发展，推动实体产业转型升级，中国中车联合部分国有企业、金融机构及民营企业成立中企云链（北京）金融信息服务有限公司（以下简称中企云链）。

中企云链是由中国中车联合中国铁建、国机集团、航天科技、中船重工、鞍钢集团、中国铝业、中远海运、招商局、中国能建、中国铁物等11家央企，中国工商银行、中国邮政储蓄银行2家金融机构，以及首钢、北汽集团、上海久事、厦门国贸等10家地方企业共计23家股东，经国务院国资委批复成立的一家国有控股混合所有制企业。按照国资委对中企云链保持央企控股地位的批复要求，目前中企云链央企股东股权合计持股53.8%。中企云链依托大企业在实体经济中的行业领军地位和优质信用，充分利用银行等金融机构给予大企业的授信和资金支持，在严格遵循国家法律框架基础上，创新出一种可拆分、流转、融资的电子付款承诺函（中企云链平台称其为"云信"，其实质是基于企业间真实贸易的应收应付账款的债权确认凭证），为企业间应收应付往来款清算提供新选择，解决大企业债权确权难题。通过"云信"实现核心企业信用流转和中小企业快速融资，让传统金融无法涉足的供应链末梢企业也能享受到供应链中核心企业的优质信用，充分发挥互联网带来的长尾效应，惠及供应链上下游的广大中小企业。

大企业从银行获取授信支持，再根据所属子企业规模大小和风险程度，在中企云链平台分配并设定所属子企业可使用"云信"的最高额度。大企业基于自身与供应商的应付账款，向供应商开立"云信"进行债权确认支付货款，供应商通过拆分流转所持有的"云信"，快速流转到更多供应链上的广大中小企业，实现免费清理供应链企业三角债，大幅降低供应链交易成本。供应商也可以将持有的"云信"进行转让融资，向平台提交合同和发票，即可实现T+0两小时内的高效低成本融资。一种方式是由平台对融资申请进行初审，推送银行后由银行放款给融资方；另外一种方式是平台保理公司以应收账款商业保理的形式受让"云信"，以再保理的形式将应收账款债权"云信"转让给银行等金融机构取得融资，从而将银行资金以安全、便捷、高效的方式引入供应链末端中小企业。

二、主要做法

（一）降低大企业融资成本

在中企云链创新的商业模式下，一是降低融资成本，大企业可以凭借自身优质信用，在中企云链平台获得金融机构"云信"授信，使用"云信"向供应商支付货款，有效降低大企业现金占用量。同时，帮助供应商提前开展流转和融资，降低整个供应链融资成本。二是减轻企业负债，大企业可利用收到的"云信"进行拆分流转，快速清理债务链上各企业间三角债，降低企业负债。三是实现财务收益，大企业利用其优质信用通过所属财务公司筹集低成本资金，支持中小企业低成本融资，并获取供应链金融收益。例如，中车株洲电力机车公司开立一笔6000万元6个月期的"云信"，被拆分至四级供应商，涉及102家供应商参与流转清理三角债和融资；大企业对云信流转路径随时清晰可查，更可以实现供应链关系的梳理和管控，确保资金合规不被挪用。

（二）缓解中小企业融资难

当前，中小企业融资存在融资难、融资贵、融资慢等诸多困难。中企云链平台通过模式创新，有效解决了中小企业融资难题：一是提高融资速度，将线下企业融资流程全面优化整合到互联网线上，实现中小企业当日申请当日放款的高效融资。二是降低融资成本，大企业向中小企业支付"云信"后，中小企业可以利用"云信"可拆分、可转移支付等特性，向其他中小企业流转大企业优质信用偿付欠款，降低中小企业现金需求量，进而降低企业融资成本。三是减少融资门槛，中小企业利用在中企云链平台收到的大企业优质信用，可以增强融资能力，实现方便融资。例如：中车北京二七机车公司开立一笔500万元6个月期的"云信"，被多级拆分流转到了十级供应商，涉及35家供应商流转和融资。"云信"拆分流转最大限度满足底层供应商融资需求，而各级供应商其融资成本相同且年化利率5%左右（根据最新数据，2018年5月企业平均非银融资成本年化利率已高达11.36%），中小企业的融资成本大大降低。

（三）助力金融脱虚入实

通过中企云链构建的大企业、中小企业与银行的共生生态体系，金融机构将给予大企业闲置的银行授信盘活，安全便捷地将资金引导给供应链上的广大中小企业，获取线上批量融资利润。邮储银行、工商银行等金融机构通过中企云链平台已为超过6000余家中小企业提供融资超160亿元，切实做到了引导银行资金回归实体产业，真正实现了金融服务

"脱虚入实"。

（四）落实央企双创示范带头作用

中企云链依靠金融科技创新驱动，推进商业模式创新，落实中央企业积极开展双创示范带头工作。一是开展"众创"，汇聚实体产业领域、金融领域、互联网领域等各方人才，汇众智、搞创新，打造基于互联网的供应链金融共享服务平台。二是开展"众包"，平台定位于服务实体产业和银行供应链金融管理的外包部门，以更高的效率、更低的成本满足实体经济资金需求。三是开展"众扶"，利用大企业优质信用和闲置银行授信，以大带小，促进供应链企业之间的互助互扶，构建供应链良好发展的产业生态圈。四是开展"众筹"，以众筹模式联合众多央企、银行组建中企云链，充分发挥国有和民营企业各自优势，推动商业模式和机制创新，后续也将继续以众筹方式引入优质企业和资源。

三、经验成效

中企云链创新商业模式旨在通过集聚国企产业资源与银行金融资源，在国务院国资委和相关部门支持下，开展央地协同创新，将企业债权债务确认和供应链融资相关各方，全部整合实现全线上一站式服务，打造基于互联网的供应链金融共享服务平台。

作为国资委央企双创商业模式创新典范与国资委重点支持的"互联网+"和央地协同创新平台，中企云链已与国务院国资委直属98家中央企业、各省国资委下属400余家大型国有企业、18家全国性银行、50家地方银行及其分支机构进行业务交流和路演，各方对该商业模式高度认可，表达了合作意向。通过在中国中车、中国铁建、国机集团、中国中铁等央企的运用，已在全国全面铺开推广。2017年荣获了第二十四届国家级企业管理现代化创新成果一等奖、2016中央企业熠星创新创意大赛一等奖以及国家中小企业公共服务示范平台（融资）。

自 2015 年 9 月上线至 2018 年 4 月末，已注册企业用户 11000 余家，其中 80% 以上是中小企业，核心大企业通过"云信"向产业供应链企业确权超过 320 亿元，免费清理产业链企业三角债交易累计 910 亿元。通过"云信"确权，已为超过 6000 家中小企业提供低成本高效融资 160 亿元。其中，单笔 100 万以下的占 86%，单笔 50 万以下的占 71%，单笔 30 万以下的占 54%，单笔 10 万以下的占 23%。通过将线下企业融资流程全面优化整合到互联网线上，实现中小企业当日申请当日放款的高效融资。

随着"云信"业务的全面铺开，不仅可明显降低国有大企业融资成本，也可明显降低中小企业的融资成本。尤其为企业三角债的疏围解困提供了有效路径，对核心企业乃至整个实体经济的降本增效起到不可估量的推动作用。目前中企云链平台累计为已入驻的大型企业集团降低有息负债、节省财务费用超 3 亿元，直接增加财务收益 3000 万元，平均提高集团 EVA 增加值 2%。产业链中小企业通过中企云链平台已接收大企业"云信"进行低成本高效融资 160 亿元，直接降低融资成本至少 3 亿元。

案例 18
山东省打好债券融资"组合拳"切实为企业降本减负

一、基本情况

相较于以银行贷款为主的间接融资，直接融资具有期限长、成本低等优势，更有助于降低企业的财务负担。山东作为经济大省，产业结构偏重，企业融资过多依赖银行贷款，企业直接融资比重偏低，直接融资的政策红利一直未能得到有效释放。银行间市场债券融资占山东省直接融资的七成左右，对于扩大直接融资，降低企业融资成本具有重要意义。为此，近年来，人民银行济南分行立足山东实际，在市场培育、环境营造、激励奖惩等方面下大功夫，着力破解制约和影响企业债券融资的症结困难，通过一系列"组合拳"，有力推动了债务融资工具的推广使用，债券融资的低成本优势正逐步显现。

二、主要做法

一是强化宣传、营造环境。对省内大多数企业来说，债务融资工具仍属新鲜事物，如何普及业务、提高认知是推广债务融资工具应用的第一步。人民银行济南分行坚持多点用力，着力在促进业务落地上下功夫。在银行层面，开设银行间市场成员同业交流沙龙，承办"NAFMII 论坛走进山东"等活动，邀请国内知名学者专家和各银行机构成员交流市场形势、学习讲解创新型债务融资工具运用，增强银行机构债券承销能力。在企业层面，连续3年组织开办银行间市场业务培训班15期，邀请交易商协会专家向企业宣讲债务融资工具产品构成、发行条件、注册流程等内容，帮助企业熟悉业务，掌握流程。在分支机构层面，组织人民银行分支机构会同当地金融机构，面向企业"一对一"宣讲债券融资政策和产品，帮助企业实施融资产品多元化配置，切实降低综合融资成本。

二是问诊把脉，深度对接。一直以来，债券发行主要是依靠承销银行单户拜访拓展客户，工作难度大，对接效率低，存在承销银行"获客难"与企业融资"渠道难"的两难情形，企业通过债券融资降低成本的诉求往往难以实现。人民银行立足企业实际需要，专门组建了集"融资+融智"为一体的"金融顾问团"，问需于企、送智于企，引导金融机构与企业结成帮扶对子，对企业融资需求开展综合评估，按照宜贷则贷、宜债则债的原则，制定专项金融服务方案，尽最大可能为企业提供低成本资金支持。如针对山东公用控股有限公司银行贷款利率趋高的情况，人民银行济南分行指导兴业银行济南分行针对城区供热绿色项目，提出了依托绿色项目发行绿色债务融资工具，募集中长期资金的方案。2018年11月份，推动山东首单绿色债务融资工具"山东公用控股2018年第一期绿色中票"成功发行，为企业募集3年期资金2.6亿元，利率5.5%，低于相同评级企业同期发行利率150个基点，相较于银行贷款，为企业带来了更为稳定的现金流，并有效降低企业的综合融资成本，得到了企业的认可和欢迎。

三是专项辅导，管控风险。对很多未发债企业而言，在发行准备、财务审计、信息披露等方面都存在一定的顾虑和畏难情绪。为此，济南分行积极引导承销银行帮助企业做好信用增进、发行路演、信息披露等事宜，有效缓解了其畏难情绪。同时，围绕企业发债过程中可能出现的过度融资和非理性融资等行为，济南分行紧紧抓住企业发债的前后两端，切实加强风险管控。在前端，建立事前调查工作机制，广泛征求行业主管部门、地方金融管理部门的意见,为企业精准画像。在后端,制定了《山东省债务融资工具发行企业后续监测管理办法》,强化企业信息披露管理,密切监测企业兑付能力,及时向企业提示市场风险。一系列措施不仅没有增加企业负担,反而帮助企业树立了财务规范、信息透明的良好市场形象,带动了其融资成本的下降。如渤海汽车系统股份有限公司取得发债资格后,融资议价能力明显增强,企业估算综合融资成本降幅至少有50个基点。

四是正向激励,重点扶持。2017年以来,受金融去杠杆、资金面趋紧等因素影响,债券发行成本呈上升趋势,虽然相比贷款成本仍有优势,但这在一定程度上也影响了企业发债积极性。为争取更多的外源低成本资金,济南分行会同山东省财政厅等部门拟定了山东省直接债务融资引导奖励办法,构建"政策引导+奖补支持+舆论宣传"的融资奖励模式,对包括企业债、公司债、非金融企业债务融资工具等债券发行企业、承销机构和担保增信机构进行专项奖励。同时,通过差异化激励机制,鼓励新旧动能转换、绿色等领域的产品创新,支持更多中小企业实现债券发行,更好激发市场主体活力。

五是点面结合,统筹推进。推动企业融资习惯和融资模式转变不可能一蹴而就。实践中,人民银行济南分行坚持"面上推进、点上突破,点面结合"的工作思路,握指成拳,努力为债券融资发展提供持续的动力支持。在"点"上,重点发挥债券市场低成本资金对民营、双创、绿色、新旧动能转换等重点领域的支撑作用,以连续的市场创新引导带动债券融资规模提升。如推动兖矿集团有限公司成功发行全国首单新旧动能转换债券——"18兖矿MTN008",以5.5%的同期较低发行利率,募集资金15亿元,其中5亿元专项用于兖矿鲁南化工有限公司聚甲醛新旧动能转换项目建设。推动青岛银行创设全省首单信用风险缓释凭证,支持瑞康医药成功发行超短融4亿元,发行利率6.2%,低于预期60个基点,为企业节约财务成本150万元左右。在"面"上,在全省17地市开展"金融服务企业百日行"活动,组织各承销银行通过实地走访、查看财务报表等方式，全面了解企业资产负债和生产经营状况，共挖掘有信贷融资需求的企业3440家，对其中315家存在债券融资需求的企业，督促各行及时纳入债券融资后备资源库并加强业务对接。如建设银行山东省分行根据摸排出的山东宏桥新型材料有限公司债券融资需求，为其设计承销了两期中期票据，金额合计20亿元，期限均为5年，平均发行利率为4.54%，低于该企业正常贷款利率0.69个百分点，5年可累计节省企业财务费用6850万元。

三、经验成效

一是找到了政府推动和市场发展的结合点。处理好政府和市场的关系是经济体制改革的主线，也是解决资金要素市场发展不平衡不充分问题的关键。实践表明，推动债券市场的活跃发展，降低企业融资成本，坚持法制化、市场化的工作理念是核心。具体来讲，就是推动工作必须牢牢抓住"发挥价格杠杆市场化调节作用"这一"牛鼻子"，通过政策宣讲、督促做好信息披露等引导发行企业树立市场化思维，充分发挥市场化发行机制的价格发现功能，以较低发行价格撬动发行规模持续扩大，市场深化发展。同时，推动工作也离不开政府"有形之手"的辅助引导，必须充分发挥地方政府熟悉产业发展、了解企业真实状况的优势，在政策宣讲、业务辅导、理念培育、辅助调查和监督约束等方面下大力气，舍得投入，真抓、真推、真奖惩，才能汇溪流而成江河，由点及面形成推进合力，才能引导企业理性融资、有序竞争和长远发展。

二是抓住了金融供给和市场需求的契合点。信贷配给中，信息不对称被公认是抬高企业融资成本的一个重要原因。破解债券融资这一症结，关键是要在投资者和企业之间搭建服务平台。只有让投资者了解企业真实的财务状况，让企业全面掌握市场融资工具，才能实现融资诉求和资金供给的科学匹配，能够在最大程度上缩短企业融资链条，降低抵押、担保等带来的成本支出；同时，也能够增进投资者和企业的互信程度，通过充分竞争降低企业融资成本。济南分行正是抓住了这一关键点，通过"山东省企业融资网络服务系统""金融服务企业百日行""金融顾问团"等方式，建立了银行、投资者和企业间的沟通桥梁，深入把脉企业诉求，对症下药，给出了降低企业综合融资成本的"良方"。

三是找准了企业发展和风险防范的平衡点。"防范化解重大风险"是中央确定的三大攻坚任务之一，其中首要任务就是防范金融风险。在推进企业债券融资过程中，济南分行一方面积极引导企业牢固树立理性发展、规范发展的理念，通过政策辅导、典型引领、正向激励、问诊把脉等方式，帮助企业用好金融市场政策，科学运用债务融资工具实现低成本融资。另一方面，济南分行紧紧抓住了债务发行的两端，加强监测，引导企业合理控制杠杆率和债券融资比重，确保有能力应对债券市场波动和变化。同时，引导企业严格遵守债券市场后续管理、违约处置规则，避免违规导致的市场惩戒。正是得益于对促发展和防风险的良好管控，山东省债务融资工具发行形成了稳中有进的良好态势。

通过实践探索，山东省不少企业的融资习惯、融资意识发生了深刻的变化，债券融资这种市场化的融资方式得到了越来越多企业的青睐和认可，也为更多企业提供了持续稳定、低成本的资金支持，降成本工作取得了阶段性突破。但要想从根本上建立法治化、市场化的债券市场，充分体现直接融资降成本的优势，还有赖于真正发挥市场在资源配置中的决定性作用和更好发挥政府的引导作用，在市场规则构建、信用环境培育、风险识别防控等方面深化探索，为企业降本减负提供更多支持和保障。2017—2018年，山东省债务融资工具共发行5931.95亿元，加权平均利率5.33%，低于全省一般性贷款利率0.59个百分点，累计为企业节约融资成本35亿元。

案例 19
广东省中山市深化银税互动
为企业换来"真金白银"

一、基本情况

中小微企业犹如经济发展中的细胞一样,在以民营经济起家的中山撑起一片天,在增加就业、促进经济增长、加快科技创新与维护社会和谐稳定等方面具有不可替代的作用。经历过金融危机的冲击,在经济下行压力大、企业艰难爬坡过坎时,资金短缺是中小微企业面临的重大难题。因此,近年来国家先后出台了一系列税收优惠政策。2015年,国家税务总局和中国银监会出台文件,通过"银税互动"助推小微企业发展。2017年5月4日,国家税务总局和中国银监会发布《关于进一步推动"银税互动"工作的通知》。国家税务总局中山市税务局在贯彻落实相关政策的同时,也想方设法为当地中小微企业解决资金的瓶颈问题。结合中山市外向型经济和中小微企业分布广、融资难等特点,中山市税务部门积极加强与银监部门、银行机构的合作,于2014年7月起推出"银税互动"项目,向中小微企业输送更多的金融活水。

二、主要做法

(一)逐步推进,让中小微企业融资更便利

不断拓展"银税合作"范围。"银税互动"经过试点先行、逐步推

广、深化合作等阶段，合作范围逐渐扩大。2014年7月，中山市税务部门与中国银行中山分行试点"银税互动"，由银行为纳税信用情况良好的小微企业提供优惠融资服务。2015年以来，中山市税务部门陆续与建设银行、工商银行等6家金融机构签订合作协议，在全市范围内逐步推广"银税互动"，受惠面也由纳税信用A级纳税人扩展到B级纳税人，让更多中小微企业享受优惠。

不断完善"银税合作"办理程序。合作初期，"银税互动"主要面向纳税信用级别高的小微企业提供优惠融资服务，由税务机关向合作银行推送纳税信用信息，银行根据客户情况提供融资服务。企业在向银行申请融资时，往往要提供近年的纳税情况证明等资料，企业需前往税务机关办理。为优化"银税互动"服务，中山市税务部门积极与合作银行协调，2014年年底，小微企业向中国银行中山分行申请"中山税务通宝"业务时，只需由企业委托银行办理证明，无须再到税务机关办理手续，简化了办理程序，企业体验到了更好的服务。

（二）内外兼修，让"银税互动"项目更顺畅

一是领导重视，银税积极协作。中山市税务部门高度重视"银税互动"，多次召开专门会议研究合作事项，积极与银行进行沟通协商，对合作方案、合作模式、合作内容等进行研讨，并印发税银合作相关文件，明确合作内容和具体流程，有效推进各项工作的顺利开展。

二是建立机制，筑牢合作基础。建立中山市税务部门、银监部门联席会议机制，成立"银税互动"合作工作小组，不定期召开会议，为"银税互动"筑牢组织架构，奠定制度基础。近一年来，已先后召开了4次联席会议，多次召开税务机关和合作银行的业务会议，研究解决"银税互动"推进过程中遇到的问题和存在的不足。

三是宣传到位，大力提升认知度。为提升"银税互动"的影响力和纳税人的认知度，中山市税务部门与银行举行"银税互动"启动仪式，邀请近百家中小微企业参加，并通过多家媒体进行报道，扩大辐射面。

同时,在日常工作中注重对"银税互动"的宣传,利用门户网站、微信微博等平台和户外宣传手段,把服务送到中小微企业身边。

(三)积极探索,让"银税互动"受惠面更广泛

2016年,中山市税务部门依托中山市社会征信和金融服务一体化系统率先探索银税互动"线上"服务。该系统是由市人民银行开发建设,涵盖税务、工商、国土、住建、水电气等20多个部门的数据采集平台,实现部门间的数据采集及"银税互动"融资服务的线上对接。目前,直接依托广东省电子税务局,纳税人通过银税互动平台就可足不出户"以信换贷"。全面拓展"银税互动"的合作广度和深度,借助现有的数据交换平台,与市内所有的金融机构签订"银税互动"协议,加大全市纳税人、税务(政务)与金融机构之间的信息共享力度,并进一步规范数据的采集、利用和推送,有效跟踪中小微企业的信贷支持情况,不断提升纳税服务和融资服务质效,让更多的守信纳税人在"银税互动"中受益。

为理清中山市中小微企业发展思路,实现企业融资便利与纳税服务之间的良性循环,结合当地政府对各类行业发展的政策导向、税务机关掌握的行业数据、金融管理部门对各行业的贷款数据等,进一步健全税、银、企三方沟通机制,提供更有针对性的服务;定期召开专门会议,找准中山市中小微企业发展方向,引导各类金融机构找准定位,为企业提供优质的融资服务。

此外,中山市税务部门建议当地决策部门采用市场化方式,对符合本地发展需求的行业进行担保和扶持,主动引入担保机构对其提供信用担保,促进金融机构对其加大授信力度,让更多的"银税互动"产品发挥作用,为中山经济的健康发展加油添薪。

三、经验成效

一是助力小微企业减负壮大。通过"银税互动"服务平台,实现银

税双方的信息共享，同时推出"税融通""税易贷"等免抵押、放宽授信额度的金融产品，使信用等级良好的企业得以享受银行机构提供的更加便捷、优惠的融资服务，缓解中小微企业融资难融资贵问题。截至2018年10月31日，中山市税务局已与全市27家银行机构签订数据交换共享公约，通过"银税互动"累计为5406户小微企业发放贷款超过118.11亿元，助力小微企业发展壮大，促进了大众创业、万众创新。

二是有效地将信用变为资产。"银税互动"项目将纳税信用级别与企业融资发展有机结合，使纳税信用成为中小微企业的信用资产，进一步提高纳税信用的含金量，有效缓解中小微企业融资难融资贵问题，受到纳税人的赞誉。中山市某儿童用品有限公司作为受益企业之一，在急需资金扩大经营规模、向银行提出贷款的情况下，由于其税收信用度高，银行打破传统贷款模式核定90万元的授信额度，将公司融资额度提高到140万元，增幅达60%，纳税信用换来"真金白银"，有效地促进企业规模化发展。

三是实现了多方信息共享和共赢。中山市税务部门与合作银行机构在法律允许范围内，根据合作协议的内容定期交换涉税、涉银信息，实现银行机构对借款人涉税信息的参考、税务机关对企业金融信息的采集，加强跨部门税收合作，扩大税务机关与银行机构信息共享、管理互助、信用互认，有利于税务机关大力帮扶中小微企业发展以及金融机构加强信贷风险管理和服务，实现税、银、企三方共赢。仅2018年前三季度，中山市税务局已向合作银行机构推送纳税信用A级纳税人、B级纳税人共67000多户，各银行机构也定期向税务机关反馈贷款信息。

四是推进了社会信用体系建设。纳税信用是社会信用体系的重要组成部分，纳税信用的激励措施，有利于倡导纳税人依法诚信纳税，让信用良好的纳税人"一路畅通"。"银税互动"机制的建立，让守信的中小微企业获得发展最急需的资金支持，提高了中小微企业的信贷额度，在社会上营造诚信纳税的氛围，体现纳税信用评价结果的增值运用效果，有利于不断提高纳税人的遵从度，形成守信激励的良好价值导向，推进了社会信用体系建设。

案例 20
河南省政府推进采购合同融资
助力中小微企业降压减负

一、基本情况

促进中小微企业健康有序发展，是推进政府采购制度改革的目标之一。2017年全国两会期间，时任财政部部长肖捷在就"财税改革和财政工作"答记者问会上表示，中小微企业是吸纳就业的主力军，也是激励创新、带动投资和促进消费的生力军，要运用政府采购政策支持中小微企业的发展。

银行有放贷意愿，企业有融资需求。一方面，企业特别是中小微企业资金短缺、融资困难，影响企业发展壮大，迫切需要融资支持；另一方面，银行需要通过放贷经营获取收益，特别是国有银行和国有控股银行，从国家政策上有扶持中小微企业发展的硬性指标要完成。供需双方都有意愿，但金融机构因回款风险大而惜贷、慎贷、恐贷，造成融资渠道不够畅通。金融机构为保证回款安全，不仅需要中小微企业具备一定条件，还要求中小微企业提供担保抵押，客观上提高了融资门槛，加重了融资负担。政府采购合同资金是财政性资金，纳入部门预算管理，资金支付及时、有保障。以政府采购合同的预期支付能力为切入点，鼓励金融机构为政府采购中标成交供应商融资，是解决参加政府采购活动的中小微企业融资难的一个有效途径。

据统计，2017年河南共有中小微企业46.4万家，从业人员1333万人，实现增加值14689亿元，营业收入48657亿元。全省中小微企业占全省企业总数的98%，贡献了全省约60%的GDP，50%的地方财政收入、60%的出口、70%的科技创新、80%的新增就业，是河南经济发展和社会稳定的重要支柱。但中小微企业因其自身规模小、市场竞争能力弱、抵御风险能力差等原因，在发展的同时面临着许多困难和问题，其中最突出的就是融资难融资贵。为切实降低中小微企业成本，缓解中小微企业融资难融资贵问题，河南省财政厅积极作为，创新方式，探索推进政府采购合同融资工作，助力中小微企业降压减负。

二、主要做法

一是出台政策文件明确支持政府采购合同融资。2017年，中国人民银行、财政部、工信部等7部门印发了《小微企业应收账款融资专项行动方案（2017—2019年）》（银发〔2017〕104号），河南省人民政府办公厅转发了省财政厅《河南省支持转型发展攻坚战若干财政政策》（豫政办〔2017〕71号），明确提出加强"政银企"对接，支持供应商利用政府采购合同依法依规开展融资。推进政府采购合同融资工作，既是财政部门发挥政府采购政策功能、促进中小微企业发展的具体措施，也是金融机构落实普惠金融政策、支持实体经济发展具体措施。

二是积极推进政府采购合同融资试点工作。2017年5月，河南省财政厅在前期调研的基础上，确定上海浦发银行郑州分行和郑州市联创融久小额贷款有限公司（以下简称小贷公司），分别作为银行业金融机构和类金融机构试点单位，开展政府采购合同融资试点，取得一定成效。2018年4月，根据《河南省政府采购合同融资工作方案》的总体安排，经过评估研究，中国银行等6家单位成为新参与河南省政府采购合同融资的金融机构，标志着全省政府采购合同融资工作由试点探索向全面推开阶段转变。省财政厅与两家试点单位建立了沟通机制，建立政府采购合同融资的绿色通道,实时跟踪,及时沟通,在第一时间里对合同融资的合同进行备案。同时,建立工作月报制度,要求两家试点单位每月反馈进度,及时掌握试点进展情况。两家试点机构分别推出"政采 e 贷"和"政府采购贷"产品,优化贷款流程,降低贷款成本。累计为 240 家中小微企业授信 7 亿多元,为 100 多家中小微企业实际发放贷款 4 亿多元。

三是搭建政府采购合同融资信息化平台。依托河南省电子化政府采购系统,为"银企"双方搭建一个信息对称、相互对接的平台,推进政府采购中标成交信息、合同信息、融资信息、支付信息和信用信息等信息资源共享,实现中小微企业和金融机构融资需求与供给信息互通。通过电子化政府采购系统切实加强政府采购合同管控,明确要求签订的回款账户和开户行不得擅自变更,确保资金按照合同约定和国库集中支付的有关规定,及时支付到合同签订的回款账户,在一定程度上降低金融机构放贷风险,两家试点机构累计发放贷款近 200 笔,全部按协议及时还款。

四是推动政府采购合同融资制度化。在总结试点经验的基础上,2017 年省财政厅联合中国人民银行郑州中心支行、河南省工业和信息化委员会、中国银行业监督管理委员会河南监管局印发了《河南省政府采购合同融资工作实施方案》,指导政府采购合同融资工作,推动政府采购合同融资制度化,不断扩展覆盖范围,惠及更多中小微企业。

五是开展政府采购合同融资工作宣传。为了扩大政府采购合同融资工作的影响,让更多的中小微企业了解该项政策,先后在河南日报、中国财经报、中国政府采购报、中国政府采购网、河南省政府采购网等媒体进行宣传报道。两家试点单位分别印制 5 万份宣传彩页发给各采购代理机构,由代理机构组织采购活动时向供应商发送。浦发银行郑州分行还通过微信形式加强宣传,起到了很好的效果。先后与浦发银行、小贷公司联合举办三期河南省政府采购合同融资推介会,邀请政府采购供应商、采购代理机构、省辖市财政局的有关人员参加,扩大政府采购合同融资的影响力和公信力。2018年3月在中国政府采购报和政府采购信息报刊登了《建立合同融资机制拓展政府采购政策功能》《创新监管方式推进政采制度改革》的特刊，进一步扩大了河南政府采购合同融资影响。

三、经验成效

一是银行主动让利，降低利息成本。财政部门通过加强政府采购合同管控，明确要求签订的回款账户和开户行不得擅自变更，确保资金按照合同约定和国库集中支付的有关规定，及时支付到合同签订的回款账户，帮助金融机构降低放贷风险。金融机构在贷款利息上也给予一定优惠，目前年化利率7%左右。通过金融机构主动让利，客观上直接降低了中小微企业融资成本。二是贷款无须担保，降低中间费用。中小微企业可凭政府采购合同直接向金融机构申请贷款，金融机构通过电子化政府采购信息系统确认合同真实性，不需要提供抵押担保直接放贷，财政国库支付系统根据合同约定直接将合同资金支付到合同约定的账户。贷款免担保抵押政策，一定程度上降低了中小微企业融资成本。三是优化计息程序，提高信贷投放效率。通过河南省政府采购网和银行系统对接，供应商可在线申请贷款，银行系统自动核对即时放贷，实现"秒贷"，程序简便，效率很高。四是金融机构对供应商还款程序进行优化，随时还款随时结息，按天计算，较传统的固定期间计算贷款利息更加优惠。加之加快政府采购合同资金回款进度等措施，都在很大程度上降低了中小微企业融资成本。

案例 21
济南海关创设"银关保"新型担保模式缓解企业融资难融资贵

一、基本情况

银行保函是海关传统税收担保的重要形式。企业办理银行保函时,常常被要求提供100%的担保金或等值抵押物,占用了企业大量的流动资金。为此,济南海关创设"银关保"新型担保模式,有效解决了企业融资难融资贵问题,大幅度降低了企业开立银行保函的综合成本,释放了大量的占压资金。2017年8月4日,济南海关在淄博召开了"银关保"助力新旧动能转换——济南海关新型担保模式推介会,面向全省83家重点纳税企业推介新型担保及海关的便利通关措施。现场为淄博大华纸业签发了全国首份海关"银关保"新型担保关联保函,保函担保额度500万元。济南海关此项工作获得企业认同,引起强烈社会反响,被中华网、中国经济网、网易新闻、凤凰新闻等20余家主流网络媒体和海关发布、山东发布等官方新媒体宣传报道。

二、主要做法

济南海关牵头银行和保险公司,积极研究创设"银关保"新型担保模式,构建了"企业申请-保险承保-银行授信-海关受理"的新型担保链条,通过引入"关税履约保证保险",转移了银行税款担保代偿风险,为企业办理银行保函提供了增信措施,大幅降低了企业在银行开立保函的综合成本。2017年5月,"银关保"模式配套的"关税履约保证保险"通过国家保监会新险种备案;2017年7月6日,海关总署正式批复同意济南海关作为全国首家开展"银关保"新型担保模式试点海关。以淄博大华纸业为例,试点"银关保"模式后,淄博大华纸业办理500万元的银行保函时,银行只收取其50万元担保金(保函总金额的10%)。其余部分由保险公司按照担保额0.3%的收费比例承保(即500万元的保函只收取1.5万元保险费)。从效益成本上看,相比传统担保模式,每年可直接节省成本26万元。

三、经验成效

2018年1—4月,济南海关已为15家企业办理"银关保"关联保函19票,担保额度达2.1亿元,征税11亿元,杠杆效应可撬动税款缓缴25亿元,释放资金占压1.2亿元,15家企业平均通关时间由20余小时,降至不到1小时。同时,青岛、厦门、武汉、重庆、哈尔滨、海口等7个海关复制推广济南海关"银关保"新型担保模式,共为18家企业办理"银关保"关联保函21票,担保额度达1.65亿元,征税6.9亿元。

一是降低综合成本,释放流动资金。据不完全统计,济南海关辖区企业因开立银行保函、缴存保证金等,长期滚动占用资金近20亿元。全部推广适用"银关保"新型担保模式,既可一次性为实体经济释放可用资金18亿元(按银行收取10%担保金计算),又可每年直接为企业节省资金占用成本逾亿元。

二是助力汇总征税,压缩通关时间。"银关保"新型担保模式,帮助企业以较低的成本、较少的资金和较快的速度获得银行保函,获得了享受汇总征税改革红利的资质,实现了企业进出口货物的快速通关。如淄博大华纸业顺利拿到"银关保"关联保函后,通过济南海关汇总征税备案，在全国口岸实现货物的"即报即放、先放后税"，企业每票平均通关时间由原来的20多小时缩减至5分钟。

三是三方联合评估，防控税收风险。"银关保"新型担保模式确立了"海关、银行、保险三方参与的涉税担保评估体系"。在海关和银行两方风险评估基础上，引入保险公司，融合三方风险控制手段，借助金融信用管理办法，共同评估企业通关信用，进一步强化了"前面放宽、后面管严"的海关涉税风控管理，确保货物"通的快"的同时，能够"管得住"。另外，海关、银行、保险三方风险共通、数据共享、监管共抓的协同体系的建成，有利于海关借鉴吸收金融界对企业评估的先进做法和手段，为实现企业"精准画像"筑牢基础。

案例 22
四川省创建新型政银担合作模式
建立小微企业融资新机制

一、基本情况

为有效破解金融支持小微企业过程中政策分散、信息不对称等问题，进一步提高小微企业金融服务覆盖面和可得性，降低融资成本，支持地方经济发展，四川省信用再担保有限公司（以下简称四川再担保）积极发挥政策性再担保职能，在人民银行成都分行、省财政厅、省经信委、省科技厅等部门的指导帮助下，全国首创"支小贷"新型政银担合作模式，叠加财政、金融、产业政策形成合力，以地方政府、银行、担保、再担保四方风险共担共管为核心，初步建立起低成本、弱抵押、广覆盖、可持续的小微企业融资新机制。

"支小贷"新型政银担合作业务，是指以人民银行向地方法人金融机构发放的支小再贷款为基础，限定贷款利率加点幅度，在贷款发放过程中引入地方政府、银行、担保、再担保四方共同参与风险分担，地方政府贴息贴费，精准支持优质小微企业，引导降低小微企业融资成本，促进地方信贷结构优化调整的一类担保信贷产品。具有以下特点：客群对象明确，精准支持地方优质诚信小微企业；货币政策保障，央行提供低成本支小再贷款资金来源；风险分担多元，地方政府、银行、担保、再担保四方共担共管风险；奖补政策匹配，地方政府财政、产业政策协同货币政策工具发挥政策效能；再担保政策红利叠加，通过再担保业务给予小微企业定向增信支持。

二、主要做法

一是突出资金投向引导，解决"贷给谁"的问题。配合地方人行、财政、经信部门，积极开展"万家千亿"优质诚信小微企业融资培育活动，立足地方实际，共同确定优质诚信企业名单并动态管理，重点支持创新型、科技型、绿色环保型小微企业。

二是提升银担参与信心，解决"融资难"的问题。推动地方政府参与风险分担，四川再担保提供增信、分险支持，牵头形成多方风险共担共管及追偿联动机制，有效缓解银担风险转移机制缺失和风险处置难题；推动地方政府给予金融机构贴息贴费，四川再担保实行再担保费率叠加让利，实质改善金融机构风险-收益比，提振地方法人金融机构和担保机构参与"支小贷"合作信心和意愿。如自贡市、雅安市在四川再担保推动下，在"支小贷"中配套产业政策，给予参与"支小贷"的担保机构1%的担保费补贴，加之担保机构实质风险分担比例大幅降低，担保机构获得的还原后的实际年化担保费率较此前更高，通过价格引导提升担保机构参与积极性。

三是强化融资价格控制，解决"融资贵"的问题。增加地方法人金融机构低成本资金供给，明确以支小再贷款为资金来源发放的小微企业贷款利率严格不超加点幅度上限，年化贷款利率最高不超过6.25%，并引导年化担保费率降至1.5%以下，同时明确地方法人金融机构不得向小微企业收取承诺费、资金管理费等融资附加费用，综合融资成本大幅降低。

四是推动"支小贷"扩面增量。紧抓"支小贷"扩围工作不放松，推进"支小贷"扩围上量。一方面，打造区域亮点工程，形成品牌示范效应。立足现有资源，积极盘活存量，选取基础条件良好、配套政策完善的地区，形成"支小贷"标准化运营模版。另一方面，优化"支小贷"业务拓展方案，夯实完善实施步骤，重点推进该模式在省内国家级高新区和天府新区的推广复制。

五是积极创新"支小贷"产品设计。加大基础调研力度，实地摸底各方诉求，不断发现总结"支小贷"推进现实问题。围绕合作额度和风险分担机制，强化目标政策导向，拟新增再担保优惠叠加折扣系数，对单户授信 500 万元及以下"真小微"项目再给予政策倾斜，探索"一个方案，多种实践"，因地制宜，多元推进"支小贷"区域试验。

三、经验成效

一是小微企业信贷供给稳步提升。截至 2017 年年末，全省"支小贷"合作总额度 17.8 亿元，同比增长 10 余倍。从贷款实际发放情况看，仅自贡市一地，截至 2017 年年末，就已发放"支小贷"超 1 亿元，同比增长 102.8%，该市此前难以获得信贷支持的彩灯文化产业，获"支小贷"项下"彩灯文化贷"定向授信额度 1 亿元，为广大彩灯行业首贷户打通了正规金融融资通道。

二是货币政策工具惠及面不断拓宽。"支小贷"推出后，迅速得到地方政府、银行、担保机构的认可和欢迎，区域推广复制进程不断加快。从地区推广看，自 2016 年首批"支小贷"项目在自贡市落地以来，已与广元、雅安、绵阳等地签署"支小贷"专项合作协议，泸州、攀枝花等市也达成意向；从与地方法人金融机构合作进程看，已与全省 13 家城商行中的 8 家达成合作，2017 年"支小贷"合作银行同比增长 300%，其中部分银行信贷投放已过亿元。

三是小微企业融资成本有效降低。据统计，全省地方法人金融机构运用支小再贷款发放的小微企业贷款，年化利率低于其运用自有资金发放的小微企业贷款 2.54 个百分点，加之"支小贷"模式下年化担保费率引导控制在 1.5% 以内，小微企业融资门槛和融资成本实现双降。以四川博亿高新材料科技有限公司为例,受益于"支小贷"专项支持,该企业2016年获得500万元贷款且利率较同期其他贷款低1个百分点,2017年转贷后利率进一步下调,企业综合融资成本再降近2个百分点,除贷款利息和担保费外,企业不再额外缴纳保证金等附加费用,实实在在享受到央行支小再贷款的政策实惠。待下一步央行调低支小再贷款利率后,综合融资成本还将进一步降低。

四是政策执行合力显著增强。创新政策集成整合机制,与人行联合牵头举办省级财政、经信、科技等主管部门、省内国家级高新区管委会、地方法人金融机构全面参与的"支小贷"新型银担合作对接会,集中向全省推介"支小贷"模式,并运用人民银行10亿元支小再贷款进行专项支持,地方法人金融机构小微企业贷款发放情况纳入对其MPA宏观审慎评估考核。多地政府结合当地产业实际,出台财政政策、产业政策,给予"支小贷"风险补偿、贴息贴费支持,政策协同效能明显增强。

案例 23
广西"惠企贷"降低融资成本助力中小企业发展

一、基本情况

中小企业在推动经济发展,提高地方税收,解决就业问题,促进技术创新,推动产业结构调整方面起着极其重要的作用。因为不完全竞争、信息不对称、市场失灵等问题,融资难融资贵已成为制约中小企业发展壮大的关键因素,在短期内想依靠市场自我调节是不可能的。中小企业发展规模小,财政政策能够直接对中小企业的未来起到信号导向的作用,从而使中小企业的成长方向契合政府未来发展的意图。因此,政府可以利用财政政策解决中小企业面临的融资瓶颈,让中小企业在适宜的环境里生存和发展。面对中小工业企业融资难融资贵的问题,广西财政设立了中小工业企业信贷引导资金,专项用于引导和促进金融机构开展"惠企贷"业务,有效缓解了中小工业企业融资压力。

二、主要做法

"惠企贷"是指金融机构以财政提供的信贷引导资金作为风险补偿增信手段,向工信部门推荐的中小工业企业发放贷款的业务。广西财政整合调剂 5.7 亿元,并带动各市与自治区本级财政按照等比共同出资,建立起规模超过 12 亿元的广西中小工业企业信贷引导资金，开展"惠企贷"业务，通过引导资金，放大商业银行信贷额度。

"惠企贷"开展方式是合作银行接到当地工信部门推荐的企业名单后开展尽职调查并进行贷款审批，有担保类型企业可获得最高 2000 万元以内的贷款额度；无担保类型可获得最高 500 万元以内的贷款额度支持。各市工信部门按一定的比例将信贷引导资金存在合作银行指定的账户，作为"惠企贷"的风险补偿金，合作银行在风险补偿金到位后一个月内发放贷款。"惠企贷"的推出，使无抵押、无担保或少抵押、少担保的信用好、产品有市场和订单、能增加税收和就业岗位的中小企业也能得到贷款。引导资金采取无偿循环使用方式，减少了中间环节，降低了中小企业融资成本，使财政资金起到"四两拨千斤"的作用。

三、经验成效

截至 2018 年 2 月底，全自治区 14 个市全部开展了"惠企贷"业务工作，各市工信部门与超过 100 家银行分行签署合作协议，全区使用中小工业企业信贷引导资金共引导合作银行为 822 家中小工业企业贷款，银行累计发放贷款次数 2016 笔，银行累计发放贷款 141.62 亿元，贷款余额 51.85 亿元，累计放大倍数 11.72 倍，余额放大倍数 4.29 倍，有效缓解了全自治区中小工业企业融资难融资贵问题。

广西梧州三鹤药业有限公司是一家以生产中成药为主的工业企业，是国家认定的高新技术企业。2015 年，三鹤药业公司申请新三板挂牌，在主办券商、会计师事务所、律师事务所引导下，于 6 月份进入股改阶段，此时公司的流动资金出现困境，市财政局、工信委、服务中心了解相关情况后，积极对接各金融机构，最后成功与建设银行合作"惠企贷"业务，为三鹤药业实现贷款 1200 万元，解决企业流动资金不足问题。公司于 2016 年 3 月成功挂牌全国中小企业股份转让系统，实现企业更好的在资本市场融资。

广西防城港市昌海木业有限公司2016年获"惠企贷"2000万元,平均利率5.655%,通过"惠企贷"的支持,该公司的两大项目均已顺利投产,生产经营已进入一个良好的循环状态,具备了良好的获利能力,销售收入两位数增长。

The Casebook
on Cost Reduction

第四章
降低制度性交易成本方面

近年来，各级政府在降低制度性交易成本方面花大力气、下真功夫，成效显著。本章选取了 11 个典型案例，从简化审批流程、提高投资项目审批效率以及优化其他商事制度等方面，分别挑选东、中、西部先进省市的先进经验做法进行分析总结。

浙江省"最多跑一次"改革作为典型经验于 2018 年写入政府工作报告，书写了深化"放管服"改革的新篇章，迈入"互联网+政务服务"发展的新阶段。江苏省"不见面审批"和 3550 改革，从减少环节、信息共享等角度进一步优化审批流程，最大限度利企便民，政府服务效率大幅提高。河南省实施"三十五证合一"改革，以"减证"促"简政"，真正让企业实现"一照一码"走天下。北京市新设企业一站式办理专区，一次性领取营业执照、企业印章和发票从原先的 24 天缩短为 5 天，大大提高了企业开办效率。江西省瑞昌市因"深化商事制度改革成效显著、落实事中事后监管等相关政策措施社会反映好"，受到国务院办公厅的通报表扬。山西省在全省试行企业投资项目承诺制、实行无审批管理，全力打造"审批最少、流程最优、体制最顺、机制最活、效率最高、服务最好"的营商环境。四川省德阳市明确提出由市政务服务中心牵头受理的投资项目"当日开业、百日开工、当年投产"的努力目标，建立了投资项目"一窗受理、全程代办"的德阳模式，推动投资项目审批全面提速。海南省海口市国家级高新区推行"极简审批"改革，最大限度减少行政审批、最大限度提供便民服务、简化优化公共服务、加强事中事后监管和建设全省统一的公共资源交易平台。福州市通过"互联网+不动产登记"全面实现了不动产登记机构、登记簿册、登记依据和信息平台"四统一"。广州海关在全国率先实施"互联网+关邮 e 通"改革，极大地便利了群众，简化了手续，降低了企业成本，节约了监管资源，实现了关企民三方共赢。江苏省坚持以企业为知识产权工作主体，深入实施知识产权强企行动计划，着力帮助企业降本减负，增强盈利能力，保持竞争优势，助推服务企业转型升级。

案例 24
浙江省将"最多跑一次"改革向纵深推进

中共中央办公厅、国务院办公厅印发的《关于深入推进审批服务便民化的指导意见》，把浙江省"最多跑一次"经验做法作为典型经验之一，向全国全面推广。"最多跑一次"改革是浙江以习近平新时代中国特色社会主义思想为指引，创造性推进全面深化改革实践的一个鲜亮标志。2018年，"最多跑一次"写入政府工作报告。从浙江经验走向全国，"最多跑一次"改革书写了深化放管服改革的新篇章，迈入"互联网+政务服务"发展的新阶段。各地涌现出"最多跑一次"改革、"不见面审批"服务、"一次办妥"、"移动办事之城"等改革创新举措，其本质均是以人民为中心、以数据共享为原则，提升政府治理和服务水平，改善营商环境，让人民生活更美好。

一、基本情况

2014年，浙江电子政务建设实行"云优先"战略，建设电子政务"一朵云"，为全省电子政务和公共数据的整合、交换奠定了坚实的基础。同时，浙江构建政务服务"一张网"——浙江政务服务网，开全国之先，公布了政府权力清单、企业投资负面清单、政府部门专项资金管理清单，后来又公布了政府责任清单，形成了著名的"四张清单一张网"。

以"四张清单一张网"为引领,浙江省搭建并不断深化全省统一的"互联网+政务"架构,建成五级联动的浙江政务服务网,形成了全省事项清单统一发布、网上服务一站汇聚、数据资源集中共享的"互联网+政务服务"体系。

2016年,浙江省委经济工作会议首次公开提出"最多跑一次"改革。2017年浙江省政府工作报告正式提出浙江实施"最多跑一次"改革,对"最多跑一次"改革作出全面部署。同时,省里分两批完成了"最多跑一次"事项梳理公布工作,59个省级单位梳理958项,设区市本级平均梳理1002项,县(市、区)平均梳理862项。紧随其后,浙江省公布了《加快推进"最多跑一次"改革实施方案》《浙江省公共数据和电子政务管理办法》,明确改革思路,确定时间表、路线图和任务书,对改革规范进行整体部署和实施,加快推进"最多跑一次"改革相关工作。

"最多跑一次"改革作为浙江全面深化改革的重要突破口、"放管服"改革的精准抓手,经过一年多的探索实施,已经形成比较成熟的制度规范与标准体系,积累了丰富的实践经验,改革红利不断释放,具有在全国复制推广的价值。

二、主要做法

(一)"一窗受理、集成服务"是"最多跑一次"改革的重要抓手

全力打造"前台综合受理、后台分类审批、综合窗口出件"的政务服务新模式,稳步推进"无差别全科受理"。推进便民服务中心乡镇(街道)全覆盖,在村(社区)打造"代办点+自助服务终端+村干部集中服务"便民服务模式,推进政务服务"就近能办、同城通办、异地可办"。

（二）"打破信息孤岛、实现数据共享"是"最多跑一次"改革的重要支撑

以政府数字化转型为目标，构建统一架构、覆盖全省的浙江政务服务网，省级前100高频事项已实现系统对接和数据共享，积极推进民生事项"一证通办"。

（三）"聚焦优质高效的营商环境"是"最多跑一次"改革的重点领域

针对企业投资项目审批部门多、环节多、周期长的问题，推进企业投资便利化改革；针对市场准入领域"办照容易办证难"和"准入不准营"的问题，推进市场准入便利化改革；针对群众日常生活中最渴望解决、最难办的事情，推进民生服务便利化改革，推进"一件事情"全流程"最多跑一次"。

（四）"规范化标准化"是"最多跑一次"改革的重要基础

注重以制度形式巩固推广改革成果，把制度化作为基础工作和长效机制，研究起草《浙江省保障"最多跑一次"改革规定》地方性法规，公布实施《政务办事"最多跑一次"工作规范》《一窗受理、集成服务》《行政服务大厅现场管理工作规范》等地方标准，初步形成具有浙江特色的标准体系。

（五）全力打造"最多跑一次"改革的升级版

从"一窗受理、集成服务"试点起步，到"一站式服务""一证通办""一网通办"，浙江已形成"最多跑一次"的强劲热潮。大力提升"互联网+政务服务"水平，深入推进政务服务全流程网上办理，率先在浙江建成"数字政府""网上政府""掌上政府"，实现更多事项"就近跑一次""一次也不跑"。大力完善"最多跑一次"改革的长效制度，以制度的刚性保证改革成果的长效性和可持续性。

(六)不断提高"最多跑一次"改革的可复制性可推广性

深化"最多跑一次"改革的理论研究,将改革的内涵、外延、目标和路径说清楚、讲准确;发挥浙江作为国家标准化综合改革试点省的优势,积极推进"最多跑一次+标准化",将标准化的理念融入政府治理和服务全链条,进一步提高"最多跑一次"改革的可复制性可推广性。

三、经验成效

"最多跑一次"改革,坚持"群众和企业到政府办事最多跑一次"的理念和目标,从与群众生产生活关系最紧密的领域和事项做起,倒逼各级各部门减权、放权、治权,探索形成覆盖行政许可、行政处罚、行政征收、行政裁决、行政服务等领域的"一次办结"机制,形成"部门联合、随机抽查、按标检查、一次到位"的监管机制,形成各项便民服务"在线咨询、网上办理、证照快递送达"的运行机制。满足群众需求是深化改革的初心,群众也是改革效果的评判者。

(一)"一窗受理"平台累计打通76套市级系统和27套县级系统

在最近一次"最多跑一次"新闻发布会上,浙江省有关部门领导介绍,目前全省各市县在推进本地系统和"一窗受理"平台的对接中,已经累计打通76套市级系统和27套县级系统。省市县可网上申请办理事项的开通率,分别达到79.9%、61.5%、55.9%;统一公共支付平台累计缴费业务量达3090万笔,证照快递量达1081万次。

(二)"最多跑一次"改出了现代政府治理的新高度

作为浙江"四张清单一张网"改革的"升级版","最多跑一次"让减权限权治权和优化服务的统一成为可能。浙江提出的"最多跑一次"改革,是中国经济社会发展进入新阶段背景下,提升政府治理能力和治理水平的积极探索，是地方政府寻求"善治"的新实践。从"跑多次"到"最多跑一次"的变化不是简单量变，其带来的是政府职能的深刻转变、权力运行方式的深刻变革和"互联网+政务服务"的深化运用，极大地增强了群众的获得感和幸福感。

（三）老百姓为"最多跑一次"打出了"高分"

"最多跑一次"核心是"一窗受理、集成服务"，具体说，就是群众来办事，只需将材料提交给综合窗口即可，由行政服务中心进行全流程协调，按责转办。按照以往办理准迁证的程序，申请人从准备材料到派出所申请到最后领取，至少来回跑两趟，等待7~10天。然而，浙江省衢州市民吴先生仅跑了一趟，花了10分钟就拿到了准迁证。省统计局民调中心调查数据显示，对于"最多跑一趟"给予满意和比较满意评价的比例达86.9%和90.6%，受访者普遍认为"到政府办事比以前更方便"。据了解，浙江超过八成事项已经实现"最多跑一次"，提前实现了全年目标。截至2018年3月，经第三方评估，浙江"最多跑一次"实现率达87.9%、满意率达94.7%。

（四）改革由"点"到"面"，经验从"个案"到"标配"

浙江省"最多跑一次"改革正在从破题向纵深、从倒逼到主动、从量变到质变转变。目前全省累计梳理公布三批"最多跑一次"事项，基本实现覆盖80%左右办事事项的年度改革目标。其中，省级889项（含中央直属单位在浙机构285项），设区市本级平均845项，县（市、区）平均732项，分别占同级总事项数的93.28%、81.17%和90.26%。

要推进配套制度改革，梳理和调整政府"四张清单"，实现"最后一级政府"与"最多跑一次"的无缝衔接，必须建立基层政府与决策部门间有效的改革反馈路径，建立健全基层信息反馈机制。目前浙江省在数据库建设方面，已基本完成数据归集。在数据共享方面，已开放57个省级单位3600项数据共享权限。此外，全省1300余个乡镇街道、140余个功能区都建成浙江政府服务网乡镇（街道）站，在公共支付方面，仅2017年9月份统一公共支付平台的累计缴费业务量就达3090万笔。

（五）"最多跑一次"带来的系列改革举措细致入微

浙江的"最多跑一次"改革已经从承诺细化为"一窗受理、集成服务""一网申请、快递送达""一号咨询、高效互动"，数据孤岛被打破，各个不同部门之间得以协同办公，"数据跑路"真正代替了"群众跑腿"。在浙江生活的老百姓发现，不仅在电脑端可实现在线办理业务，在移动端，打开浙江政务服务网App，即可办理查社保、查公积金、交通违法处理和缴罚、缴学费、补换驾照、出入境办证等。甚至"政务淘宝"还打通了支付宝App入口，在大家经常使用的支付宝上，就可以进行新生儿重名查询、教育考试和诊疗挂号等事务办理。

（六）"政务钉钉"配套"最多跑一次"改革进一步落地

为了配套落实"最多跑一次"改革，浙江政务系统建立了"政务钉钉"。政务钉钉是基于阿里钉钉平台框架，结合政府行业需求定制开发的新型移动互联平台。浙江省政务钉钉已覆盖省市县三级政府部门，并逐渐延伸至乡镇和街道。截至2018年3月底，政务钉钉注册人数达622081人，激活人数531191人，活跃人数139329人，激活率85%，日均活跃人数22%，并持续上升，通过应用接口对接方式和应用上架政务钉钉面板方式接入的第三方业务系统数量已达60多个。

除了浙江省，政务钉钉已在全国多个省市部署落地，实现了跨地域、跨层级沟通和扁平化管理，使各类政策、指令及时传达到末端，各级政府协同办公，不仅开启了智慧办公的新模式，还提高了各级政府的执行力。

案例 25
江苏省推进"不见面审批"和"3550"改革政府服务效率大幅提高

一、基本情况

近年来,江苏从最大限度方便企业和群众办事角度出发,大力推行以"网上办、集中批、联合审、区域评、代办制、不见面"为主要内容的"不见面审批(服务)"改革,省政府办公厅印发《关于全省推行不见面审批(服务)改革实施方案》(苏政办发〔2017〕86号),先后召开全省"不见面审批(服务)"改革现场推进会和全省深入推进"不见面审批(服务)"改革电视电话会议,将"不见面审批(服务)"作为一个普遍的制度安排在全省推广。目前,全省13个设区市,96个县(市、区)"不见面审批(服务)"改革方案和首批"不见面审批(服务)"清单全部出台。2018年5月15日,中办、国办印发《关于深入推进审批服务便民化的指导意见》,专门介绍江苏"不见面审批(服务)"改革做法。11月29—30日,李克强总理在江苏考察期间,充分肯定"不见面审批(服务)"工作,认为"'不见面审批(服务)'已成为江苏的一张亮丽名片",希望江苏继续"为全国做标杆"。

按照李克强总理提出的"改革成效要看改革后企业申请开办时间压缩多少、项目审批提速多少、群众办事方便多少"的要求,2017年年初,江苏从企业和群众反映强烈的"三证照"(营业执照、不动产权证、施工许可证）办理入手，同步推动"开办企业 3 个工作日内完成、不动产权证 5 个工作日内完成、工业建设项目施工许可证 50 个工作日内完成"的"3550"改革。省政府办公厅转发省审改办、省政务办、省工商局、省国土厅、省住建厅制定的全省推行"3550"改革意见（苏政办〔2017〕92号），从减少环节、信息共享等角度进一步优化审批流程，最大限度利企便民。

二、主要做法

（一）全面推行"不见面审批（服务）"改革

1. "网上办"

江苏省政府出台《关于加快江苏政务服务网建设的实施意见》（苏政发〔2017〕53 号），精心策划和推进政务服务"一张网"建设。省市县三级统一的江苏政务服务网于 2017 年 6 月 28 日正式上线运行，实现了"四个全国第一"。即第一个按照国家"互联网+政务服务"技术建设标准建成的政务服务网；第一个实现政府权力清单"三级四同"（相同的行政权力事项在省、市、县三级，权力名称、类型、依据、编码相统一）全覆盖的政务服务网；第一个引入"淘宝"概念开设综合旗舰店的政务服务网，目前已上线的 86 家旗舰店提供 1084 个特色综合服务；第一个开展审批服务、公共资源交易、12345 在线同网服务的政务服务网。

2. "集中批"

深入开展相对集中行政许可权改革试点，在首批南通、苏州工业园区、淮安盱眙县、盐城大丰区 4 个国家级试点的基础上，2017 年在苏州、无锡等 4 个设区市和南京江北新区，张家港、江阴等 7 个县（市、区），南京经济技术开发区等 19 个省级以上开发区开展第二批改革试点工作。

3. "联合审"

省政府办公厅出台《关于全省推行企业投资项目多评合一的指导意见》《关于全省推行施工图多图联审的指导意见》等文件,在全省推广常州市"五联合一简化"、镇江市"多评合一"、淮安市"网上联合审图"、苏州工业园区电子踏勘等经验做法,促使各地审批材料数量、周转环节和耗费时间等均大幅压缩。

4. "区域评"

省政府办公厅出台《以"区域能评、环评+区块能耗、环境标准"取代能评环评工作机制试点工作的方案》,在环评、能评、安评等方面,探索开展区域评估,取代区域内每个独立项目的重复评价。

5. "代办制"

按照大项目一律采用代办制的要求,在部分开发区、乡镇(街道)率先推行企业投资建设项目"全程代办"制度,公布代办事项目录,组建专业化代办队伍,为企业提供接洽、联系、申请、办结等全流程、精准化的无偿服务。

6. "不见面"

积极推行审批结果"两微一端"推送、快递送达、代办送达等服务模式。江苏邮政EMS快递服务已进驻全省121个政务服务中心,实现省市县三级政务服务中心全覆盖。群众和企业可自主选择政务服务办理材料上门快递揽收和办理结果快递送达服务,快递费用由相关政务服务中心承担。

(二)大力推动"3550"改革

1. 优化企业开办环境

积极探索企业名称登记改革,开展企业名称自主申报和近似名称承诺制改革试点,探索将企业名称预核与企业的设立登记合并办理。进一步深化"互联网+登记服务",完善网上智能引导系统、网上扫描系统、全程电子化登记系统等业务系统,将登记事项全部"搬上网",实现区域、主体和业务三个"全覆盖",同时增加在线办理环节,推广在线刻制公章、在线申领发票、银行电子开户等。进一步完善信息资源共享机制,简化优化工商登记后各类涉企事务办理的流程和环节,采用实时推送、在线调用等方式共享涉企信息资源。推出"新办企业综合申请套餐",将以往新办企业前台分项受理、分次审批、多头出件的12个涉税事项,在系统内进行并联整合,相关手续可一次性办理并领取发票。

2. 优化不动产登记环境

全省各地普遍实施不动产登记全业务、全过程"一窗受理、集成服务",通过再造业务流程,整合窗口设置,将原先的多部门、多窗口优化为同一窗口收取房屋交易、税收申报和不动产登记等所需全部材料,让群众少跑窗口、少排队、少递交材料。按照一窗受理业务、后台联合审核、优化缴费方式、公布统一时限等工作要求,积极稳妥压缩不动产登记办理时限,推行不动产登记网上预约、异地办理、同城通办、就近办理,加快建设"全流程优化审批、全区域便民服务、全业务网上办理、全节点效能监督"的"四全"服务网点。

3. 优化施工许可办理环境

全省各地以工业建设项目为重点对象,积极推广"提前介入""预审代办"等经验,整合优化办理流程,提高施工许可证审批效率。对评估事项,实行统一受理、同步评估、同步评审、同步审批、统一反馈,压缩评估时限,进一步提高了评估事项的办理效率。对施工图审查,实行统一接件、集中办理、分工负责、并联审查、统一反馈,确保一般项目7个工作日内完成初次审查,技术特别复杂的不超过10个工作日,部分地区积极探索无纸化审图、网上审图,进一步提高了施工图审查效率和审查质量。对与施工许可证颁发相关的合同备案、质量报监、安全报监、现场踏勘等环节,建立施工许可电子化申报系统,实施网上并联审批,推进施工许可证颁发环节的提速增效。

三、经验成效

（一）工作流程大为简化

1."网上办"实现了四个全国第一

目前，江苏政务服务网共汇集省市县三级权力事项68万项，便民服务事项10万项，提供各类办事指南71万多个。截至2017年12月30日，江苏政务服务网访问量超过2.6亿，App下载量达1200余万，用户注册量达458万，实名认证量达311万。同时，推动政务服务事项"应上尽上"，不断优化办事流程，打通信息壁垒，努力实现群众和企业"不推一扇门，不见一个人，办成所有事"。截至2017年12月31日，省、市、县三级行政机关共公布不见面审批（服务）业务110610项（累计业务项），省、市、县（市、区）分别有98.8%、98.1%和98.2%的审批服务事项能够网上办理。

2. 积极推进"集中批"工作流程

目前，全省共有5个设区市、17个县（市、区）、27个开发区成立了行政审批局。试点地区按照"撤一建一"的原则组建行政审批局，将市场准入、投资建设、复杂民生事项等领域的行政许可权划转至行政审批局行使，实现"一枚印章管审批"。

3."联合审"压缩时间、减少支出费用

盐城市大力推动可研报告、节能评估报告、稳评报告"三书合一"，报告编制时间压缩2/3，支出费用减少60%。淮安、泰州、南通等地积极推动"网上联合审图"，实现多图联审的材料网上递转、网上审图、网上反馈、网上查询，全面开启"线上受理、联合审图、集成服务、综合监管"的不见面审图新模式。2017年以来，全省建设项目开展多图联审项目达9106件，多评合一项目达1245件。

4. "区域评"促使企业评估成本下降、评估效率提升

2017年以来，全省建设项目开展区域评估达320件，企业评估成本大幅下降，评估效率大幅提升。常州市溧阳中关村科技产业园原先单独进行的环评、能评、稳评需分别耗时23个工作日、18个工作日、13个工作日，开展区域评估试点后，总计用时减少到6个工作日。连云港市连云区通过政府埋单、企业共享，投入110多万元编制地质灾害危险性评估、社会稳定风险评估、地下水水质监测等区域性评估报告，评估结果区内项目共享使用，节约了项目落地时间，减轻了企业负担。

5. "代办制"全面展开

目前，全省13个设区市全部建立代办制度。其中，南京市出台《南京市投资建设代办服务工作暂行办法》，市、区（园区）、镇街形成"二级机构、三级功能"的代办服务体系，全市50余名专职代办员已累计代办投资建设项目568项，总投资额约2914亿元。

6. "不见面"办理满意率高达90%以上

截至2017年12月底，全省各级政务服务中心寄递审批结果185万件。整合组建全省12345热线服务，并不断拓展服务功能，作为全省政务服务总客服，实现咨询投诉"一号答"，2017年开通上线以来，2361名服务代表全天候在线值守、协同服务，共服务群众和企业2114万人次，服务满意率93.12%。

（二）营商环境明显优化

1. "3350改革"推升江苏省营商环境排名全国第一

2017年7月，国务院第四次大督查中，参考江苏简政放权创业创新环境评价方法，对全国各省（区、市）开办企业、不动产登记、投资项

目报建等三项指标进行营商环境大调查,江苏省三项指标抽样平均办理时限分别为4.68、11.89和39.95个工作日,排名全国第一。

2. 实现"3550"改革目标的达标率为97.9%

江苏省在13个设区市、96个县(市、区)和127个省级以上开发区开展的2017年简政放权创业创新环境评价结果显示,在全部2017个评价案例中,达到"3550"改革目标的案例1974个,达标率为97.9%,全省"开办企业""不动产交易登记""建设项目施工许可"三项评价指标的平均时限均达到"3550"改革目标。

3. 新办企业网上办理和"四全服务"覆盖率广泛

目前,全省已有35万余户新办企业在线享受新办企业"套餐",占同期同类业务量99%以上。截至目前,全省市、县、乡(镇)三级共建成"四全"服务网点997个,"四全"服务窗口3871个,为企业和居民进行不动产登记以及税收申报提供了极大便利。

案例 26
河南省以"减证"促"简政"
企业实现"一照一码"走天下

2017年3月23日上午,河南省工商局联合开封市政府举办了"二十二证合一"营业执照首发仪式,标志着河南省以商事制度改革为重头戏的"放管服"改革迈出了新的一大步。7月5日下午,省长陈润儿主持召开省政府常务会议,通过了"三十五证合一"实施意见,决定自2017年8月1日起,在全省范围内启动实施"三十五证合一"改革,把"多证合一"改革推向更大范围、更高层次、更深程度,释放更多改革红利,以"减证"促"简政",真正让企业实现"一照一码"走天下。

一、基本情况

新一届政府成立伊始,开门办的第一件大事就是推进行政体制改革、转变政府职能,把简政放权、放管结合作为全面深化改革的"先手棋"、转变政府职能的"当头炮",强力推进"放管服"改革。从2015年的"三证合一"到2016年的"五证合一",都是从国务院层面提出的在全国范围内实施的改革,体现着我国政府正在坚韧不拔做政府权力的"减",以换取市场活力和社会创造力的"加"。

2017年3月,李克强总理在《政府工作报告》中明确提出,要继续深化商事制度改革工作,实行"多证合一"改革,扩大"证照分离"改革试点。同年5月,国务院办公厅印发《关于加快推进"多证合一"改革的指导意见》,部署推进"多证合一"改革,要求各地不断完善工作流程,在"五证合一"的基础上全面实行"一套材料、一表登记、一窗受理"模式,申请人只需填写"一张表格",向"一个窗口"提交"一套材料"。

二、主要做法

根据国务院的要求与部署,2015年6月和2016年10月,河南省先后贯彻实施了"三证合一"和"五证合一"改革,取得了一定的成效。

然而,创办企业过程中各类证照数量过多、"准入不准营"、简政放权措施协同配套不够等问题依然突出,群众想要的是:办事流程更简化、办理证照更快捷、窗口服务更完善,更大限度地降低企业制度性成本。为了将改革进行到底,顺应群众的呼声,省工商局充分发挥牵头作用,抢抓改革机遇,最大限度减少涉企证照,多措并举加强监管,不断创新优化服务,站在推进便利化和创业创新的立场坚定支持"多证合一"改革。

(一)成功推行"二十二证合一"试点改革

河南省委、省政府高度重视"放管服"改革,近年来先后出台了一系列政策文件和重大举措,有力推动了全省改革进程。开封作为中原城市群的核心城市、郑汴一体化的重要一翼、中国(河南)自由贸易试验区和郑州航空港综合实验区的重要组成部分,受到了省委、省政府的高度关注,省工商局把握机遇,将自贸区开封片区定为"多证合一"的试点。省委、省政府领导多次到开封调研指导,河南省工商局对"二十二证合一"改革工作高度重视,相关处室负责人多次赴开封调研,听取开封市委、市政府以及市工商局有关"多证合一"改革汇报,从改革的法律依据、政策界限、实施范围、方法步骤等方面,对开封市"多证合一"改革进行全方位指导和帮助。经过多次梳理,形成了"二十二证合一"

最终方案，报经国家工商总局批准后，在开封片区试点实施。

2017年3月23日，省工商局联合开封市政府成功举办了"二十二证合一"改革营业执照首发仪式，改革正式启动。5月3日，"二十二证合一"在河南自贸区三个片区全面推行，试点改革获得巨大成功。

2017年5月8日，国务院总理李克强考察河南，更是为"二十二证合一"点赞："这里在'三证合一、五证合一'基础上，按照国务院多证合一要求，整合为'二十二证合一'，以"减证"带动"简政"。创建自贸区目的是打造改革开放高地，最终要让审批程序越来越简，监管能力越来越强，服务水平越来越高"。

（二）全力推进全省"三十五证合一"改革

在"二十二证合一"获得社会和广大群众认可的基础上，省工商局清醒地认识到：推进"放管服"改革和供给侧结构性改革是进一步推动政府职能转变、深化行政审批制度改革的重要途径，是深化商事制度改革、进一步释放改革红利的重要抓手，在改革和发展的全局中具有重要地位。正如李克强总理所讲的那样，"多证合一"改革是一场深刻的刀刃向内的自我革命。改革不仅仅是证照的简单整合，更在于通过改变以审批发证为主要内容的传统管理体制，改变与审批发证相伴的传统"看家本领"，推动政府部门加快适应社会主义市场经济发展要求，推动政府治理体系现代化，更大激发市场活力和社会创造力，为经济社会发展提供更加强大的动力。省工商局发扬成绩，乘势而上，积极借鉴开封市和河南自贸区试点改革的成功经验，决定在全省范围内实施"多证合一"改革。根据省编办公布的权力清单和责任清单，省工商局全面排查、认真梳理、逐项确认各省直单位和中央驻豫单位涉及的登记、备案类涉企证照事项，在22证的基础上，又梳理排查出13项涉企证照事项，合计35项。对这些涉企证照事项的名称、所属部门、法律法规依据进行了认真研究比对，最终形成了《河南省"三十五证合一"改革涉企证照事项清单》，为改革的顺利实施打下了扎实基础。7月5日，省政府常务会议正式通过了《关于推进三十五证合一改革的实施意见》(豫政办〔2017〕76号),决定自2017年8月1日起,在全省范围内启动实施"三十五证合一"改革,把"多证合一"改革推向更大范围、更高层次、更深程度,释放更多改革红利。

在全国"多证合一"改革座谈会上,工商总局领导明确指出:河南省"三十五证合一"改革闯出了路子,创出了经验,走在了全国前列,完全符合国家层面的改革要求,各省可以直接复制借鉴。

三、经验成效

由于"二十二证合一"改革和"三十五证合一"改革的顺利实施,以"减证"推动"简政",开办企业由多项证照多个部门往返办理改为"一窗受理、一表申请、一套材料、一网归集、一档管理",办结时限由改革前的最长50个工作日,压缩至3个工作日,甚至当场办结,申请材料由110页精简至15页,减少了企业往返各部门奔波之苦,真正实现了"让信息多跑路、让企业少跑腿",有效提升了市场准入便利化水平,降低了企业制度性成本,企业和群众的获得感显著增强。

随着政府职能的转变和商事制度改革的深入推进,河南省"大众创业、万众创新"势头逐年增加。2014年,全省新登记各类市场主体77万户,同比增长20.3%;2015年新登记82.1万户,同比增长13.1%;2016年新登记99.1万户,同比增长20.7%。随着"二十二证合一"和"三十五证合一"改革的实施,2017年,全省新登记各类市场主体110.95万户,首次突破百万户大关。截至2018年3月底,全省实有市场主体达521.8万户,稳居全国第六位、中部六省第一位。

案例 27
从 24 天到 5 天
——北京市提高企业开办效率降低制度性交易成本

"以为开办企业要到工商、税务、刻章备案各个部门分头跑，挨个办，我为企业开办预留了1个月的时间，没想到只需要到一个窗口、5天时间就全部办下来了。"在北京市工商局丰台分局新设企业一站式办理专区一次性领取营业执照、企业印章和发票的北京亚太中环生态科技有限公司法定代表人高会军难掩激动之情。高先生之所以能够在5天时间办完开办企业的所有手续，得益于北京市持续优化营商环境、下大力气压缩企业开办时长的改革措施。

一、基本情况

北京市委、市政府高度重视优化营商环境，北京市委十二届四次全会将优化营商环境作为2018年全市重点抓好的九件大事之一进行部署。2017年9月，北京市发布《关于率先行动改革优化营商环境实施方案》，制定了136条优化北京市营商环境的具体政策清单和《北京市深化行政审批制度改革优化营商环境工作方案》，并明确各项政策的完成时限。2018年年初，北京市建立主管市领导牵头的工作机制，确定牵头单位，建立紧密的部门协同机制，定位痛点、堵点、难点问题，推出系列政策，多措并举改善北京市营商环境。

对于开办企业，根据世界银行全球营商环境报告显示，在北京开办企业原需要 7 个环节，历时 24 天。分别是办理企业名称预先核准通知书 1 天，申请工商营业执照 7 天，从公安机关获得公章准刻审批 2 天，刻制公司印章 2 天，申请打印或购买财务发票授权 10 天，向人力资源和社会保障部申请招聘登记 1 天，向社会福利保险中心登记公司员工 1 天。为了切实有效地优化营商环境，提高企业开办效率，北京市工商局主动担当，牵头成立优化营商环境提高企业开办效率工作专班，协调组织市国税局、市地税局、市公安局、市人力社保局、市人民银行营业管理部等相关部门，共同研究减环节、缩时限、降成本的具体举措。截至 2018 年 4 月底，各有关部门出台十几个相关政策性文件，为优化营商环境、提高企业开办效率提供了强有力的制度保障。

二、主要做法

（一）减环节，实现开办企业只需三个必备流程

在申办营业执照过程中，需要名称预先核准和申请营业执照两个环节，这两个环节均发生在工商部门的登记大厅。针对这个问题，市工商局经多次研究会商，最终决定进一步扩大名称自主预查范围，开放名称库，支持从事符合首都功能定位的科技、文化、商务服务、体育等行业企业在网上自主选择企业名称。企业名称经系统检索通过后，企业可在全市范围内直接申请设立登记。暂不适用名称自主预查的企业，名称登记与设立登记环节合并办理。除从事法律法规规定的工商登记前置审批项目的企业外，企业不需再到工商部门领取纸质名称预先核准通知书。至此，全市通过全程电子化"e 注册"登记模式和扩大名称自主预查范围，将工商登记所需环节合二为一。

目前涉及企业开办所需要的税务登记证、社保登记证等已经整合到申请营业执照环节，实现一次采集数据、部门协同共享。不涉及纳税义务、不涉及需要办理员工社会保险的单位，不用单独到税务、社保部门

办理任何手续。北京市2017年9月在深入推进"多证合一"改革工作中,将公章刻制备案纳入整合范围,企业不用到公安机关办理备案手续,工商部门和公安部门通过网上数据交换实现公章刻制自动备案,将两个环节整合为一个环节。经过流程再造与整合,北京已实现开办企业只需申请营业执照、刻制印章、领用发票3个必备环节。

(二)缩时限,"互联网+政务服务"迈上新台阶

北京市工商部门、税务部门积极梳理整合工作流程,优化工作方式,充分运用"互联网+政务服务"方式,大幅缩减企业开办所需时间。

办理营业执照所需时间从8天压缩到1~3天。推行全程电子化"e注册"登记模式,在线申请公司设立登记申请、受理、核准、发照、公示、存档等各环节无介质、智能化、全程网上办理。选择全程电子化模式提交登记申请,文件、证件齐备,符合法定形式的,工商部门最快当天办结。

领用发票时间从10天压缩到1天。税务部门大力推行网上申报,将网上的业务进行梳理,整合成可供企业自行选择的"套餐",让企业领取发票环节的时间也大幅压缩。税务部门提供网上缴费通道,方便纳税人使用微信、支付宝等移动支付方式便捷缴费;实现申领税控设备和发票"一次性办结",解决群众往返跑、多头跑的问题。符合条件的新办企业只需前往企业开办大厅1次,1天内即可领取税控设备和增值税发票。

(三)组合拳,切实降低企业制度性交易成本

一是"零成本"。在工商部门和公安部门通过网上数据交换实现公章刻制自动备案的基础上,北京市委、市政府再出改革"红利",全市统一对新开办企业免费发放一套四枚铜质平纹印章,包括公章、财务章、合同章和发票专用章。此举免除了企业开办环节唯一的涉企费用,让"零成本"办企业首次成为现实。

二是"e窗通"。"e窗通"实现线上线下"三个环节,一窗办理"。

2018年3月26日，北京市开办企业网上服务平台"e窗通"（http://ect.baic.gov.cn/）正式上线运行。该平台依托原有工商网上登记系统，通过部门间涉企数据交互机制，实现工商、税务、公安等多部门申请网上统一入口，申请人不用再往返于各个政府部门网站之间，可以方便地获取各部门关于开办企业的信息，实现网上一站办理企业开办业务。除了网上实现"一窗受理"以外，北京还创设性地实现一窗受理的"实体店"模式。全市各区依托区级政务服务中心，均专门单独设立由工商、税务、公安部门全部进驻的企业开办大厅，共开辟专项服务窗口122个，入驻工商、税务、公安以及帮办人员超过200人，实现涉及企业开办三个环节从"分头跑、挨个办"到"只进一门，只对一窗"。

三是"一区一照"助力连锁便利店快速落地。北京市工商局对纳入试点范围的连锁便利店实行"一区一照"登记管理。"一区一照"是指拥有多个分支机构的连锁企业，在本市同一行政区内选择一个分支机构作为本区的管理机构，新开分支机构办理工商注册时，只要经营场所符合现行法律法规规定，并提交合法有效的经营场所证明文件，可不再办理分支机构营业执照，只需将新开门店的名称和经营场所记载于"管理机构"营业执照的登记模式。

三、经验成效

北京"3+1+1"模式，5天内完成企业开办已成为大众创业"新常态"，企业开办所需手续，实现"最多跑一次"。"北京速度"正有力激发投资者创业创新的热情，商事制度改革使人民群众的获得感不断增强。主要成效表现为：

一是减环节、缩时长成效显著。建立了开办企业"e窗通"平台，开办企业环节由原来的7个环节减少到3个环节，开办企业时间由原来的24天缩短到3~5天。各项改革举措取得实效，降低了制度性交易成本。

二是"零成本"改革大幅降低企业成本。按照2017年开办企业19.4万户、户均300元左右的刻制印章成本计算,全市每年减免企业开办成本近6000万元。

三是"e窗通"促使受理企业增多。自"e窗通"上线运行以来,全市受理企业开办申请近3万件,其中通过全程电子化申报的比例接近八成,越来越多的企业通过"零见面"方式办理工商登记。

四是"一区一照"模式受到欢迎。2018年4月17日,北京梦想蜂连锁商业有限公司丰台分公司光彩路店负责人按照"一区一照"模式办理了登记。他表示,"一区一照"模式减少企业提交材料4份,而且可以一次办理多个门店的登记,实现快速准入,同时大大降低证照维护成本。

案例 28
江西省瑞昌市深化商事登记制度改革成效显著

江西省瑞昌市发挥商事登记制度改革"先手棋"和"助推器"的作用，积极落实降成本优环境工作要求，以"放而不乱、管而不死、服出实效"的理念，全力服务大众创业、万众创新，优化营商环境，极大促进了瑞昌市市场主体数量迅猛上升，吸纳了更多就业，激发了创业活力。自商事制度改革以来至2017年年底，共登记各类型企业4433户，农民专业合作社276户。在深入推进商事改革不到3年来，各类企业登记数量已经完全超过改革前28年登记在册企业总数的2386户。现有企业投资者人数10292人，平均1.745人投资1家私营企业。雇工人数达45979人，平均每家雇工7.8人，一个投资者吸纳4.46人就业。2018年4月28日，瑞昌市因"深化商事制度改革成效显著、落实事中事后监管等相关政策措施社会反映好"，受到国务院办公厅督查激励并予通报表扬。

一、基本情况

自2013年党中央、国务院启动商事登记制度改革以来，国家、省级层面进行改革的顶层设计和平台搭建，出台"一照一码"、"两证合一"、"多证合一"、"先照后证"、"证照分离"、住所登记、名称预先核准、简易注销、电子营业执照和"企业登记全程电子化"等一系列具体改革措施。在县一级层面,更多要做的是如何将中央、省里改革举措落到实处,让群众、企业享受改革红利,体验改革实效。为此,瑞昌市紧盯老百姓"方不方便、满不满意、愉不愉快"的办事体验,紧紧围绕"事项清、程序简、办得快、心情畅"的目标,切实解决老百姓办事难、办事慢、体验差的问题。

二、主要做法

市行政服务中心聚集多个部门审批职能,采用"前台综合受理、后台分类审批、信息内部流转、统一窗口出件"的新模式,"放管服"改革取得了新成效。商事登记按照"事项减到最少、流程精到最简、效率提到最高"的原则,实行"网络自助、专业辅导、报审一体"的模式,企业注册登记时间优化到材料齐全两小时办结发照领证,远超沿海发达地区。商事登记办得快办得便的核心是材料简单、资料规范。要让群众"只跑一次",这是必须解决的先决条件。为此,专门设立了创业自助服务区,延伸了服务网点,实行了"六个办"。主要做法包括:

(一)"一证一书就能办"

新开办企业办理注册登记只需要申请人提交一张身份证、一份房屋租赁协议书,其他的材料都可以通过网络自助、专业辅导在创业自助服务区完成。"一证一书"之所以能办,是因为通过省工商局网站下载中心,下载企业章程和股东会决议等资料模块,使专业的事情模块化,在创业自助服务区设立企业股东会议专区,申请人只需要在模块上填报改写就可以完成。实行"专业辅导",在创业自助服务区配备专业辅导员,通过专业辅导,有效减少资料出错率,在辅导申请人填报的同时就实现了登记资料的预先审查,实行"填报审核一体化",最大程度保障了"一次过"。

(二)"一套资料两证办"

从核发主体看,食品经营许可证和营业执照的核发主体都是市场监督管理局,从法律规定看,《食品安全法》规定从事食品经营必须先获证再开业。通过整合两张证需要提交的资料,提出"两证同办、资料合一",解决了群众"来回跑、反复填"的问题。

(三)"关联事项并联办"

企业办理了营业执照,只是万里长征第一步,要从登记到经营,还有两个必备的基础是刻章和开户。瑞昌市在"三十证合一"的基础上,对公安部门公章刻制备案和银行开户审批实行"一窗受理、后台推送、并联审批",申请人只需要到登记窗口提交一次资料即可实现"注册登记-公章刻制-银行开户"一站办理。

(四)"延伸网点就近办"

省工商局于2017年分别与省工行、省建行签署了战略合作协议,试点将工商登记服务窗口向部分银行网点延伸,由银行网点全程代客户办理营业执照等相关登记手续。瑞昌市已在工行、建行设立了2个网点。代理网点均配备了网上注册和"创业咨询一点通"电脑终端,免费提供创业咨询、名称预先核准、设立登记、变更登记、备案登记、领取营业执照、账户开立、金融服务方案定制等"一站式"服务,这让投资创业者不但免费享受便利的工商注册服务,还近距离地接受银行量身定做的金融产品服务。为让企业投资和群众创业更加方便、快捷、高效,瑞昌市将把代理网点逐步向银行其他网点及中国移动、中国电信营业网点延伸,将着力打造市区范围内"十分钟办事圈"。

(五)"依托平台网上办"

全面开展网上办事大厅(手机App客户端)建设和服务综合自助终端

建设，努力探索"7×24"小时、"5+2"天的服务新模式，实现"数据跑腿"办事"零上门"，近80%的新设企业能够实现100%网上办，企业办事人员在家或者在单位点点鼠标就能办理。

（六）"信用激励容缺办"

依托国家企业信用信息公示系统（江西）一体化协同监管平台，核查企业、法人、股东信用信息公示情况，对年报及时、公示全面、信用良好的申请人因资料缺失的问题实行承诺补齐、容缺办理。这既能方便企业，更是鼓励企业自觉发布年报、全面公示、珍惜信用、构筑诚信。

三、经验成效

（一）"四零五心"服务亲情化

近年来，瑞昌市以方便群众办事为出发点，实行"一窗受理、内部流转、统一发证"，行政服务中心市监局窗口倡导"四零五心"亲情式服务（服务受理零推诿、服务方式零距离、服务质量零差错、服务结果零投诉；接待服务对象"热心"、服务态度"诚心"、审核资料"细心"、接受意见"虚心"、解释问题"耐心"），坚持服务品质亲情化、履职定制个性化、服务企业常态化、服务机制长效化，进一步优化营商环境，促进了瑞昌市市场主体数量迅猛上升，吸纳了更多就业，激发了创业活力。2018年1月30日，瑞昌遭受连续降雪影响严重，市监局干部冒雪来到距离市区70多公里的南义镇，为瑞南客运公司带去了企业法定代表人的变更登记材料，方便11个股东们当场签字申请，避免长距离多人次往返跑，为他们节约了时间，赢得了当地经营户的交口称赞。

（二）"马上办"成为"名招牌"

瑞昌市成立重大项目落实"马上办"，专门负责招引项目，专事专办、特事特办，助推重大项目落户。许多在外地费尽周折、耗时很长都没能注册成功的公司、企业集团，在瑞昌短时间内即能完成登记注册，创造了新的"瑞昌速度"。2017年4月1日，原中国原子能科学院核物理研究所书记姜山教授一行来到瑞昌考察项目，仅用时47分钟就走完了整个注册流程，是江西省第一张民营涉核营业执照。走过全国多地的姜山教授对瑞昌政务速度和政务环境十分惊叹，当即决定该项目落户瑞昌。瑞昌市"马上办"已成为瑞昌市招引项目政务环境的"名招牌"，正浩环保产业集团、光彩集团、天启新材料集团、荣联、爱越、爱魅科技公司等大型企业因此而顺利落户瑞昌，带来的注册资本超过100亿元人民币，助推了瑞昌经济发展。

（三）"互联网+"服务高效便民

"互联网+政务服务"，实现行政审批事项全流程一站式网上运行。2017年11月1日投资10余万元、使用面积近60平方米的创业自助服务区正式建成，共设6个网络登记自助服务席位、4个人工自助席位、1个电子触摸屏，配备创业专职辅导员2名。过去创业者在创业过程中遇到困惑时，常常苦于无人请教，在进入市场的"最后一公里"上容易"夭折"。如今直接通过触摸屏，利用创业一点通查询创业地区附近主体行业分布情况，集中了解分散于各部门的创业政策。创新两个"线上""线下"工作模式，即线下大力宣传、线下专人指导、线上限时办结、线上多渠道服务等手段，全面公示办事信息，公开咨询电话，公布办事流程及常见问题解答，提高政策透明度和群众知晓率，有效破解因信息掌握不全面、资料准备不齐全导致多头跑、重复跑、盲目跑等问题，实现工商登记由线下向线上线下融合的转变。截至目前，创业自助服务区共帮助473人创业、带动755人就业、394户企业便捷登记，有力地提升了政务速度和办事效率，进一步优化了营商环境，实现了"数据多跑路、群众少跑腿"的电子化登记初衷，成为"瑞昌速度"的一张靓丽的名片，成功打造出瑞昌服务发展的"金字招牌"。

案例 29
山西省试行企业投资项目承诺制实行无审批管理

为简政放权、降低制度性交易成本、提高投资效率、吸引更多的企业和企业家投资兴业，2017年6月，山西省委、省政府出台了《关于山西省企业投资项目试行承诺制实行无审批管理的决定》（晋发〔2017〕25号），决定在全省试行企业投资项目承诺制，实行无审批管理，全力打造"审批最少、流程最优、体制最顺、机制最活、效率最高、服务最好"的营商环境。根据山西省委省政府的要求，大同、阳泉等主要城市均出台了《试行企业投资项目承诺制实行无审批管理》的工作方案，积极推进落实此项改革。

一、基本情况

山西省对表中央、对标先进、对接国际投资贸易通行规则，2017年6月决定在全省试行企业投资项目承诺制，实行无审批管理，并聚焦"产业、企业、企业家"，开展优化营商环境九大专项行动，着力解决一批制约营商环境的突出问题。基本原则是对《政府核准的投资项目目录》外的企业投资项目试行承诺制管理模式，企业投资项目除关系国家安全和生态安全、涉及全国重大生产力布局、战略性资源开发和重大公共利益等项目外，一律由企业依法依规自主决策，政府不再审批。承诺制的核心是流程再造和机制再构，相关部门编制新的流程，最大限度减少开工前事项，能审验的绝不审批，能后置的绝不前置，能承诺的坚决承诺，能并联的坚决并联。

山西省发展改革委等 18 个部门倒排时间，力争承诺制、无审批管理两个月内在转型综改示范区先行试点，并按照走一步、带一步的做法，在每个设区市选定一个开发区，先行试点承诺制，实行无审批管理。根据试点情况，总结经验、完善方案，2018 年 1 月 1 日起在全省推广。

二、主要做法

（一）编制"两清单"

一是相关部门依据法律法规制定部门审批事项负面清单，向企业详细说明哪些项目类别无须本部门审批；二是部门审批事项编制正面清单，向企业详细说明开工前必须承诺的事项及其法律依据。加快编制完成企业投资项目负面清单即《山西省政府核准的投资项目目录》。《目录》内的企业投资项目实行核准，目录外一律取消审批，最大限度释放企业投资活力。

（二）出台"一标准"

"一标准"就是相关部门制定项目准入条件和标准，编制好企业承诺书样本，告诉企业承诺什么，如何承诺。职能部门以清单形式确定项目准入条件，依据法律法规制定产业、环境、节能、消防、人防等标准和要求。

（三）企业按照设定的准入条件和标准，做出具有法律效力的书面承诺

项目法人在取得土地、规划审批手续后，根据项目性质，对照办法有关条款，依据承诺事项的准入条件与标准，向相关职能部门作出格式

化的具有法律效力的书面承诺，统一报行政审批服务中心综合窗口，由其分发至相关职能部门。职能部门对项目法人书面承诺预审公示后（预审 1 天，公示 7 天，在各职能部门网站或开发区网站公示，企业依规自主组织设计和选择建设单位），企业即可开工建设。除法律有明确规定外，相关行政许可事项在投产前完成即可。

（四）简化开工和竣工审验

职能部门对项目环评、安全、施工图设计文件等法律明确要求的事项并联审验后，准予项目开工建设。项目竣工后，企业按照承诺书要求提交验收报告，验收合格后即可投产。

三、经验成效

（一）项目承诺制大幅压缩企业项目烦琐审批流程，简化政府工作无效环节

审批制转承诺制的核心是流程再造和机制再构，相关部门要编制新的流程，最大限度减少开工前事项，能审验的绝不审批，能后置的绝不前置，能承诺的坚决承诺，能并联的坚决并联。对于提高政府办事效率，节约企业项目审批的时间成本和费用成本具有积极意义。

（二）投资项目由政府审批变为企业承诺，对政府行政管理职责提出更高要求

对政府而言，不是"一放了之""无审一身轻"，而是要进一步转变职能，从过去烦冗的审批中抽身出来，将工作重点放到事中事后监管约束和优化服务上。简政放权是深化"放管服效"改革的"牛鼻子"。只有真正放开权力之"手"，才能打开市场之"门"。项目动工后，与项目单位签订承诺合同的相关职能部门，必须依据法律法规加强对承诺制事

项事中事后服务监管。主动告知企业相关政策和要求，履行好项目承诺后预审、开工前审验、竣工后验收的职责，重点加强质量、安全、环保等事项的监管。

（三）投资项目由政府审批变为企业承诺，对企业诚信守法和经营能力提出要求

对企业而言，不是"无法无天、信马由缰"，而是要在获得更多"自由"的同时，增强"红线意识"、自律意识，履行投资主体承诺的责任和义务。配合此项改革，政府要建立项目申请人异常信用记录和严重违法失信"黑名单"，纳入全国和全省信用信息共享平台。申请人应认真履行、兑现承诺，接受职能部门检查和日常行政管理。职能部门在审查、后续监管中发现申请人做出不实承诺的，应当记入申请人诚信档案或企业信用平台中，对失信企业予以联合惩戒，企业承担相应法律责任。那些违法违规失信企业，不仅要受到联合惩戒，而且还会承担相应的风险损失。这也会倒逼企业提升决策和管理水平，准确把握市场脉搏，吃透法律法规和政策，依法承诺、诚实守信、切实践诺，依法依规建设生产运营。那些诚实守信的企业则可以获得更多"自由"，充分发挥企业家精神，审批制改承诺制给了企业家更大的发展空间，有助于当地经济社会的稳定和发展。

案例 30
四川省德阳市"一窗式"全程代办推动投资项目审批提速

由于管理部门众多及多年来各种法律、法规和规定交叉重叠等原因，企业开办和工程建设项目审批存在效率低、环节多、时间长等问题，增加了企业的办事成本，也常常耽误了企业的商机，影响了企业正常生产经营。压减企业投资项目审批时间，减少审批环节，优化企业审批服务，不仅是市场主体反映强烈、迫切希望解决的问题，也是"放管服"改革的关键，事关经济结构转型升级和经济长期平稳健康发展的大局。近年来，德阳市紧盯企业"痛点""难点"，以投资项目为重点，以加快项目落地为结果导向，以政务服务中心为平台，明确提出由市政务服务中心牵头受理的投资项目做到"当日开业、百日开工、当年投产"的努力目标，建立了投资项目"一窗受理、全程代办"的德阳模式，推动投资项目审批全面提速。

一、基本情况

四川省德阳市投资项目全程代办服务模式，经历了近十年的不断更新和自我完善过程，以联审制、代办制、协调制"三制联动"为抓手，统筹协调项目推进相关的各方责任主体，协同推进项目落地相关的各个要素，从审批提速向项目整体提速转变，服务模式日趋成熟，办事企业满意度不断提升。

2010年,德阳在全省率先试行市政务服务中心牵头的全程代办投资项目服务。2011年,市、县两级政务服务中心推行全程代办服务;2012年,市政务服务中心牵头代办服务走进西博会;2013年,全省首次并联审批座谈会在德阳召开,全省推广德阳经验;2014年,市委全会、市人代会、市政协会、市政府全会等多次要求,进一步完善政务服务中心"一窗式"全程代办投资项目服务模式,改善投资环境;2015年,德阳"一窗式"全程代办模式被中编办和省政府列入经验推广举措;市政府批准建立全省首个实体代办机构,省政务服务和公共资源交易中心批准由德阳牵头建立全程代办标准化体系;2016年、2017年进一步加以完善。

二、主要做法

(一)深化联审制,提升项目整体效率

2016年,建立了行政审批"一窗进出、管办分离、并联审批、限时办结"运行模式。

一是建立"四个联合"制度。首先是联合指导。构建跨级、跨部门联合指导机制,促进审批服务前移,对关联业务实行联合告知,避免业主多头咨询,提高前期咨询的高效性,最大可能避免产生后期推进中的潜在问题。其次是联合审图。如消防部门在方案审查阶段并无审批事项,为防止后期施工图设计阶段推翻前期方案设计,组织消防部门提前介入,与规划部门进行方案图联合审查。再次是联合踏勘。对一个项目组织多家审批和服务部门现场踏勘。最后是联合验收。主要针对房地产项目建立联合验收制度。

二是拓展"大并联"制度。灵活运用并联推进模式,实行业主、中介、审批部门、要素保障部门多方联动,实现前期准备、中介服务、审批服务、要素保障等"大并联",最大限度压缩时间,保障各项工作无缝

衔接。

（二）建立代办制，统筹全程全域服务

构建投资项目推进全域服务。项目推进绝不仅是审批的问题，配套要素、中介服务、业主准备等均与审批相互交织、制约。德阳投资项目服务从只做审批服务向全程全域服务转变。以政务服务中心为平台，整合行政服务资源、公共服务资源和中介服务资源，打破了行政管理条块分割、责权不一的格局，逐步建立起职能协调、资源共享、运行有效的投资项目全域服务机制。通过政务服务中心牵头全程代办，项目方只需找政务服务中心一个部门，由政务服务中心直接协调各方，既免去了投资者自行跑审批的困难，也加强了对解决落实过程中的监督。

实行投资项目开工挂图作战。2017年，市政务中心编制了德阳市投资建设项目百日开工作战图，中心综合窗口正式授权统一执行建设项目"一窗受理"，建立并完善项目报建"综合指导"制度，"一窗式"全程代办服务模式对象范围进一步扩大。一是将投资项目推进职责分为项目投资主体、综合协调主体、要素保障主体、审批服务主体四个层面六个责任方，充分发挥政务服务统一组织、协调、跟踪、代办的作用，强调审批和前期准备、要素保障同步跟进，形成投资项目推进合力。二是细化进度管理，将投资项目百日开工计划细分为项目对接、项目用地、设计审查、施工许可四个阶段，将每个责任主体的具体任务细化进每个目标周期来协同推进。三是强化跟踪服务。项目计划表既是项目推进的规划，也是检验项目落实情况的对照，每一天代办员都会对计划表进行排查，实时进行调整、更新和问题反馈，大到阶段任务落实，小到每一个具体环节是否及时到位，都是代办员每天要关注的重点。

三、经验成效

(一) 深化项目联审制度，优化了投资整体环境

强化重大项目跨级联合指导、联合踏勘、联合审图、联合验收，制作、公示并联审批办理流程图，重点企业、重点领域回访全覆盖，确保重大项目跟踪服务率100%，服务效率显著提升。一是联合勘探明显缩短了选址时间。如德阳秋月220千伏输变电站项目选址，统一组织省、市、县三级30多家审批和服务部门现场踏勘，实现100天内完成选址。而此前同规模的寿丰220千伏输变电站项目选址工作，耗时超过1000天。二是联合验收大幅减少审批时日。通过建立"四个联合"机制，政府投资项目从立项到开工由审批法定时限500余天减少到并联审批承诺时限70个工作日内，项目整体时间可达到200天内；社会投资项目从立项到开工由审批法定时限400余天减少到并联审批承诺时限40个工作日内，项目整体时间可达到100天内。三是采用"大并联"方式，很多审批手续都做到了准备过程中提前介入服务、正式申报当天完成批复，保障了项目手续完备并依法加快开工。例如，对四川护理学院医养中心项目，协调部门在施工图设计过程中提前介入预审，按照边设计、边审图、边修改、边出审图报告、边申报"五个同步"，实行设计单位、审图机构、项目单位、审批部门"四方联动"，极大地缩短了整个施工设计过程及审核过程。

(二) 实行全程全域代办服务，提高了项目推进效率

四川省德阳市逐步摸索出以加快投资项目落地、开工、竣工、投产为目标，政务服务中心牵头的"一窗式"投资项目全程代办服务机制，项目推进整体提速80%以上，项目审批速度明显加快。2013年，德阳市投资项目"一窗式"全程代办开工项目投资额逾800亿元，投产项目投

资额逾200亿元。2014年,德阳市、县两级政务服务中心全程代办投资项目403个,立项投资额1614亿元,其中代办开工、投产项目的投资额达886亿元(同期全市地方固定资产投资额890亿元),项目开工投产率达70%,审批提速70%。部分投资项目实现了当天开业、百日开工、当年投产的目标,其中:四川护理学院项目实现了34天开工;中央专项配套资金项目——四川省德阳市食品药品检(监)测能力建设项目,成为2014年度全国唯一正式开工的同类项目。

(三)建立"项目钉钉群",扫除了项目推进障碍

德阳市投资审批服务不局限于审批问题或是要素保障问题,凡是制约项目推进的问题,统统由市政务服务中心在代办中集中收集和集中反映。重点问题通过项目专报直报市政府,在每周市长碰头会或专题协调会上进行解决。截至目前,共向市政府报送项目专报189期。2018年,专门针对每个具体项目建立了"项目钉钉群",市政府主要领导、分管领导,相关部门一把手,项目方代表,市政务服务中心主要领导、分管领导、代办员都被列为群成员,有关项目问题直接在群里"@相关部门",只要问题没解决,就会一直"钉住不放",通过钉钉群切实加强了项目推进责任落实。例如,护理学院医养中心项目在启动之初,面临高压线迁改、项目用地征用、校区交通安全、施工进场道路维护、在建工程验收等问题,有些问题错综复杂。市政府及时召开专项协调会,研究确定了每一个问题的具体解决方案、责任方、完成时限,市政务服务中心负责对每个解决方案的实际落实情况"钉住不放",最终为项目推进扫清了障碍。

案例31
海南省海口市国家级高新区推行"极简审批"改革

近年来,海南省委、省政府认真贯彻党中央、国务院深化投融资体制改革、推动政府职能转变等各项决策部署,将深化行政审批制度改革、持续推进"放管服"作为推进"四个全面"战略布局的重要方面,紧紧围绕"最大限度减少行政审批、最大限度提供便民服务、简化优化公共服务、加强事中事后监管和建设全省统一的公共资源交易平台"原则,着力推进简政放权、放管结合、优化服务改革。特别是实施"极简审批"等一系列综合措施,取得积极成效。

一、基本情况

为将行政审批制度改革进一步引向深入,释放改革动力、激发经济活力,2016年3月,海南省人大常委会审议通过了《关于在海南经济特区博鳌乐城国际医疗旅游先行区等三个产业园区暂时变通实施部分法律法规规定的行政审批的决定(试行)》(以下简称《决定》),明确在海口高新区、博鳌乐城国际医疗旅游先行区、生态软件园3个省级产业园区实施"极简审批"试点。推行"极简审批"的核心,就是通过流程再造深化审批制度改革。

二、主要做法

（一）实施六个试行改革

一是以规划代审批。"多规合一"总体规划和各专项规划明确的指标、要素、参数能满足立项或选址、用地预审、用林预审等专项研究报告要求的，作为审批依据和审批结论代替此类审批。

二是以区域评估评审取代单个项目评估评审。由园区管委会牵头组织编制水土保持、压覆矿产、地址灾害、节能等区域性专项评估并经审查批准后，在纳入区域规划范围内的单个建设项目不再单独编制专项评估评审报告。

三是"一个清单"管边界。管委会制定园区项目"准入清单"，向社会公布，投资主体自行对照清单选择合适的建设项目。

四是进行项目入园评估。在投资主体提交项目报告后，园区管委会在 10 个工作日内完成项目投资强度、产出效益、税收贡献、容积率等方面的入园评估，并作出能否入园的决定。

五是以承诺制或合同约定方式规范项目建设。高新区和入园企业按照合同规定条款各履其职，要求入园企业自行按照建设工程相关法律法规和工程建设强制性标准进行建设，并承担相应法律责任，对节能审查、排水、白蚁防治、防雷等事项进行备案管理。

六是联合验收和项目退出机制。项目建设完工后 30 天内，园区管委会根据投资主体申请组织相关部门和专家依据行业标准规范进行"联合验收"。联合验收通过的建设工程，各行政主管部门出具验收意见；对存在严重违反规划、擅自改变土地用途、严重破坏环境、工程存在重大安全隐患等问题且无法进行整改或无法通过最终验收的项目，按承诺和相关法律法规，及时作出退出处理并追究项目业主、技术中介机构、施工单位、监理单位等相关责任主体的法律责任，并将相关责任主体列入诚信档案。

（二）一部门一站式审批——成立行政审批局

一是组建行政审批局。将分散在各局业务关联性较强、便于集中管理的行政审批事项全部划入行政审批局，而专业性较强且法律有明确规定许可权行使主体的审批事项，仍由原职能部门审批。

二是一个窗口受理。管委会所有审批事项皆由行政审批局窗口审核受理。

三是一站式服务。项目入园后，管委会向企业出具服务承诺书，对审批效能、审批时限、廉洁自律等进行承诺，确保做好全程代办服务、协调服务及跟踪服务。

（三）监管、执法联动——建立建全权力约束机制

一是成立行政监管局和行政执法局。在行政许可相对集中于行政审批局的同时，成立行政监管局和行政执法局。行政监管局负责制定监管清单，明确监管主体、事项、内容、依据、方式及监管措施等，开展事中事后监管，重点对合同履约、建设履约、项目效益及可持续发展能力进行全面系统分析评价，并根据项目后评价报告公布的结果，负责项目的限期整改及项目退出工作。行政执法局负责日常行政执法工作，切实维护园区良好发展环境。

二是推进审批操作标准化。研究制定行政审批标准化操作规程（SOP），对全部审批事项要件和要件审查办法进行梳理、规范和公示，实行依法依规审批，大大减少自由裁量权。

三是推进"互联网+政务"服务。管委会建立电子监管平台，及时跟踪，记录事中事后监管措施落实情况。

三、经验成效

（一）审批事项和环节大幅减少

项目开工前的审批事项由29项减少为2项，精简率约93%，项目开工后，将13个验收事项进行一次性验收；项目审批环节精简到4个，即项目入园评估、签订投资合同、自主建设、联合验收四个阶段。

（二）审批效率显著提高

项目从入园评估、签订投资合同到建成投产，累计全程办理自然时间由至少226天缩减到26天左右，核减率约88%；累计审批时限由法定152个工作日压缩至26个工作日，节约审批时间达80%以上。

（三）市场准入和运行的制度成本大幅降低

例如，林安国际商贸城项目，若按常规程序审批，从取得用地、动工至开业至少需两年多时间。而实行极简审批后，仅需要9个月，预计节约成本达3300万元，其中利息节约2800万元，人工成本、办公耗材等管理费用节约500万元，项目财务成本和管理费用节约近三分之一。

（四）政府职能转变得到深化

既推进了审批和监管的合理分离，又有利于行政权力结构优化，建立决策权、执行权和监督权既相互制约又相互协调的权力结构和运行机制。

（五）"多规合一"是"极简审批"的基础

"规划代立项"的前提是"多规合一"。项目建设基础性条件是项目建设用地的落实，而用地审批中涉及部门多（发展改革、土地、城建、环保、农业、水务、林业、文物），各部门规划冲突引起的审批久拖不决，是审批工作中矛盾最为集中的一个环节。海口高新区的"规划代立项"，紧紧抓住海南省"多规合一"战略机遇，从源头上按照"多规合一"要求，实现美安新城总体规划、控制性详细规划、产业发展规划、土地利用总体规划、林地保护利用规划、生态环境保护规划、水务规划、文物保护规划、交通规划等规划的"多规合一"，消除各类规划之间的用地差异问题，划定统一的建设用地规模控制线、生态控制线、产业区块控制线，形成一张蓝图，实现空间的统一和协调。以园区"多规合一"总体规划取代单个项目的立项审批，实现了程序上的可行性与法律法规管理上的突破。

（六）"流程再造"是"极简审批"的核心环节

"极简审批"不是减少行政审批事项，而是对行政审批事项的流程再造，重点是以"虚拟业主"实施"模拟审批"——区域评估取代单个项目评估。以管委会这个"虚拟业主"先行组织美安新城的区域性环境影响评价、水土保持评估、压覆矿床评估、地质灾害评估、雷电灾害风险评估、人防工程等规划的编制，并进行"模拟审批"；待"实质性业主"进入时以区域性评估取代单个项目评估，企业入园后不需再进行上述评估。

（七）全程代办服务是"先建后批"的保障

海口高新区严格执行全程代办服务，成立项目综合服务小组为企业办理各项手续，由专家服务小组为入园项目的建设进行全程技术服务和指导，一次性告知企业住房城乡建设、规划、国土、环保、消防、工程质量安全、抗震、节能、排水、防雷、白蚁防治、安全生产、文明施工等方面的业务标准和技术规范，实现最大限度便民服务。

规划许可、施工许可不再作为项目开工的前置条件，管委会主动配合企业完善项目方案设计、施工图设计，由管委会专家服务小组为企业及时解决设计、施工、验收阶段碰到的技术问题。

案例 32
福建省福州市通过"互联网+不动产登记"降低登记成本

福州市委、市政府全面贯彻落实党中央、国务院决策部署，高度重视、强力推进不动产统一登记改革工作。福州市国土资源局坚持以人民为中心，坚决落实依法依规和便民利民要求，勇于担当、主动作为、统筹协调、全力推进，全面实现了不动产登记机构、登记簿册、登记依据和信息平台"四统一"，逐步实现了对群众财产权的平等、全面和依法保护。

一、基本情况

自实施不动产统一登记制度以来，福州市不动产登记工作逐步推进。2015年完成不动产登记职责和机构整合，2016年实现"停发旧证，颁发新证"目标，2017年推进不动产登记规范化和信息平台建设，2017年1月实现全市各登记信息平台与国家、省的平台对接，汇交登记数据。全市共有9个不动产登记办事机构，12个固定受理点，211个办事窗口，完成移交接收房、地、林、海登记纸质资料530多万宗、电子资料25.8TB。不动产统一登记运行平稳、有序，全市累计颁发不动产权证书、证明共79.8万本（份），办证总量居全省第一。福州市不动产登记窗口成为全市最繁忙的政务服务窗口之一，市本级窗口日均收件量1200余宗，比统一登记实施前增长了10%，群众对不动产登记提速增效的要求日益强烈，进一步推动不动产登记制度改革成为必然趋势。

二、主要做法

福州市在全面实现不动产登记"四统一"的基础上，进一步整合交易登记职责、优化业务流程，健全权籍调查制度、夯实不动产登记数据基础，构建良好的政务电子证照环境、打造智慧办事系统，通过不动产登记网上申请系统、预审、不动产登记信息系统、税务系统四大部分，实现不动产登记业务的"外网提交、内网审核、现场核验、缴费领证"的统一流程，实现了群众不限时、不限地、不限量的一窗融合高效办理不动产登记，减轻了群众负担、提高了行政效能。

（一）整合划转职能机构，优化业务流程

整合职责是优化流程、减少重复程序的最有效途径之一。2017年为进一步做好不动产登记和交易工作有效衔接，避免群众要件材料重复提交、各部门审查标准不一、群众反复跑、多部门累加时限过长等问题，福州市政府办公厅印发了《关于加快县级不动产登记及房屋交易经办机构整合划转的通知》（榕政办〔2017〕267号），全面推进并完成了交易和登记职能整合，短短2个月就实现了全市不动产登记和房屋交易一个部门经办、一个窗口进出。

在职责整合的基础上进一步优化业务办理流程，减少交易、登记重复审核环节，打造了职能机构整合"福州速度"，实现了家庭住房信息查询证明、交易管理、计缴税费、不动产登记4项业务的"四合一"办证模式，群众只需1次外网提交申请，平台根据申请登记不动产所属区域，自动分区域推送到内网进行预审核；经内网预审核后，结果反向推送给用户，实现群众办理4项业务全程只需1趟，1份材料，1个窗口，不需

重复提交材料，也不需多部门多个窗口轮流办理。一、二手房办证时限降到 5 个工作日，现场只要 30 分钟内办结领证。

（二）健全落实权籍调查制度，夯实不动产登记数据基础

权籍调查是不动产登记的基础和支撑，福州市开发建设了不动产权籍调查系统，实现了权籍调查从收件、调查初审、审核、审批、成果入库归档、出件的完整流程管理。出台政策文件，规范了不动产测量成果、权属审查、不动产单元代码生成，权籍数据实时动态更新，实现了与不动产登记信息系统无缝衔接，全面整合并完善不动产登记数据库。

加快开展数据整合工作，采取"自主整合"与"先关联、再处理"的工作思路，12 个县（市、区）全部完成中心城区有效房地数据整合工作，并顺利向国家级信息平台汇交数据。

（三）构建良好的政务电子证照环境，打造智慧办事系统

福州市数字办牵头建成了电子证照共享数据库，涵盖了公安、民政、国土、规划等多部门电子证照信息，通过电子证照查询接口，在线查验并下载电子证照信息，实现跨部门数据共享，真正做到了"数据多跑路、群众少跑腿"，为不动产登记网上办事提供了强有力的数据支撑。

在电子证照大环境和确保信息安全的前提下，积极打造智慧办事系统，建设系统个性化版本，明确福建省不动产登记网上申请系统为全省统一平台，根据群众不同需求，开发 3 个客户端版本：电脑网页版、手机微信版、自助申报机版，实现线上线下有机统一，覆盖 90% 业务，方便群众和企业在线申请办理。

三、经验成效

福州市以解决窗口服务存在问题为导向，实现便民办证"三不限"

和一窗融合"高效办",既极大方便了群众办事,又切实提高了登记机构办事效率,在全国开创了"互联网+不动产登记"新模式,为全国推行高效办证、提升窗口服务积累了经验。从运行情况看,有以下几个方面的经验成效:

(一)"互联网+不动产登记"极大方便了群众和企业办事

福建省政府坚持以人民为中心、以问题为导向,加大机制体制创新,将交易与登记职责进行整合,陆续打出"便民利民、精准服务"的组合拳,按照"全省统一平台,登记类型全覆盖""上传材料最少、提交难度最低"的要求,开发"福建省不动产登记网上申请系统",2017年4月上线系统网页版,6月推出微信版,开启不动产登记"掌上时代",11月又首创推出自助终端申报机,布设1400平方米的网上办事服务大厅和社区,打造了"不见面"预申请、预审核、现场当面办证的"互联网+不动产登记"福州模式,形成"窗口办""网上办""掌上办""社区办"的不动产登记办事服务体系。从2017年4月平台上线到2018年1月底,网上办件的比例由0.7%上升到60.2%,群众办理不动产登记的获得感、幸福感和安全感明显提升。福州市以解决窗口服务存在问题为导向,加大机制体制创新,整合交易与登记职责,理顺了体制,率先实现了不动产登记"外网提交、内网查验、现场就办",构建了不动产登记线上线下一体化服务体系,通过推进工作的信息化、制度化和规范化,提高了工作效率,极大地方便了群众和企业办事。

(二)领导重视是"互联网+不动产登记"的保障

推行不动产统一登记,落实高效便捷办证,关系千家万户,影响企业群众切身利益,事关政府服务形象和群众获得感,需要协调多部门高效运转,各级领导重视和支持,才能为推进这项工作提供前提保障。领导在交易登记职责整合方面果断决策,全程全方位指导,全力保障,确保了福州市网上办事系统在开发、完善、提升上始终坚持高标准、严要求、重实效。

(三) 技术创新是 "互联网+不动产登记" 的引擎

福州市通过全市电子证照数据库数据共享, 将首批民政、工商等电子证照归集成果与不动产登记网上办事系统无缝对接, 实现数据实时共享应用; 与公安部门建立信息查询反馈联动机制, 实现了个人身份有效认证; 与税务部门实行联合办税机制, 实现税务部门委托不动产登记机构承办计缴税或推送涉税信息完成计缴税工作。实现全流程办事精准可控, 超越一般的不动产登记办事系统 "网上预约" "网上预受理" 等模式, 极大提升了群众和企业办证获得感。

(四) 合法安全是 "互联网+不动产登记" 的基石

不动产登记作为一项行政行为, 依法依规是根本遵循和基本要求。福州市严格按照《不动产登记暂行条例》第十五条规定, 落实申请人 "现场跑一趟", 并在交易登记过程中加强核验岗位力量, 认真进行申请人身份认证、人脸比对识别。在数据安全上优先考虑, 按照信息系统安全等级保护要求构建的一套数据存储环境、系统运行环境、系统性能安全测评等安全保障体系, 确保政务数据安全和公民个人数据合法应用。

(五) 流程优化是 "互联网+不动产登记" 的前提

福州市将各县(市、区)与不动产登记有关的楼盘表管理、房屋面积管理、二手房交易网签、房屋销售网签合同登记备案等职能全部划转至不动产登记机构, 打造科学合理的办理流程, 清理了没有法律法规依据的前置环节, 减少了重复程序, 为应用互联网技术实现不动产登记线上、线下无缝衔接创造了条件。

（六）便民利民是"互联网+不动产登记"出发点和落脚点

网上办事系统作为"无形"窗口，不受空间、人力、物力限制，明显分流了实体服务大厅窗口的压力，群众和企业办事也可少跑2~3趟，明显节省了群众和企业的办证时间成本和登记机构行政成本投入。

案例 33
广州海关"关邮 e 通"
打造邮件快速通关通道

近年来,寄递物流和新型贸易业态发展迅猛,进出境邮件量迅速增长,民众对海关提升国际邮件通关效率、简化通关手续、提高执法透明度等呼声越来越高。广州海关坚持群众需求导向,根据中央和国务院关于推进"互联网+政务服务"建设的要求,于 2016 年 1 月在全国海关率先开始实施"互联网+关邮 e 通"改革。两年来,改革不断深化推进,海关与邮政企业密切合作,搭建"互联网+关邮 e 通"平台,对进出口邮件实现全信息化管理,改变国内外海关普遍采用的"人工抽查、手工作业"传统监管模式。目前,这项改革共推出了 20 多项措施,邮件通关业务全种类、全流程已搬迁至线上,广大用邮人足不出户即可办理各项国际邮件通关手续,无须征税邮件"秒放",95% 邮件实现了智能征税。该项改革聚焦社会各界和广大老百姓关心的问题创新邮件物品通关模式,极大地便利了群众,简化了手续,降低了企业成本,节约了监管资源,实现了关企民三方共赢。2017 年 1 月 19 日起,广州海关成为全国首批试运行全国版邮递信息化系统的海关之一。"关邮 e 通"改革实施以来,平台访问量超过 4592 万人次,真正实现了多方共赢。

一、基本情况

随着人民群众对美好生活的需求助推寄递行业和跨境物流发展，海关对国际邮件的监管面临更多的需求和挑战：民众对国际邮件便利通关的高度关注和迫切需求，呼唤海关邮递物品监管理念和流程的创新；海关邮递物品监管量持续迅猛增长，亟须优化监管流程、简化作业环节来缓解人力资源不足带来的压力；邮递渠道毒品、枪支弹药等违禁品走私多发，分散寄递等风险显著，需要借助信息化手段进一步严密海关监管。

广州海关负责监管来往于世界230多个国家（地区）和中国9个省（自治区）以及广东省内68个县市的进出境邮件。为解决当今进出口邮件的监管难题，根据中央和国务院关于推进"互联网+政务服务"建设的要求，广州海关在海关总署、广东分署的指导下，于2016年1月开始实施"互联网+关邮e通"改革，在大力推进邮递物品监管信息化建设的基础上，建设网上服务平台，简化优化通关流程，实现了进出境邮件全种类和申报、缴税、查询等全流程的线上办理。

二、主要做法

"关邮e通"改革以关邮数据联通为基础，对邮递物品实施全覆盖式的信息化监管，在全国率先将国际邮件通关主要业务"迁移到线上"，建立透明、协作、便捷、安全的新型邮件监管模式。具体做法包括：

（一）重塑邮件通关流程，实现邮件信息化通关和智能化监管

应用移动互联网、大数据、物联网等科技手段，以关邮数据共享为基础，建立和邮政企业间的互联数据传输通道，实现对海量邮件全覆盖式的信息化监管。在系统中预设参数对应逻辑关系表，根据申报信息对邮递物品进行智能识别匹配。对申报要素不齐全、无法自动审核通过的

邮件，用邮人可登录线上平台自行申报品名、价值等。对低风险邮件"秒放"，对需要征税的邮件进行智能征税，与"规范申报"功能叠加后，智能征税率已达95%，与改革初期相比提升了36个百分点。2018年截至12月11日，广州海关邮递渠道征收税款1.44亿元，同比基本持平。

（二）打造"一站式"关邮服务平台，实现公共服务"网络化"

以打造一口对外、一点接入的"关邮e通"平台为突破口，提供通过互联网自助办理手续的便捷渠道。推进"电子缴税"，并推行税单无纸化改革，开发税单查询页面方便收寄件人下载、打印电子税单；实行"补充申报"，对原始详情单申报不符合要求的邮件，收寄件人可以通过"关邮e通"平台补充申报；推进"互联网+快捷退运"，改变原有的纸本操作模式，收寄件人通过网上提交退运申请，海关在线进行接收、审核和退运办理，降低海关正常执法对物流的影响。2017年，进一步将"关邮e通"与总署"金关二期"邮递物品管理系统两个信息系统平台对接、功能叠加，推动邮件监管作业流程优化及监管场所升级。用邮人通过"关邮e通"办理的邮件通关手续数据直接接入"金关二期"系统进行智能审核、快速通关，邮递物品通关"线上提交、智能审核、业务通办"的全程信息化运转模式初步建成。

（三）建设可预期的邮件通关环境，实现通关全程"透明化"

充分关注社会民众对邮件通关政务公开的需求，对邮递物品的通关信息进行全程记录并以统一口径对外提供，收寄件人可通过海关互联网站、微信公众号随时随地查询邮递物品的通关信息；实施主动及时的"信息推送"。通过手机短信等方式主动向收寄件人推送信息提醒，使收寄件人第一时间掌握邮递物品通关重要环节动态信息，及时提供办理海关手续的指引。创新咨询服务体系，提升邮件通关服务人性化、便捷化水平。在线上平台增设"通关进程""互动咨询"等功能，创新建立了在线人工智能客服和邮政人工客服联合组成的综合咨询服务体系，便民、惠民的作用进一步发挥。

（四）为用邮人提供多元化在线办理的便捷渠道，实现"一键通关"

先后推出"关邮e通"深蓝版网页和移动端微信版平台，其中微信版在"邮政速递便民通"微信公众号和支付宝客户端"生活号""城市服务"板块同步上线，用邮人可使用支付宝、微信、银联等第三方支付平台在线缴纳税款，成为首个被第三方支付平台纳入的海关业务。

（五）八项改革措施最受老百姓欢迎

一是补充申报。经海关审核，申报信息填制不正确、不规范的邮件，之前用邮人一般需要通过邮政企业与海关沟通，以传真、纸本等形式提交补充资料，改革后可以直接在互联网上向海关补充申报信息，海关在线完成审核。

二是电子缴税。2016年起为速递邮件用邮人提供支付宝、微信在线电子支付渠道，并同步推进税单无纸化改革。2017年以来在此基础上，增加网上银行支付方式，实现"关邮e通"平台与3大主流电子支付方式的对接。

三是快捷退运。改革了以往邮件退运业务需通过纸本或传真等方式申请，并通过纸本进行内部流转审核的做法，为用邮人提供在互联网上为邮件申请退运的功能，申请后海关在线完成审核。

四是全程查询。改革初期将邮件的海关通关状态及物流环节转化为6个节点信息，通过实时触发手机短信方式向用邮人推送。同时，用邮人可以通过互联网平台随时跟踪查询邮件通关状态。后续将邮件通关状态节点从6个细化为9个，更加清晰明了。

五是规范申报。规范申报是改革的核心功能之一。入境前申报信息填制不规范的邮件，用邮人在申报环节可以主动在线进行二次申报，邮政企业不再需要另行联系补充。"规范申报"的互联网界面在各节点均有操作指引，直到申报信息填制符合海关规范要求才允许提交，相当于履行一次告知义务，杜绝反复补充信息。成功提交资料后，平台会将海关审核结果以短信的方式推送给用邮人。"规范申报"上线后，原来申报不规范的邮件经过二次申报，继续由计算机系统进行验放，大部分不再需要"补充申报"，一方面极大节省海关人力资源，另一方面提升邮件的通关效率。

六是互动咨询。用邮人在移动端平台上可以通过智能客服机器人、电话客服或人工客服等方式，查询邮件通关的政策资讯和办理各类手续的指引。

七是模拟计税。群众无论有无实际邮件进出境，都可以通过该功能计算税额。计算方法是：进入互联网平台，在下拉菜单中选择邮件物品的品类，填写申报数量和实际购买单价，系统就可以根据海关规定计算出应征税款。

八是税款复核。用邮人收到应税通知后，如对税款有异议，可以通过平台提交税款复核申请。该功能将原来纸本流转审核的税款复核业务搬到线上，简化复核手续，及时解决问题，有利于减少通关后续环节的投诉争议。

三、经验成效

（一）海关监管实现了"管得好、通得快"

一是"管得住"，提升了海关查缉走私、"扫黄打非"的精准度。二是"管得好"，计算机取代纸本，解放了大量人力资源，广州关区邮件监管量占全国3成，近10年增长了177倍，2014年以来业务量连续4年居全国首位。这项改革应用科技技术破解了业务量快速增长和人力资源相对不足的"瓶颈"问题。三是"通得快"，监管效率明显提升，大部分低风险邮件实现了秒放，85%邮件实现了智能征税。

（二）民众体验实现"三个零"

一是"零跑动"，可以通过互联网办理全流程的通关手续，用信息跑动代替了群众跑路，老百姓不用再到海关现场办理业务。二是"零耗时"，用邮人可以通过手机、电脑随时随地办理业务，不用再把时间浪费在办理海关手续路途上。海关减少了纸本审批办理时间，作业效率大大提高。三是"零盲区"，监管信息实时在互联网上显示，邮件通关流程全透明，老百姓可以实时查看邮件通关进度。

（三）邮政企业经营实现了"一减一加一提"

一是"减成本"，邮政上门投递邮件不再需要代收税款，且经网上事先确认可减少8%无缴税意愿邮件的投递量，人力成本节约近1/3；二是"加速度"，减少了现场邮件积压，仓储使用效率提高，物流速度加快；三是"提服务"，邮政企业处理能力得到释放，企业服务水平和企业形象得到提升。世界海关组织和万国邮联曾评价广州海关与广东邮政说："他们的工作，代表着当今国际上邮政部门和海关合作的最高水平！"

（四）"互联网+关邮e通"改革得到社会各方认可

一是得到省市领导、总署领导的充分肯定。广东省委副书记、广州市委书记任学锋、海关总署署长于广洲等多位省市领导、署领导实地参观并给予改革充分肯定。时任广东省委副书记、省长朱小丹及广东省委常委、副省长何忠友分别对改革进行了批示，要求推广有关经验做法。二是得到主流媒体和百姓好评。新华社等40余家媒体、网站先后进行过报道；广州海关2016年10月上线广东"民声热线"节目，许多老百姓都通过亲身体验，给予"关邮e通"好评。根据邮政企业2017年做的一次用户评价运营分析，"关邮e通"改革好评率达93%。香港邮政署副署长专程到访，提出希望通过"互联网+关邮e通"平台，率先启动粤港两地国际邮件电子数据互换合作，成为万国邮联框架下开展国际合作的历史性突破。

案例 34
江苏省抓好知识产权保护
服务降成本优环境

一、基本情况

2015年2月,江苏省委、省政府出台《关于加快建设知识产权强省的意见》,这是江苏知识产权发展史上的纲领性文件,开启了知识产权强省建设新征程。2016年江苏获批成为全国首批引领型知识产权强省试点省。

2016年2月,江苏省政府发布《关于降低实体经济企业成本的意见》(以下简称《意见》),由此成为全国范围内省级层面出台的第一个比较系统、全面的"降成本"政策文件。《意见》将"加强知识产权保护,加大对企业专利申请的资助力度"作为"着力降低制度性交易成本"的重要措施。2016年江苏省财政安排知识产权专项资金2亿元左右,省专利运营基金争取扩大至10亿元,降低专利技术的市场化运作成本。

知识产权保护是江苏区域竞争力能否在全国继续保持率先的首要保证,是科技创新作为第一生产力的前提。将抓好知识产权保护与帮助企业实现降成本有效结合,可促进经济的转型升级,给创新和经济发展带来持久的动力。近年来,江苏省知识产权主管部门坚持以企业为知识产权工作主体,深入实施知识产权强企行动计划,持续加强知识产权保护,服务供给侧结构性改革,营造知识产权保护氛围和优化发展环境,着力帮助企业降成本减负担，增强盈利能力，保持竞争优势，助推服务企业转型升级。

二、主要做法

（一）有效落实专利费用减缓政策

一是认真落实国家专利费用减缓政策。对应纳税所得额低于30万元的中小微企业，实施专利费用减缓政策，专利年费减缴时限由现行授予专利权当年起前3年，延长为前6年，专利费减比例从原先的70%，提高至85%。二是加大专利申请资助力度。投入资金7700万元，对高质量发明专利给予2000～5000元分档补助，对通过专利合作条约（PCT）或巴黎公约途径向国（境）外提出的专利申请给予每个国家不超过6万元的补助。三是鼓励高质量专利创造。支持企业、高校、服务机构联合组建10家省级高价值专利培育示范中心，培育高价值专利，组织优质知识产权评选。

（二）完善知识产权运营体系

一是加快建设交易平台载体。江苏国际知识产权运营交易中心投入运行，与国家运营交易总平台、省技术产权交易市场等签订合作协议，实现数据互通、资源共享。全国首家面向高校的中高知识产权运营交易平台上线运行，南京、无锡、徐州、常州、南通等地建成一批特色知识产权交易和运营平台，江苏汇智、天弓等一批专业运营机构率先发展，全省知识产权运营机构达到27家。二是建立并推进运营基金发展。省重点产业知识产权运营基金完成管理团队招募和首期投资认缴，正式签约运行，基金规模达10亿元，初期募集60%。苏州启动知识产权运营服务体系建设试点工作，成立了规模2亿元的知识产权运营基金。三是大力发展知识产权金融。江苏省知识产权局与中国银行、平安财险、江苏省信用再担保集团等签署战略合作协议，开发和推广知识产权金融新产品。打造了一批"互联网+知识产权+金融"示范平台，探索建立"园区+平台+担保+银行"的知识产权质押融资新模式。

（三）不断增强知识产权保护力度

一是严厉打击侵权假冒行为。省市县联动开展"双打""护航""雷霆"知识产权执法维权专项行动，全年受理专利案件8055起、同比增长25.6%，结案8106件、同比增长28.3%，案件数量保持全国前列。引导8家电商平台建立知识产权监管机制，建立健全知识产权纠纷投诉处理机制。二是积极开展知识产权维权援助。中国（常州·机器人及智能硬件）知识产权保护中心正式投入运行，完成了首批专利申请受理工作；中国（南京）知识产权保护中心获批，筹建工作稳步推进。知识产权维权援助机构总数达到63家，受理维权援助申请367起，调解纠纷211起，转交举报投诉案件1055起，服务企业2139家。三是切实培育知识产权文化。在商贸流通领域组织开展"正版正货"承诺活动，倡导创新文化，全省新增"正版正货"承诺企业265家、示范街区14家、示范行业协会4家，12家街区入选国家知识产权保护规范化市场和规范化培育市场。

（四）加快建设知识产权数据平台

一是丰富数据资源储备。对专利标准化数据进行加载、整合和加工标引，免费为企业提供专利数据调用接口代码，扩大专利数据信息覆盖面。继续收集整理商标、版权、集成电路布图设计等其他知识产权信息资源，提高大数据共享平台数据储备，完成2130万条数据增容，信息总数超过1亿条。二是增强数据平台功能。加快推进平台三期建设，建立了40余个企业专利专题数据库，免费向企业开放。新一代检索分析系统试点上线运行，知识产权信息检索效率和准确率大幅提升，为企业提供了优质的专利信息服务。三是提升企业信息运用能力。支持69家企业承担省知识产权战略推进计划，引导企业建立知识产权信息利用制度，建设个性化数据库和信息管理平台。

三、经验成效

(一) 着力降低企业知识产权创造成本，高质量知识产权产出增长明显

江苏省知识产权局通过安排省级知识产权创造与运用专项资金，主要资助高质量授权发明专利、PCT专利申请和重点产业领域授权发明专利，并要求各市县结合实际制定相应政策。同时，牢固树立"质量第一、效益优先"理念，深入实施专利质量提升工程，坚持政策引导与服务指导相结合、先进示范与监测监管相结合，推动专利申请适度合理增长，专利质量持续稳步提升。2017年，江苏省累计降低企业专利申请成本近5亿元。2017年，江苏省共有96项专利荣获第十九届中国专利奖优秀奖，10项专利被评为省专利项目奖金奖、50项专利被评为优秀奖。

(二) 着力降低企业知识产权交易成本，企业融资难贵问题有效缓解

江苏省知识产权局启动运行省重点产业知识产权运营基金，重点用于支持高校、科研院所、运营服务机构开展知识产权运营，发挥财政资金带动作用，为企业知识产权价值实现提供资金支持。发挥江苏国际知识产权运营交易中心对知识产权资源和特色平台、运营机构的集聚功能，加强资源集聚，加速信息辐射，加快知识产权转移转化。创新知识产权金融服务模式，完善知识产权交易、评估、质押、保险等市场机制，推动知识产权价值实现。创新知识产权融资产品和知识产权金融产品，扩大知识产权质押融资覆盖面。2017年江苏省专利质押融资额40亿元，比2016年翻了一番，平均融资成本约6%。

(三) 知识产权服务供给进一步丰富，有效满足企业多元化需求

江苏省知识产权局将强化知识产权服务供给作为服务企业、支持企

业创新发展的重要举措，牵头编制《江苏省知识产权服务业"十三五"发展规划》提出着力实施知识产权服务能力提升工程、省级知识产权服务业集聚区建设工程、知识产权品牌培育工程、国际化服务人才培养工程、知识产权服务诚信体系建设工程。江苏省知识产权局按照规划部署，重点通过人才培养、行业监管和品牌打造，加强公共服务供给。一方面，加强质量监管，切实加强知识产权行政保护，用好知识产权维权援助专项经费，积极为企业提供智力援助和资金援助，帮助企业妥善应对知识产权争端。建设知识产权服务机构管理平台，推动从业行为网上公开，依法依规公开在全省执业服务机构的执业资格、人员构成、服务质量、违规违纪等信息，打造公开透明的市场竞争环境。会同行业协会等强化对违法违规机构的联合惩戒，引导知识产权服务业规范化发展。另一方面，优化信息支撑，支持各地建设产业专题知识产权数据库和服务平台，降低企业知识产权信息利用成本。向高新技术企业免费开放知识产权大数据共享平台，同时遴选一批服务机构为小微企业提供知识产权托管服务，降低小微企业知识产权管理成本。对接国家知识产权大数据平台，稳步推进省知识产权信息服务平台三期建设，实现多类别知识产权数据整合，向全社会提供免费的检索分析服务。

The Casebook
on Cost Reduction

第五章
降低人工成本方面

招工难、用工贵、人工成本刚性上涨是企业反映比较强烈且难以回避的问题。本章选取了2个典型案例,分别就社会保险、住房公积金缴存比例等企业最关心的热点问题梳理经验。

广东省通过合理确定企业养老保险费率费基,推动实施失业保险浮动费率制度,适度降低职工医疗保险单位费率,按照国家要求下调职工生育保险费率,持续降低工伤保险费率等一系列措施,2017年累计为企业和职工减负约241亿元。北京市致力于落实阶段性适当降低企业住房公积金缴存比例政策,为北京地区企业合理降低人工成本创造有利政策环境,取得良好效果。

案例 35
广东省综合施策
降低企业社会保险成本

近年来，广东省认真贯彻落实中央关于推进供给侧结构性改革、降低实体经济成本的决策部署，想方设法降低企业成本。通过综合施策，出台一系列政策措施，降低企业社会保险成本效果显著，2017年累计为企业和职工减负约241亿元。

一、基本情况

2017年，广东省人力资源社会保障厅制定了降低实体经济企业成本的工作方案，开展了降低企业成本和社保重要政策落实情况的督查，完善了相关政策，形成了一些行之有效的政策机制。

一是制定下发《广东省人力资源和社会保障厅关于降低实体经济企业成本的工作方案》（粤人社函〔2017〕911号），明确降成本工作目标，提出重点任务和相关措施。

二是通过各种媒体开展降低企业社会保险成本宣传。在南方日报、羊城晚报、广州日报等主流媒体和省人社厅门户网站刊登"降成本"政策解读稿《企业职工养老保险全省统筹、实施失业保险浮动费率去年以来广东为企业社保减负415亿元》，详细解读"降低企业社会保险成本"各项政策举措。

三是认真开展降成本督查工作。根据《关于印发〈广东省人力资源和社会保障厅开展降低企业成本和社保重要政策落实情况督查工作方案〉的通知》（粤人社办〔2017〕225号），2017年10—11月对深圳、东莞等8个市进行实地督查，要求各地准确把握有关要求，明确部门责任，全面推动落实政策。

四是积极开展培训和专项宣讲。2017年9月中旬省人社厅派员参加省经信委牵头组织的巡回宣讲团，先后在东莞、揭阳、清远、阳江举办了4场政策宣讲培训会，对来自全省21个市的代表共2200多人进行了培训。

二、主要做法

一是合理确定企业养老保险费率费基。将全省缴费比例上限由15%降至14%，将缴费工资下限由全省社平工资的60%降为各片区社平工资的60%。

二是推动实施失业保险浮动费率制度。维持较低水平的失业保险费率。全省失业保险单位费率0.8%，个人费率0.2%，在全国处于最低水平。实施失业保险浮动费率制度，允许符合条件的统筹地区对一定时期内不减员或少减员的用人单位适当下调失业保险费率。

三是适度降低职工医疗保险单位费率。指导职工医保统筹基金累计结余较高的统筹地区适度降低单位缴费比例。广州将职工医保单位费率由8%降至7%，灵活就业人员、退休延缴人员、失业人员的职工医保费率从10%降至9%。截至2017年年底，全省职工医保单位平均费率为6.2%，比全国平均水平低1.46个百分点。率先开展医保城乡一体化改革，东莞、中山、珠海、佛山、江门等市先行先试，实现职工和居民医疗保险一体化后，单位平均费率为4.2%，低于全省职工医保单位平均费率。

四是按照国家要求下调职工生育保险费率。2017年出台政策，允许职工生育保险基金累计结余超过可支付月数9个月的统筹地区，进一步下调费率至0.45%。推进生育保险和基本医疗保险合并实施试点；珠海推进生育保险和基本医疗保险合并实施，生育保险费率从0.7%降至0.5%。

五是持续降低工伤保险费率。2015年起，实施差别化工伤保险费率政策。截至2017年年底，全省工伤保险平均费率从调整前的0.63%降至0.42%，为全国第三低，费率下降幅度达33%。建立工伤保险浮动费率管理机制，出台工伤保险浮动费率管理办法，对符合条件的参保单位费率实施下调，并做好浮动管理与阶段下调费率的衔接，确保费率维持较低水平。下一步，全面实施工伤保险费率浮动管理制度，全省工伤保险平均费率再降20%~30%。

三、经验成效

截至2017年年底，广东职工养老、医疗、失业、工伤、生育五大险种单位缴费总费率为21.48%，比全国平均费率（28.59%）低7.11个百分点，在各省、自治区、直辖市中最低。通过合理确定企业养老保险费率费基，仅2017年7—12月，企业养老保险费用就减负49.2亿元；广州、湛江市实施失业保险浮动费率后，为企业减负6亿元；通过贯彻落实失业保险援企稳岗政策，2017年全省共有14万家企业申领稳定岗位补贴26亿元，惠及企业职工1011万人；通过适度降低职工医疗保险单位费率政策，为企业和职工减少缴费36.8亿元；通过下调职工生育保险费率，减负约23亿元。珠海推进生育保险和基本医疗保险合并实施试点，累计减轻企业缴费负担0.6亿元；通过实施降低工伤保险费率政策，共惠及200多万户用人单位和3400多万名职工，近5年累计减少参保单位工伤保险缴费约52亿元。

案例 36
北京市企业选择住房公积金缴存比例灵活性增强

一、基本情况

住房公积金制度自1992年建立以来，在提高个人购房支付能力方面发挥了重要作用，得到了广大缴存单位和缴存人的认可。北京住房公积金管理中心（以下简称管理中心）按照党中央国务院、市委市政府的工作部署，致力于落实阶段性适当降低企业住房公积金缴存比例政策，为北京地区企业合理降低人工成本创造有利政策环境，取得了良好效果。

二、主要做法

（一）及时出台阶段性适当降低住房公积金缴存比例政策

2016年5月1日之前北京市住房公积金缴存比例为12%，单位按照12%缴存比例确有困难的，可以提供企业亏损证明材料，并经本单位职工代表大会或者工会讨论通过，办理住房公积金降低缴存比例或缓缴手续。自2016年5月1日开始，为贯彻落实党中央国务院决策部署，减轻企业负担，增强企业活力，按《住房城乡建设部 发展改革委 财政部 人民银行关于规范和阶段性适当降低住房公积金缴存比例的通知》（建金〔2016〕74 号）文件要求，北京住房公积金管理委员会印发《关于调整住房公积金缴存比例的通知》（京房公积金管委会发〔2016〕2 号），将住房公积金缴存比例调整为 5%～12%，企业可根据自身经济情况，经本单位职工大会、职工代表大会或工会讨论通过，在规定范围内确定具体缴存比例，赋予单位较大的灵活度。

（二）进一步优化阶段性适当降低住房公积金缴存比例政策

为落实市委市政府关于进一步优化营商环境的工作要求，做好对企业缴存的服务工作，经请示北京住房公积金管委会委员同意，北京住房公积金管理中心 2018 年 4 月 23 日印发《关于加强住房公积金政策培训宣传工作的通知》（京房公积金发〔2018〕15 号），废止《关于调整住房公积金缴存比例的通知》（京房公积金管委会发〔2016〕2 号）文件中关于"企业选择缴存比例，可根据自身经济情况，经本单位职工大会、职工代表大会或工会讨论通过"的规定，明确企业为职工缴存住房公积金的比例为 5%～12%，由企业根据自身情况在上述范围内选择缴存比例，无须提供职工大会、职工代表大会或工会讨论通过的材料。政策出台后，极大方便了缴存单位选择较低的缴存比例。

（三）积极宣传阶段性适当降低住房公积金缴存比例政策

1. 加强政策宣传力度

一是利用管理中心外网宣传住房公积金缴存比例政策。2018 年 3 月 18 日，北京市"优化营商环境北京在行动"新闻发布会后，管理中心网站（http://www.bjgjj.gov.cn）开通"优化营商环境"专栏，以中英文双语形式发布包括住房公积金缴存比例政策在内政策文件、业务流程图等。二是加大业务办事大厅政策宣传力度。为进一步提高政策知晓度，管理中心下属各单位充分利用易拉宝、提示栏、电子显示屏等多种形式，在办事大厅显著位置公开住房公积金缴存比例、业务流程等优化营商环境政策。

2. 加强对缴存单位培训力度

管理中心东城、西城、朝阳、海淀四个管理部联合区国税局、地税局和人力资源和社会保障局，对150家左右的缴存单位进行专题培训，重点解读住房公积金缴存比例政策。

3. 加大职工培训力度

对12329政策咨询人员以及管理中心窗口工作人员反复培训，训后考试，提高一线工作人员住房公积金政策熟练程度，确保住房公积金缴存比例政策执行落地。

三、经验成效

截至2017年年底，北京地区共有1018家单位缴存比例为5%~11%，其中缴存比例为10%的121家，缴存比例为9%的17家，缴存比例为8%的313家，缴存比例为7%的45家，缴存比例为6%的75家，缴存比例为5%的447家，共涉及缴存职工37033人。此项举措得到世行的肯定，在《关于优化我国营商环境的政策建议》中指出"上海可参照北京，对住房公积金缴存比例设定区间，增强灵活性"。

在住房公积金缴存比例低于12%的1018家企业中，有165家企业在2017年跨年调整时，将原12%的缴存比例调低到5%，比如北京一家生产机电的股份有限公司在2017年12月当月汇缴人数为216人，企业月缴存部分为61538元，相比缴存比例调整前，企业缴存部分每月减少额度为86153.2元，全年企业缴存部分共减少1033838.4元，降低了企业成本，激发了企业活力，增强了企业可持续发展能力。

据西城管理部对150家缴存单位统计，经办人对优化营商环境政策了解情况较好，缴存比例政策了解率95%；对管理部大厅环境和窗口服务感到"非常满意"和"满意"的占100%;认为管理部2018年服务比上年改善的占95%;100%的经办人认为中心出台的一系列优化营商环境政策,大幅精简了证明材料,简化了办事手续,缩短了办理时间,企业办事更加便利。

The Casebook
on Cost Reduction

第六章
降低企业用能用地成本方面

近两年，有关各方在降低用能用地成本方面开展了大量工作，企业普遍感觉降低用电成本政策含金量较高。本章选取4个典型案例，对推动电力市场化交易、推进工业用地弹性出让等方面的经验进行了总结。

云南省按照电力体制改革"管住中间，放开两头"的思路，率先实施输配电价改革，积极构建电力价格市场化形成机制，促进水电资源消纳，有效缓解电力严重过剩矛盾。内蒙古自治区作为电力资源较为丰富的地区，按照"降低电价，拉动负荷"的思路，电力多边交易市场实现了打造"电价洼地"的目标，吸引了能源密集型产业向自治区转移集聚，推动自治区优势特色产业做大做优。湖北省综合协同推进电力体制和电价市场化改革，大幅度降低企业用电成本，利用电价政策支持转型发展绿色发展。河南省濮阳市面对复杂严峻的经济形势和艰巨繁重的发展任务，积极推进工业用地弹性出让降低企业用地成本。

案例 37
管住中间放开两头 积极构建电力市场化交易机制
——云南省深化电力体制改革力促用电成本降低

一、基本情况

云南是水电资源大省,近年来以深化改革促进实体经济企业成本降低为重要抓手,全面贯彻落实党中央、国务院关于"能源成本进一步降低"的目标任务。按照"管住中间,放开两头"的电力体制改革思路,率先实施输配电价改革,积极构建电力价格市场化形成机制,促进水电资源消纳,有效缓解电力严重过剩矛盾。全社会用电价格明显降低,在降低实体经济运行成本、促进电力消纳和经济稳增长方面取得明显成效。

二、主要做法

(一)率先推进输配电价改革,构建市场化电价形成机制

云南省是输配电价改革首批五个试点省份之一。在严格开展电网企业成本交叉监审的基础上,2016年3月,国家发展改革委按照"准许成本加合理收益"的原则,批复了云南电网2016年至2018年分电压等级输配电价标准,平均输配电价标准与原执行目录电价的购销价差相比,每千瓦时降低了1.65分,全年可减轻社会用电负担31亿元。

（二）组建相对独立电力交易中心，搭建电力市场化交易服务平台

云南省创新性的采用公开招募方式选取交易中心股东和市场管理委员会理事，得到市场主体的热烈响应。昆明电力交易中心股东初选后，在南方电网公司的大力支持下，昆明电力交易中心于2016年8月正式成立，由11家理事单位（涵盖发电企业、用电企业、售电公司、地方电力和第三方机构）组成的云南电力市场管理委员会同时成立。昆明电力交易中心由电网公司、地方发用售企业股比各占50%，是全国首家，目前也是唯一一家由电网公司相对控股的交易中心。截至2018年10月，在昆明电力交易中心完成注册准入的电力用户6814户，实现全部工业用户全电量覆盖，企业参与面进一步扩大。

（三）有序放开非公益性上网和销售电价，充分发挥市场调节的作用

2016年起，根据电力体制改革进程，云南省有序放开公益性以外的上网和销售电价，通过发挥市场这只手的作用，促进市场主体自主交易，合理形成电价，带动了发、用电企业参与市场化的积极性。2017年，进一步主动报请国家发展改革委批复，明确未参与电力市场化交易的工商业用户对应的上网侧电量由云南电网公司按市场化方式代理采购，至此除公益性保障电源外全面放开了上网电价，通过价格改革倒逼发用电企业主动参与市场化交易，促进了云南电力市场化交易电量迅猛增长，大幅降低了企业用电成本。云南铝业是云南省最大的载能型企业，每年用电量约200亿千瓦时，在云南省加大水电铝材一体化产业培育和电力大用户直供政策的支持下，云南铝业率先进行环保技术改造，实现单位电解铝综合电耗为13000千瓦时，两项措施的实施，极大地降低了企业用电成本。

（四）采用市场化方式降低用电成本优化用能结构，发挥地方资源优势与促进生态文明建设并举

为进一步优化城乡居民生活用能结构，鼓励"以电代煤""以电代

柴"促进生态文明建设，2016年云南省推出居民生活电能替代优惠电价政策，明确通过委托电网企业进行市场化采购，对居民用能设立每户每年1560千瓦时、每千瓦时0.36元的电能替代电量，每年可释放改革红利12亿元。同时，为推进公共照明和旅游景观亮化工程全面实施并促进弃水电量消纳，云南省通过市场化方式委托电网企业采购弃水电量，支持道路公共照明、旅游景观、地标性建筑、高层楼宇及重点商业街区亮化工程用电，结算电价不超过每千瓦时0.4元，2017年减少亮化工程电费支出约4379.74万元。

（五）发挥政府职能作用，规范电力交易运行，多措并举减轻一般工商业用电负担

根据国家发展改革委统一部署，利用煤电价格联动降低煤电标杆上网电价和取消化肥优惠电价的空间，2016年云南省两次降低云南省一般工商业用电价格，每千瓦时累计降价1.1分，其中2016年1月1日实施煤电价格联动，降低一般工商业用电价格0.3分，6月1日利用取消化肥电价优惠的空间降低一般工商业用电价格0.8分，两次降价可减少一般工商业年用电支出1.6亿元。2017年取消了临时接电费、降低了高可靠性供电费，实施了免收余热、余压、余气自备电厂系统备用费和收取政策性补贴等政策，2018年通过再降低一般工业用电价格10%、清理电网环节收费、临时性降低输配电价、提高两部制电价灵活性等综合措施进一步降低企业用电成本。在市场化交易中，重点规范昆明电力交易中心运行，结合年度电力交易计划，每年及早印发云南电力市场化交易实施方案指导年度工作开展。探索建立电力市场信用机制，2017年4月24日，省发展改革委、省能源局、国家能源局云南监管办联合印发了《关于同意试行2017年云南电力市场售电公司信用评价机制的通知》（云发改能源〔2017〕547号）。

（六）鼓励"西电东送"和水电就近消纳，促进电矿产业协调发展

为解决富余水电消纳问题，云南省积极协调，努力扩大西电东送规

模和范围。2017年与广东省签订"十三五"送电协议，保证在835亿千瓦时的送电规模基础上，拟通过市场化方式再增加200亿千瓦时；积极推进云电送渝和与贵州水火互济。通过"计划+市场"方式，2016年增送广东电量达到165亿千瓦时，西电东送电量达到1277亿千瓦时，均创历史新高。2017年在国家的鼓励支持下，云南省西电东送电量达到1418.95亿千瓦时，同比增长11.04%。充分发挥云南的矿产资源、清洁能源产业的比较优势，为电解铝企业入滇营造良好的投资环境，着力构建绿色、低碳、清洁、可持续的水电硅材一体化、水电铝材一体化共赢发展格局。一是鼓励中小水电就近消纳，2016年经国家发展改革委批准，云南省将文山、保山、怒江、迪庆、德宏、丽江和临沧等七个州市独立电网上网电价、销售电价以及保山输配电价授权当地州（市）人民政府，支持水电富集地灵活运用价格标杆，促进富余水电就地就近消纳，支持地方经济发展；二是积极承接四川其亚、河南神火等产能置换项目落地云南建设水电铝材一体化产业项目。

（七）采取有效措施缓解弃水，为电力降成本"腾笼换鸟"

针对弃水问题，云南省加快西电东送和云电外送通道建设，着力扩大电力外送增量，调整电源开发时序，推迟大江干流水电项目投产时间，严控中小水电建设、审慎开发新能源，出台相关政策刺激省内用电需求，优化运行方式等，三年来化解弃水电量约600亿千瓦时以上。经积极争取，2017年5月，国家发展改革委印发了《2017年重点水电跨省区消纳工作方案》（发改运行〔2017〕914号），在明确2017年全年云南送出计划外市场化交易电量不低于200亿千瓦时，其中送广东市场化电量不低于125亿千瓦时，云贵发电权交易规模不低于75亿千瓦时的基础上，同意将溪洛渡电站枯期留存云南的约54亿千瓦时电量转移至重庆市消纳。

三、经验成效

2016 年，云南省市场化交易电量达 590 亿千瓦时，较 2015 年增加 270 亿千瓦时，用户平均电度电价较目录电价每千瓦时降低 0.153 元，全年减少用户电费支出 90.3 亿元。2017 年市场化交易电量达 703.1 亿千瓦时，比 2016 年增量达 113 亿千瓦时，用户平均电度电价较目录电价降低 0.10452 元，全年为企业降低成本约 75.59 亿元。2018 年 1—10 月市场化交易电量达 698.12 亿千瓦时，用户平均电度电价较目录电价降低 0.11765 元，为企业降低用电成本 82.13 亿元。

通过不懈努力，2016 年以来全省市场化交易电量接近 2000 亿千瓦时，累计为企业降低用电成本 270 亿元以上。输配电价改革彻底打破了长期以来形成的电网企业统购统销营利模式，明确参与电力市场化交易的用户购电价格由市场交易价格、输配电价（含线损和交叉补贴）和政府性基金组成，初步构建了市场化电价形成机制，为电力体制改革奠定了坚实基础，打开了电力市场化交易降低用电成本的通道，成为云南省工业经济稳增长的有力措施之一。

案例38
蒙西电网推进电力体制改革降低企业用能成本

一、基本情况

内蒙古自治区电力资源丰富，自治区工业经济集中在对电价敏感行业。2010年，在原电监会和自治区政府的共同努力下，启动了全国第一个正式运营的电力多边交易市场。按照"降低电价，拉动负荷"的思路，电力多边交易市场充分结合自治区经济社会发展需要和自身资源优势，实现了打造"电价洼地"的目标，吸引了能源密集型产业向自治区转移集聚，推动自治区优势特色产业做大做优，电力体制改革为自治区经济发展提供了政策供给和战略突破点。

二、主要做法

自治区充分发挥其体制机制优势，以区属内蒙古电力公司为基础，从服务地方经济发展大局出发，缜密分析自治区改革具体环境和经济发展总体需求，在国内首创了电力多边交易市场机制，在实践中不断探索推进电力体制改革，谱写了蒙西电网电力市场发展新篇章。

一是"多方参与、双向竞争"。"多边交易机制"中"多边"的基本内涵是"买方"、"卖方"和"中间输送服务方"。"多边交易机制"是指在多边交易市场运行规则规制范围内,"买方"、"卖方"和"中间输送服务方"通过交易平台(电子或书面)合同来约束买、卖和服务各方行为的机制。多边交易市场由"发电、用户和电网"三方企业自愿参与,首次将发电侧和用户侧两端引入市场竞争机制,在统一的市场平台实现购售电双向竞争。由电网公司为发电、用户提供完整的输、配、供电服务。电网公司不参与竞争,更不从中受益。多边市场机制突破了电网公司独家购、售电的垄断格局,形成"多买多卖"市场格局。

二是"有序放开、适度竞争"。采用计划电量和市场电量并行的办法,市场电量逐年增加,计划电量渐进式减少。随着各方面条件的改善,逐步扩大市场规模,有利于电力市场平稳形成。

三是"品种丰富、主体多元"。市场初期,交易品种包括大用户直接交易、区外电能交易、发电权交易和绿色电能交易。正在研究现货市场机理和开展模式,探索开展辅助服务交易、绿色电能交易、日前交易和实时交易等交易,逐步形成绿色电力市场。

四是"价差传导、价格联动"。首次以市场机制来规范和运作大用户直接交易。通过价差传导,实现了销售电价、上网电价与大用户直接交易电价的联动,利用市场价格形成机制引导电力消费和电力投资。

五是"协商为主、竞价为辅"。交易方式以协商交易为主、竞价交易为辅;交易周期按需要分为年度和月度,以月度交易为主。通过该交易方式,约束了市场垄断力,避免恶性竞争,平抑市场价格的大幅波动,确保市场运行平稳有序。

六是"搭建平台、规范运作"。交易中心作为市场运行平台,严格依据运营规则开展市场运作。利用现代信息技术手段搭建先进、安全、高效的市场技术支持系统,提高市场运作效率,确保各级政府和监管机构对交易全过程进行监督,构建"开放透明、公平规范、竞争有序"的电力市场体系,确保市场严格按照交易规则规范、有序运作。

七是"模式开放、促进融合"。基于进入全国电力市场统筹考虑,各交易品种可以实现内蒙古电力多边交易市场和国内电力市场共享,逐步实现与国内电力市场相互融合。

三、经验成效

以近三年为例，2016 年，交易电量突破 780 亿千瓦时，降低企业用电成本 58.5 亿元，交易电量超过内蒙古电力公司售电量 55%，实现了用电关系从计划为主到市场为主、由量变到质变的反转。2017 年，交易电量达到 983.9 亿千瓦时，累计降低企业用能成本 71.8 亿元。2018 年 1—11 月，累计完成交易电量 1052.1 亿千瓦时，降低企业用电成本 62.1 亿元，预计全年完成交易电量将超 1150 亿千瓦时。

2018 年是电力市场化改革全面深化的关键之年，更是电力多边交易市场承前启后的过渡之年。经过多年的不断发展，截至 2018 年 11 月底，市场主体注册总数达到 1705 户，发电企业共 372 家，其中火电 47 家，风电 159 家，光伏 166 家；用电企业 1237 家；售电公司 96 家。用户企业遍布蒙西电网八个盟市，囊括了自治区全部优势特色和新兴战略产业行业。市场的持续运行，惠及自治区全部优势特色产业和战略新兴行业，有力支撑了自治区经济布局优化和结构调整升级。

实践证明，电力多边交易市场打破了计划电力体制僵化模式，激发了市场活力。电价市场化改革在发用电两侧引入了竞争机制，释放红利，彰显了自治区能源资源富集地的比较优势，吸引生产要素按市场规律流动组合，在更大范围、更高层次上优化了全国的产业布局，促进了合理的区域分工，产生了巨大的经济效益和社会效益。

案例 39
湖北省电价改革降成本提效益促发展

一、基本情况

《中共中央国务院关于进一步深化电力体制改革的若干意见》(中发〔2015〕9号)、《中共中央国务院关于推进价格机制改革的若干意见》(中发〔2015〕28号)出台以来,湖北省物价局认真贯彻落实中央和湖北省委、省政府决策部署,综合协同推进电力体制和电价市场化改革,大幅度降低企业用电成本,利用电价政策支持转型发展绿色发展,有力促进了供给侧结构性改革,为经济社会发展做出了应有贡献。

二、主要做法

(一) 积极开展输配电价改革

湖北省是输配电价改革全国首批5个试点省区之一。2016年3月25日,国家发展改革委批复了湖北省第一个监管周期输配电价,对比2015年实际购销差降低9厘/千瓦时。根据国家批复,湖北省物价局测算拟定了分电压等级输配电价综合传导到销售电价方案,从4月1日开始执行。2017年2月份湖北省电力交易中心正式成立,立足全国开展电力市场交易,优化电能结构调整。2017年度湖北省已通过电力市场交易引入了青海、甘肃、宁夏等多个西北省份的低价火电、低价清洁能源,有力地促进了湖北省放开发用电计划,降低实体经济用电成本。

(二)持续扩大省内电力市场交易范围规模

一是结构性调整电力市场交易规则。进一步降低准入门槛,把高新技术、互联网企业、各类开发区参与电力市场交易的门槛由年用电量4000万千瓦时以上降低到年用电量100万千瓦时以上;进一步扩大交易范围,将市场交易售电侧扩大到水电、新能源发电企业;进一步缩短交易周期,将电力市场交易按年度交易调整为分季度交易。二是继续扩大市场交易规模。输配电价改革落地后,极大地推动了湖北省电力市场交易开展,2015年电力市场交易电量100亿千瓦时,2016年增长到300亿千瓦时,2017年增长到350亿千瓦时,2018年计划完成380亿千瓦时。

(三)大幅降低电网销售电价

近年来,湖北省物价局主要利用煤电价格联动机制腾出降价空间,2015年以来,湖北省先后5次降低一般工商业电价,累计降低电价0.1356元/千瓦时,降幅为全国之最,电价水平由全国第1位降为第10位;3次降低大工业电价,电度电价下降3.3分/千瓦时,电价水平由全国第8位降为第15位,大工业电度电价在中部五省中最低。此外,积极落实国家政策,自2017年7月1日起,取消向发电企业征收的工业企业结构调整专项资金,降低大中型水库移民后期扶持基金等,在燃煤价格大幅度上涨的情况下,保持了销售电价稳定。

(四)进一步减免部分电力服务项目收费

一是减半征收高可靠性供电收费,免收临时接电费用。2017年3月份出台了《省物价局关于降低高可靠性供电费用及免收临时接电费用有关事项的通知》(鄂价环资〔2017〕18号),4月1日开始执行。二是严格落实 2017 年降成本措施要求，从省政府文件出台之日起，要求省电力公司免收了负荷管理终端费、保护定值计算费、带电作业费、交接试验费、复电费、用电间隔费等费用。

（五）不断完善电价执行方式

一是转发并严格落实《国家发展改革委办公厅关于完善两部制电价用户基本电价执行方式的通知》（发改办价格〔2016〕1583 号）规定，将基本电价计费方式变更周期由按年调整改为按季调整，减少停产、半停产企业电费支出，支持企业转型，降低实体经济电力运行成本。联合省电力公司加大政策宣传力度，确保大工业电力用户知晓政策"全覆盖"；督促基层电力公司加强服务，帮助企业测算电价变化情况，缩短相关业务受理、办理周期。二是组织开展"完善峰谷分时电价政策，延长销售环节低谷时段，鼓励用户利用低谷错峰用电"政策制定工作，提出调整方案报至国家发展改革委。

（六）充分利用电价支持政策

一是出台了省内互联网企业支持电价政策，优先安排互联网企业参与电力市场交易，对符合条件的互联网企业给予 0.15 元/千瓦时的补贴，综合降低其用电价格 0.2 元/千瓦时，年减轻电费负担约 3 亿元，到户电价水平在中部 6 省和周边陕西、重庆等省市中最低。时任省委书记李鸿忠给予高度评价："省物价局在形成'电价洼地'方面的工作扎实有效"。2017 年，继续对符合条件的战略性新兴产业给予 0.15 元/千瓦时的补贴，首批补贴金额超过 600 万元。二是在 2017 年省政府降成本文件中明确提出"鼓励有条件的地方对创业孵化器企业、互联网企业、乡镇生活污水处理厂给予电价补贴"，鼓励支持有条件的地方开展相关工作。三是对燃煤发电机组新建或改造环保设施实行环保电价加价政策。全省现有燃煤发电机组含脱硫（每千瓦时加价 1.5 分）、脱硝（每千瓦时加价 1 分）、除尘（每千瓦时加价 0.2 分）等环保设施改造完成率超过 80%，全省燃煤机组获得环保加价支持资金达到 22 亿元。四是出台鼓励秸秆农林生物质发电项目上网临时电价支持措施。在相应上网电价基础上加价补贴 0.081 元/千瓦时，年支持金额达 1.94 亿元，有效促进了农民增收、秸秆禁烧和资源综合利用，得到时任全国政协主席俞正声高度评价。五是出台支持新能源发电政策，对 2015 年及"十三五"期间建成的风电、太阳能及沼气发电项目予以补贴 1.68 亿元。六是联合省环保厅、省能源局出台了《转发国家发展改革委 环境保护部 国家能源局关于实行燃煤电厂超低排放电价支持政策有关问题的通知》（鄂价环资〔2016〕22 号）。具体支持标准为：对于 2016 年 1 月 1 日前投产的机组，达到超低排放标准的，上网电量每千瓦时加价 1 分钱；对 2016 年 1 月 1 日之后新投产的新建机组，达到超低排放标准的，上网电量每千瓦时加价 0.5 分钱，年超低排放加价支持资金约 4.25 亿元。七是对向电网经营企业直接报装接电的经营性集中式充换电设施用电，执行大工业用电价格，2020 年前，暂免收基本电费，降低电动汽车使用成本，促进电动汽车行业健康快速发展。

三、经验成效

通过输配电价改革，综合降低大工业电价 1.675 分/千瓦时，减轻企业负担约 12 亿元，在全国率先完成了输配电价改革试点工作，为湖北省电力市场交易奠定了基础；通过不断扩大省内电力市场交易范围规模，2017 年减轻相关企业电费支出 13.6 亿元；通过先后 5 次降低一般工商业电价，每年减轻包括互联网企业在内的电力用户用电负担 50 亿元以上；通过取消向发电企业征收的工业企业结构调整专项资金，降低大中型水库移民后期扶持基金，年减轻燃煤发电企业负担 11.2 亿元；通过进一步减免部分电力服务项目收费，2017 年减轻企业负担 3.4 亿元；通过完善电价执行方式，全年减轻相关企业负担 7.6 亿元；通过鼓励有条件的地方对创业孵化器企业、互联网企业、乡镇生活污水处理厂给予电价补贴，全年减轻企业负担在 3.26 亿元以上。

案例 40
河南省濮阳市积极推进工业用地弹性出让降低企业用地成本

一、基本情况

近年来,河南省濮阳市面对复杂严峻的经济形势和艰巨繁重的发展任务,主动适应经济发展新常态,保态势、创优势,迎难而上,拼搏进取,实现了经济总量、人均数量、发展质量"三量齐升",濮阳新一轮赶超发展迈出了坚实步伐。但经济发展中也存在一些不容忽视的问题,特别是实体经济发展面临着市场需求不足、要素成本较高、盈利空间收窄等问题,各种矛盾叠加交织,亟待通过推进供给侧结构性改革来破解。根据中央和河南省委、省政府的决策部署,结合濮阳市实际,市委、市政府推出了一系列降成本政策,促进实体经济健康发展。

二、主要做法

(一)及时出台工业用地弹性出让制度

为深入贯彻落实中央和省委、省政府关于加强供给侧结构性改革的决策部署,进一步减轻企业负担,促进实体经济持续健康快速发展,根据国土资源部、国家发展改革委、科技部、工业和信息化部、住房城乡建设部、商务部联合印发的《关于支持新产业新业态发展促进大众创业万众创新用地的意见》(国土资规〔2015〕5号)、《河南省人民政府关于进一步加强节约集约用地的意见》(豫政〔2015〕66号)以及《濮阳市委濮阳市人民政府关于降成本减负担推进实体经济发展的若干意见》(濮发〔2016〕11号)等文件精神,按照濮阳市委市政府的工作部署,2016年7月,濮阳市国土资源局牵头制定了濮阳市工业用地弹性出让制度。2016年8月1日,市政府印发了《关于推行工业用地弹性出让制度的通知》(濮政〔2016〕50号),濮阳市工业用地弹性出让制度正式建立。

(二) 科学制定工业用地弹性出让制度

一是明确了工业用地弹性出让的方式,包括缩短出让年限、先租后让、租让结合和长期租赁等四种方式。

二是工业用地弹性出让应依法采取招标、拍卖或挂牌方式,出让价格可以按照实际出让年限系数修正。

三是工业用地租赁使用也应依法采取招标、拍卖或挂牌方式供应,租金标准要合理确定,租金可一次性收取,也可按年度分期收取。租赁用地项目竣工验收合格后,根据实际情况,可继续租赁,也可转为出让方式使用。

四是租赁申请转为出让的,经县(区)政府(管委会)批准后,县(区)国土部门与原租赁土地使用者签订《国有建设用地使用权出让合同》,缴纳土地出让金。

五是工业项目出让(租赁)使用年限届满,受让人(承租人)需要继续使用土地的,应当至迟于届满前一年申请续期。批准续期的,受让人(承租人)应当依法办理出让(租赁)等有偿用地手续,重新签订出让(租赁)等土地有偿使用合同,支付土地出让价款(租金)等土地有偿使用费。

六是要求各有关部门要根据工业项目产业类型、投资强度和生产经营周期合理确定各类项目用地的出让年限、租期年限和用地量。各县

（区）应积极引导企业减少占地规模，缩短占地年期，降低企业投入成本，防止土地闲置浪费。

（三）主动及时发现制度落实中的梗阻

自弹性出让制度建立之后，各县区工作推进比较缓慢，濮阳市国土资源局及时查找分析存在问题，主要有以下几个方面：

一是采取弹性出让制度（尤其是先租后让方式），出让（租赁）价格可能会低于征地成本，征地成本短期内无法收回，增加了地方财政负担；原招商工业项目已经将出让年限和价格纳入招商协议，企业不同意变更；全市已出台的工业用地预申请制度，部分企业前期已缴纳了征地款，原企业一般不接受弹性出让方式供地。

二是弹性出让价格（年期按20年计）与正常出让价格（50年）相比，弹性出让价格仅减少了正常出让价格的1/3。企业认为选择弹性出让方式不划算。

三是因弹性出让使用土地的期限较短，目前金融部门可能对此政策不了解、不认可，企业若选择弹性出让方式使用土地，以后可能会影响企业的融资需要。

针对上述问题，为更好地推进工业用地弹性出让工作，采取了相应的工作措施：

一是通过弹性出让价格的年期系数修正，进一步降低工业用地弹性出让价格，切实降低企业用地成本。工业用地出让年限50年出让价格按100%计算，年期系数修正前，出让年限缩短到30年出让价格为87.33%，出让年限缩短到20年出让价格为72.77%；年期系数修正后，出让年限缩短到30年出让价格为81.39%，出让年限缩短到20年出让价格为64.45%。

二是督促指导各县区贯彻落实弹性出让制度，通过加大财力支持、创优招商环境等途径，确保弹性出让制度取得实效。

三是加大宣传力度，营造良好的舆论氛围。积极做好招商、金融等相关部门以及企业的政策宣传工作,使他们理解、接受、支持弹性出让工作,让弹性出让政策在全市供给侧结构性改革中发挥应有的作用。

(四)持续深入推进降低企业用地成本的其他措施

一是督促各县(区)加大土地一级开发和标准厂房建设力度,切实解决项目落地难、落地慢等突出问题。

二是鼓励土地使用者在符合规划、不改变用途的前提下,通过厂区改造、内部用地整理等途径提高土地利用率。现有工业用地提高土地利用率和增加容积率,符合控制性详细规划要求的,不增收土地价款。对新增工业用地,要按照规划设计条件的要求,进一步提高工业用地控制指标;对厂房建筑面积高于容积率控制指标的部分,不增收土地价款。

三是深入实施工业强市战略,盘活做强工业经济存量。改善城市规划布局,鼓励市城区工业企业"退城入园"。2016年5月9日,市政府印发了《濮阳市鼓励市城区工业企业"退城入园"暂行办法的通知》(濮政〔2016〕33号),目前该政策正在运行过程中,全市将结合实际情况进一步完善相关机制。

三、经验成效

濮阳市自工业用地弹性出让制度建立以来,虽然在实施过程中遇到了一些问题,但通过对此项制度的不断完善和政策的大力宣传,企业和相关部门由原来的抵制到现在的接受和支持。从2016年10月以来,按照弹性出让方式成功挂牌出让8宗工业用地,出让面积409930.81平方米,出让价款6277.7338万元,降低企业成本1547.5054万元,其中:濮阳朗润新材料有限公司按50年最高年限出让,出让价格为4067.2823万元,2018年按工业用地弹性出让方式出让30年,出让价款为3813.2465万元,降低企业成本885.232万元。

The Casebook
on Cost Reduction

第七章
降低物流成本方面

各级政府和有关企业下大功夫降低物流成本。本章选取了6个典型案例，既有系统总结物流领域经验的，也有就高速公路、无车承运人、城市共同配送、海运等某一方面深入挖掘的，各具特色。

贵州省从降低通行费用、运用大数据技术提高物流组织效率、打破原有较为单一的运输方式三个方面创新突破，推动降低物流成本。山西省交通运输厅连续三年出台了政府还贷高速公路通行费差异化优惠政策，效果良好，受到国务院办公厅的通报表扬。广东林安物流集团以物流为基础，以信息化为抓手，以诚信为保障，以金融为引擎，以产业为龙头，打造"物流+互联网+金融+产业"智慧物流O2O生态圈，推进物流行业降本增效，助力产业转型升级。中储智运作为国家第一批"无车承运人"试点企业，创新地将无车承运人模式与运力竞价机制结合，创立了超过70万有效司机运力、全运途可视化监控、全流程规范化财务、全时段专业化客服的物流运力竞价交易共享平台。四川省成都市以共同配送试点和供应链体系建设试点为契机，积极创新举措，城市共同配送试点、物流标准化、供应链体系建设等相关工作推进有序，成效初显。市场监管总局先后对国际集装箱班轮运输行业和沿海港口行业开展了反垄断调查，有关船公司和沿海港口分别按照调查要求，调降了相关收费水平，每年可降低进出口物流成本91亿元，为实体经济发展营造了良好环境，得到党中央和国务院领导同志高度肯定。

案例 41
贵州省从三个方面创新突破
推动降低物流成本工作落实

一、基本情况

2016年年初，为贯彻落实供给侧结构性改革工作任务，贵州省委、省政府明确要求由省发展改革委会同省交通厅、省财政厅就降低物流成本提出具体措施。在《关于推进供给侧结构性改革提高经济发展质量和效益的意见》（黔党发〔2016〕7号）出台后，省发展改革委、省交通厅、省财政厅联合印发了《关于降低企业物流成本的若干措施》（黔发改经贸〔2016〕313号），提出了4个方面14条具体措施。2017年出台实施《贵州省"十三五"现代物流业发展规划》和《降低绿色农产品冷链建设成本的若干政策措施》，2018年印发《关于实施"四个一"工程进一步促进物流降本增效的工作方案》等系列文件，强力推动降物流成本工作的落地落实。

二、主要做法

（一）在企业反映最普遍、最强烈的通行费用问题上力求突破

虽然高速公路通行费占物流总成本的比重不高，却是企业感受最直

观、反映最强烈的物流费用。因此，通过做大蛋糕、政府购买公共服务等角度，最大幅度让利于企业，使贵州省高速公路实际收费（含优惠和政府购买服务）下降了近10%。采取的具体举措有：一是发行黔通卡，大力推行货运车辆非现金支付卡，对货运车辆通行费实行优惠。对持有黔通卡的货运车辆通行贵州省高速公路时，给予通行费9.5折优惠。二是实行货运车辆通行费积分阶梯优惠。对使用货车黔通卡的本省货运车辆通行费采取月消费额度积分阶梯优惠方式，对单车月消费额度分别达3000元、5000元、10000元以上的货运车辆，次月通过在线返利形式分别给予通行费9.4、9.2和9折优惠。三是实行重点物流企业货运车辆通行费用特殊优惠。对自有货运车辆100辆以上的全省重点物流运输企业，在普遍优惠方式及积分阶梯优惠方式的基础上再优惠1%的通行费。

（二）在运用大数据技术提高物流组织效率上力求突破

贵州省企业物流成本偏高最主要的原因是物流组织效率低，特别是货源与物流企业间信息不对称、不通畅的问题大幅拉高了企业物流成本。因此，着力推动物流创新，运用大数据技术提高物流组织率，从物流运输企业、物流平台企业和终端用户着手，打造大数据信息共享平台，提高物流企业信息化水平，着力降低空驶率和仓储周转周期。采取的具体举措有：一是大力推进物流企业信息化建设。积极支持贵阳货车帮（满帮集团）、贵阳传化、贵州现代物流集团等物流企业信息化项目建设，积极支持贵州长和长远物流市场管理有限公司、贵州省安顺市亿丰事业发展有限公司等加快建设智能立体仓储设施。二是大力推进物流园区信息化建设。以省预算内资金补助的方式，2016年推进10个现代物流园区信息化建设，2017年支持50个现代物流园区推进物流信息系统建设，大力提升全省物流信息化水平。三是大力推进省级物流云建设。将省物流云定位为第五方物流平台，在建设上，采取政府购买服务的方式进行网站建设，所有权仍由政府掌握，保持平台的公共服务属性；在营运上，统合省内物流协会、物流促进会及七家物流龙头企业，成立了全省物流信息化联合会，采用股份平均的方式下设合资公司，在保本微利的原则下，负责物流云的市场推广，并提供营运维护资金。目前，省物流云已建成上线运行，货车帮、贵阳传化、贵州现代物流集团、长和长远等省内外龙头企业数据已接入云平台，第一批50个物流园区接入物流云工作正在开展。

（三）在打破原有较为单一的运输方式上力求突破

由于贵州地处内陆腹地，以陆路为主的运输方式难以改变，而铁路运输成本低于公路运输成本。因此，在降低公路通行费用的同时，通过对多式联运企业进行补贴的方式，鼓励企业组织公铁、公铁海等联运，既减少中间环节费用，又发挥铁路运价优势，减少企业运输成本。采取的具体举措有：一是以贵铁物流为龙头，推动外贸多式联运。贵铁物流在黔深欧线路基础上，整合其他返程货源，推动该线路由单程向双程扩展，撤销广州大朗5万平方米仓库及贵阳西站4万平方米仓库，减少广州大朗至深圳盐田、轮胎生产厂至贵阳西站的短驳环节，仅此条线路就为黔轮胎减少物流成本超4200万元；成功开行黔深日多式联运线路，每柜集装箱减少装卸、短驳、人工等环节成本2000元，全年可为红星钡业节约800余万元。二是积极推动瓮福、开磷等生产企业开展多式联运。瓮福集团开通了福泉至东北、中亚、南美、北美等地的多条多式联运线路，已节约物流成本2000多万元；开磷开通了开阳至东北、东南亚、新西兰等地的多式联运线路，降低物流成本2500多万元。三是大力推进多式联运示范园区建设。推动贵州国际陆港联通川贵地区—粤港澳大湾区集装箱铁水联运示范项目获评为国家第二批多式联运示范园区，支持贵阳改貌物流中心、遵义黔北物流新城、贵州（昌明）国际陆港等推进多式联运设施建设。

三、经验成效

2016年,贵州省物流协会抽样调查231家企业,对降低物流成本工作进行了评估,形成了《贵州省现代物流业发展评估报告》,认为贵州降低物流成本取得了明显成效。2016年,全省物流总费用1990亿元,与全省GDP的比率为17.07%,同比回落1.5个百分点。其中,保管费用701.48亿元,占流总费用比重35.25%,同比回落1.5个百分点;管理费用283.18亿元,占流总费用比重14.23%,同比回落1.5个百分点。

2017年,贵州省物流行业协会联合贵州大学管理学院通过抽样调查形成的《贵州省物流业发展情况评估报告》显示,全省社会物流总费用2222.55亿元,全省GDP的比率为16.5%,同比降低0.51个百分点。其中,运输费用1147.5亿元,占物流总费用比重51.63%,同比上升1.11个百分点;保管费用753.89亿元,占物流总费用比重33.92%,同比下降1.33个百分点;管理费用321.16亿元,占流总费用比重14.45%,同比上升0.22个百分点。

案例 42
山西省高速公路差异化收费政策成效显著

一、基本情况

为深入贯彻落实国务院关于推进供给侧结构性改革和降低实体经济企业成本的决策部署,进一步提升高速公路通行效率和服务水平,降低物流企业费用,缓解普通干线公路管养压力,促进山西省公路均衡健康发展,切实提高两网融合发展的全面性、协调性和可持续性,山西省交通运输厅先行先试、深入探索、稳步推进,按照交通运输部印发的指导意见,并经省人民政府批准,连续三年出台了政府还贷高速公路通行费差异化优惠政策,效果良好,受到国务院办公厅和山西省政府的通报表扬。

2015 年,山西省经济下行压力较大。按照省委省政府的安排部署,山西省交通运输厅实施了为期一年的政府还贷高速公路货车"三减两免"通行费优惠政策。在取得一定经验后,2016 年继续深化该项政策,紧紧围绕深入推进供给侧结构性改革,促进物流业降本增效,支持扶贫攻坚工作要求,进一步加大优惠力度,制定实施了政府还贷高速公路"新三减"优惠政策。两轮优惠政策累计减免货车通行费 29.42 亿元,降低物流成本效果明显,同时山西省政府还贷高速公路实现了量费齐升,2016 年货车通行量同比增长 37.05%,通行费收入同比增长 48.39%。

2017年7月，交通运输部将山西省确定为高速公路分时段差异化收费4个试点省份之一，在交通运输部指导下，山西省交通运输厅对两轮优惠政策执行情况进行专项评估，并就实行分时段差异化收费优惠政策的可行性等做了大量的调研、测算和分析工作，在此基础上，形成了《山西省高速公路2017年度差异化收费优惠政策方案》，经省人民政府批准，从2017年10月1日起实施，优惠期暂定一年。

二、主要做法

（一）政策内容

新一轮差异化收费优惠政策主要有6个方面：一是集中连片贫困区精准优惠。对办理并持有山西省ETC卡交费的货车，在通行集中连片贫困地区13条高速公路路段时，车辆通行费可优惠50%。二是递远递减阶梯优惠。鼓励重载货车行驶高速公路，对行经与相邻平行普通公路流量差异较大的13条高速公路路段的25吨以上货车，实行"递远递减"按里程阶梯收费方式。三是集装箱及厢式货车优惠。国际标准集装箱车辆和车型分类为2类及以上的厢式货车在全省政府还贷高速公路享受上述各项优惠政策的同时，再优惠10%。四是对山西省货车ETC卡再优惠。对持有山西省ETC卡交费的货车，在全省政府还贷高速公路享受上述优惠政策的同时，再优惠5%。五是分时段优惠。在天镇至大同等5条路段试行分时段差异化收费政策，在早8点至晚8点给予货车50%的通行费优惠，晚8点至早8点给予货车70%的优惠。六是客运班车包缴优惠。对办理ETC卡的客运班车，按照通行次数或通行公里数分档按月包缴，最高给予通行费50%的优惠。

（二）具体措施

依法实施收费标准阶段性调整。一是严格执行《收费公路管理条例》

关于收费标准的审批程序，山西省交通运输厅牵头制定通行费收费标准阶段性优惠方案后，会同省财政、价格等主管部门共同审核，报省政府批准后执行。二是将通行费优惠政策实施范围限定为政府还贷公路，不强制但鼓励经营性路段自愿参加，努力实现差异化收费政策的实施范围成片成网，发挥规模带动效应。三是将优惠期确定为一年，确保试点政策能够得到及时修正。

精准制定差异化优惠方案。一是组织开展系列政策研究，对山西省路网布局、货车运输通道选择、货车运输成本、周边及山西省通行费优惠政策执行情况等进行调研、分析和测算。二是认真开展货车不行驶高速公路原因分析研究，科学选择普通公路交通量大、易拥堵的并行高速公路进行优惠。三是充分发挥价格杠杆对交通量的调节作用，试行分路段、分时段、递远递减差异化收费，将部分路段的优惠幅度调整至货车行驶普通公路和高速公路运输成本相对持平的水平，引导货车选择行驶高速公路。

持续开展政策评估和舆论宣传。一是建立政策执行情况月报制度，通过座谈会、调查问卷、交通量抽样调查、实地询问、数据测算等方式密切跟踪政策实施情况。二是分阶段对优惠政策进行系统科学地评估，并适时对政策进行调整。三是通过广播、电视、网络、发放宣传册等方式组织开展舆论引导和新闻宣传工作，有效扩大优惠政策的社会影响。

（三）政策特点

本轮优惠政策更加突出精准操作，因路施策、差异降费，以分区域、分时段、分路段、分车型、区别支付方式、区别行驶里程的货车差异化收费优惠政策为主，同时扩大了客运班车包缴优惠政策力度，相比全国其他省份，优惠范围更广幅度更大。分区域减半优惠路段13条912公里，分路段按里程阶梯优惠路段13条1018公里，分时段优惠路段5条382公里，累计2312公里，占政府还贷路总里程55%。使用ETC卡在政府还贷路段普惠5%，多项政策叠加优惠，最大优惠幅度可达到70%。

三、经验成效

自 2017 年 10 月 1 日实施之日至 2018 年 3 月底,全省共有 651.6 万辆货车享受优惠政策,减免通行费 3.13 亿元,占同期高速公路货车收入 76.54 亿元的 3.93%,平均每辆货车享受优惠金额 47.97 元。优惠政策既降低了汽运物流成本,又实现了高速公路差异化收费工作的可持续发展,达到了促进物流业降本增效、不扩大收费公路项目债务负担的效果。

车辆通行高速公路成本明显下降。按照优惠类型划分,全省共有 651.6 万辆货车,累计 10082.83 万辆次享受优惠政策。分区域集中连片贫困区优惠通行费 20285.83 万元,优惠车辆 774.73 万辆次,优惠占比 50%;分时段差异化收费优惠通行费 1266.39 万元,优惠车辆 92.4 万辆次,优惠占比 48.04%;分路段"递远递减"优惠通行费 4991.98 万元,优惠车辆 782.78 万辆次,优惠占比 6.05%;分车型集装箱和厢式货车优惠通行费 1695.8 万元,优惠车辆 172.65 万辆次,优惠占比 11.71%;区别支付方式针对使用本省 ETC 卡支付的差异化收费共优惠通行费 3018.26 万元,优惠车辆 2155.72 万辆次,持有 ETC 卡交费的货车占全省货车总流量的 21.38%;分车型客运班车包缴优惠通行费 1748.86 万元,优惠车辆 44.34 万辆次,优惠占比 45.07%。

路网交通量的时空分布进一步得到优化。2016 年实施的"新三减"优惠政策,对使用山西省 ETC 卡交费车辆在集中连片贫困地区高速公路给予通行费减半优惠,吸引相邻普通干线公路货车行驶高速公路的效果非常明显,相邻普通干线公路货车流量较 2015 年同期下降 13.73%,高速公路通行量同比增长了 137.91%。2018 年实施的新一轮差异化收费在 13 条集中连片贫困地区路段延续了这一政策。2018 年 3 月份,山西省高速公路货车拆后通行量 1779.33 万辆,同比增长 2.02%,政府还贷路拆后通行量 1281.11 万辆,同比增长 0.85%;其中实施货车差异化优惠政策的贫困区 13 条路 138.54 万辆,同比增长 6.87%,较政府还贷路平均水平多出 6.02 个百分点，政策的拉动效应作用明显。5 条试行分时段差异化优惠政策的路段，夜间闲时货车流量占全天流量的比例提高至 16.74%，夜间货车流量正在逐步提升。利用价格杠杆调节引导车辆的出行安排和路径选择，增强了公路运输结构变化和公众出行需求的适应性和灵活性，路网整体运行效率和服务水平得到有效提升。

高速公路量费齐升的格局基本趋于稳定。通过大幅度降低收费标准吸引周边路网货车行驶通道资源闲置的高速公路，部分路段实现了交通量和收费额的同步提升。2016 年集中连片贫困区的高速公路货车通行费、交通量分别较政策实施前同比增加 251.4% 和 321.3%，单位里程收费额从 26.7 万元/公里提升至 97.2 万元/公里，收入水平从全国平均值（336 万元/公里）的 8% 提升至 29%，实现了量费齐升。2018 年在 13 条集中连片贫困区高速公路延续 50% 的优惠政策，由于周边普通路网的车流量已基本完成转移，虹吸效应进入平台期，引流增收的效果已趋于平缓增长。

ETC 用户数量和非现金支付比例大幅提高。截至 2018 年 3 月底，货车 ETC 卡用户达 15.57 万户，优惠政策实施后较政策实施前办理用户数增加 500% 以上。客运班车办理 ETC 包缴车辆 5968 辆次。差异化实施期间，ETC 卡交易金额 25.4 亿元，占货车通行费的 33.2%。

案例 43
广东林安物流集团创新发展模式
全面推进物流业降本增效

一、基本情况

近年来,广东从补短强基、创新模式、减负降费、完善标准和鼓励合作等方面入手,通过一手抓交通基础设施建设,逐步构建综合交通运输体系,一手抓"互联网+交通"融合发展,创新提升行业服务水平和治理能力,持续推进基础设施建设,提高运输组织效率,健全物流设施网络,同时创新服务模式和提升科技水平,建立动态监管体系,营造良好市场环境,推动全省交通运输供给侧结构性改革取得新的突破,全面推进物流业"降本增效",成效显著,也极大促进了社会经济的繁荣,有效增强了物流行业的快速发展。

广东林安物流集团(以下简称林安物流)是一家以现代智慧物流园区运营和管理,以搭建现代物流信息交易服务平台、供应链金融平台、第四方物流服务平台为主的综合性平台型企业和高新技术企业。集团在"物联网+高效物流"、物流信息化平台与物联网应用、物流信用平台与行业大数据、智慧物流骨干网络体系建设以及人工智能和云平台领域居全国领先水平,是广东省人民政府重点扶持的龙头企业。林安物流积极践行创新、协调、绿色、开放、共享的发展理念,以物流为基础,以信息化为抓手,以诚信为保障,以金融为引擎,以产业龙头,打造"物流+互联网+金融+产业"智慧物流O2O生态圈，推进物流行业降本增效，助力产业转型升级。

二、主要做法

(一) 林安物流构建"物流+互联网+产业+金融"的物流新生态圈

1. 打造物流信息化平台资源整合助力行业降本增效

林安物流从2008年开始打造物流行业信息化平台，通过物流信息化平台解决行业信息不对称、成本居高不下、诚信缺失等行业痛症。该平台整合300多万会员，涵盖厂家、商家、物流企业、第三方物流、物流经纪人、司机等。会员在林安信息化平台上都具有双重角色，司机既是运力供给者又是货源需求者，货主既是运力需求者又是货源供给者，在平台的所有会员实现自主选择、自主交易，根据自己的实际物流需求，选择不同的货源、车源。

2. 打造"互联网+干支衔接"垂直运力解决平台，推进无车承运人落地生根

林安物流自主开发了全国唯一一款"互联网+干支衔接"垂直运力解决平台——我要56App。我要56App有效实现了信息化产品实际运力不能落地的问题，同时实现干线运输和城市配送有效衔接。我要56App依托林安物流集聚的300多万会员，进行实名认证和信用等级的评级，有效地抑制了交易不诚信现象的发生。林安物流依托人工智能和大数据，根据司机的常用路线，进行精准货源推送。货源方与车主方达成交易共识后，直接与林安物流线上签署托运合同和承运合同，由林安物流承担承运风险。在实际运输中，林安物流依托轨迹定位、物联网技术对货物运输情况进行实际定位，确保货物运输安全、高效。

在这个平台上，建立了完善的业务流程管理模式，具备高效安全的信息流管理、物流业务管理、资金流管理能力，并能够提供具有多种形式的客户服务渠道。从而以品牌给予中小物流企业、个体司机实力支持；

以资质帮助解决规模小的难题；以金融服务支持解决运营资金短缺问题；以货源整合帮助获取生存和利润空间；以系统有效处理好管控难、业务混乱的问题；以优质服务解决衣食住行等后顾之忧。

为了实现O2O一站式服务，林安物流与粤通卡、中石化、中石油、一汽解放等企业进行战略合作，在我要56App开通ETC充值、油卡充值、卡车团购、汽配线上下单等增值服务，为无车承运人锦上添花，将无车承运人的实效放到最大。

3. 打造物流诚信体系为物流降本增效保驾护航

2017年，林安物流在中国物流企业家年会上牵头发起"诚信物流广州倡议"，以倡导物流诚信为基础，率先打造了物流行业诚信平台，发挥物流行业带头示范作用，全面构建物流行业诚信体系，努力营造良好的发展环境。同时，林安物流作为国内重点物流服务平台，积极响应国家发展改革委倡导的建立完善守信联合激励和失信联合惩戒制度加快推进社会诚信建设的号召，联合数十家企业共同签署《物流服务平台加强信用建设实施联合惩戒备忘录》，及时解决物流诚信体系建设过程中存在的问题和困难，大力推进物流诚信体系建设，并主动承担社会责任，加强物流数据开放共享，大力推进信用记录建设。

林安物流在行业内大力倡导建立信用规则，建立了林安信用，形成了一整套的诚信评价体系。对林安平台下的物流企业、驾驶员在准入环节上实行会员制和实名制；在交易中实行公证验证制和保险制，并在实际货物承运中配以可视化的监督监管和支付结算制；在交易后如出现问题实行司法调节制、首赔制、黑名单制等。通过这样一种全过程的制度设计，形成了一个良性、健康的信用闭环生态圈。

林安信用还研发了一整套针对物流行业的诚信评定系统。通过一系列诚信指数评估标准的设定来对物流行业内的物流企业、驾驶员等的行为进行等级评定，以等级的高低作为评判诚信度的标准，为物流行业提供一个可靠的信用凭证。目前，林安信用已取得中国物流与采购联合会的认可，经林安物流评价出的诚信物流企业同等获得中国物流与采购联合会的认同。

4. 以供应链金融为支点塑造生态体系闭环

林安物流拥有中国人民银行颁发的第三方支付牌照。林安支付通过引入"第三方担保交易"模式，约束货主与车主双方的交易行为，为交易双方的信用提供担保，从而化解网上交易风险的不确定性，保证交易双方利益。一方面能有效地做好资金监管；另一方面，减少了物流行业代收货款和专业市场回单结算带来的社会问题和痛点，减少因资金监管带来的物流成本的增加。

5. 依托大数据打造中国公路运价指数推动价格透明化

针对我国目前公路物流价格不透明、运价体系无标准的行业痛点，打造物流行业的大数据智能应用中心，通过采集、分析、处理林安平台上交易的大数据，林安物流联合中国物流与采购联合会发布中国公路物流运价指数，该指数成为反映我国公路物流运输价格变动程度和变动趋势的主要指标，把公路运输价格从"无价"变"有价"，把"有价"变公允价，为广大司机、物流企业、货主提供运价参考。

（二）成立中安卡联——建立全国物流专线一张网打造仓干配一体化的线下平台体系

林安物流面向全国发出建立中安卡联智慧物流专线联盟的倡导，整合以省为单位的实力派优质专线，运用强大的信息化系统为纽带串联联盟成员，统一标准化流程管理，形成品牌效应。中安卡联以"互联网+物联网+商贸物流信息化"系统为纽带，整合园区三方、仓储、专线，打造广东至全国的大联盟平台，结合连锁园区，复制全国，最终形成全国互联、互通的物流网络。

中安卡联联盟起到了有效的杠杆作用，众多企业可以互通有无、资源共享，将实力放大，拾柴添火的效应既有助于增强骨干企业运营创新能力，也有利于规避风险，减少损失；同时，联盟不断为企业注入物流装备、金融、保险等优势资源，增加可持续发展能力和多层次创收能力，将联盟推向新领域、新高度，创造出更为丰富的社会价值综合内涵，助推"一带一路"物流新生态圈，共同应对物流时代新变革，开创物流行业新未来。

（三）百驿网——参与建立全国物流园区一张网，互联互通互利共建共享共赢

目前行业内涌现的新模式各有各的优势和亮点，但归根到底都是以"资源整合"为出发点；单一专线受限于自身的服务功能、集约程度、运营成本等原因，难以形成规模效应、难以吸引优质稳定的客户资源，显得更加势单力薄、前景堪忧。在"信息透明链接"的大趋势下，百园互通变得迫在眉睫。

林安物流积极响应并参与由中国物流与采购联合会发起，数十家企业积极响应搭建的"百驿网"物流园区服务平台。"百驿网"物流园区服务平台不仅致力于线下各个园区之间的互联互通，形成网络共享运营，同时也将建立线上的信息平台，把散布在全国各地的物流园区线上资源串起来。将促进物流园区从"点式经营"向规模化、"网络化"转型，从"信息孤岛"向标准化、互联化转型，从物业租赁商向物流供应链服务商转型，从整体上提升我国物流园区的经营服务水平，以适应新时代、新征程对物流业发展的新要求。

（四）建立物流招投标中心——推动物流降成本，增强实体经济竞争力

随着经济转型升级、发展动力转换，物流的人力成本和管理成本上升，物流企业盈利能力下降，为物流企业的发展带来了巨大的压力。而入驻企业与林安物流的关系，如同鱼水一样，鱼离开水无法生存，而水没有鱼也失去了活力，因而商户经营的好坏决定着林安物流园发展的未来。林安物流作为入驻企业的服务商，应为林安物流商户提供更深层次

的服务，支持林安物流商户做大做强。

林安物流利用自己的品牌优势，建立物流招投标中心，与林安物流专线商户共同参与大型厂家的项目投标。利用物流解决方案的丰富经验，通过提供最低成本物流解决方案，为厂家寻找物流供应商，为物流企业和车队寻找货源，并为双方寻找优势运力，实现制造业与物流业实时对接。减少了中间环节，使制造业的物流成本得到明显降低。

随着电子商务的兴起，城市配送呈现多品种、小批次、多批量的发展趋势，物流需求与物流供给的不匹配，给传统物流行业的经营模式带来了巨大的影响。为了使林安物流入驻企业适应时代的发展趋势，林安物流构建了城市配送平台，通过林安物流平台的大数据智能应用中心，制定了同时满足电子业务与传统业务的城市配送解决方案，解决了城市配送"最后一公里"的难题。

林安物流还设立了电商企业孵化基地和创业中心，通过第三方支付扶持、培育新兴的中小电商企业，并为其解决仓储和运输等难题，从而建设高端的电商企业孵化基地和创业中心，大大提高电商企业的竞争力。

三、经验成效

林安物流研发的诚信系统有效解决了物流行业诚信缺失的问题，大大减少了物流行业内的不法行为，通过这样的做法可以减少物流行业不诚信的痛点，解决因诚信缺失造成的道德成本的增加，净化交易环境，打造物流行业诚信的标杆，提高了物流行业的形象，优化了物流行业供给。

林安物流参与搭建的"百驿网"，让全国各地物流园区的货源信息和运输车辆信息有效联合，促进全国物流园区信息互联互通与融合应用发展，从而为供应链上下游降低物流成本；使小微专线赋能增收，提高效益，让物流人解放出来；为行业进一步打造绿色节能高效的物流生态圈贡献力量。

林安物流联合中国物流与采购联合会发布中国公路物流运价指数,可以为物流企业提供全面的内容管理解决方案,建立行业数据应用库。根据每天平台交易情况形成一个动态的运价参数,加大了交易价格的透明度,减少物流中间环节的层层加价现象,促进公平的、可视化的交易,实现最大程度的降低物流交易成本,同时努力构建诚信经营环境促进行业生态圈健康和谐发展。

林安物流旗下的林安支付通过规范行业交易环境,制定行业交易规则,打造诚信、高效、安全的物流信息交易平台和结算体系,完成了线上链条的最后一个拼图,从而达到了降低物流成本、提高服务效率、打造诚信体系的目的,提高了行业整体服务水平,推动现代物流产业升级。

林安物流面向全国发起建立的中安卡联智慧物流专线联盟,一方面,充分发挥了各物流公司专线市场地位和区域优势;另一方面,有效解决了物流行业小、散、乱等弊端,不仅降低了时间和运营成本,还提高了资源利用率和生产力水平。

此外,林安物流还通过建立物流招投标中心,充分利用大数据智能应用中心,创建电商企业孵化基地和创业中心等方式大大提高了客户的企业竞争力。

总体来看,林安物流通过物流信息化平台的整合,创新物流发展模式,有效降低了物流行业的时间和空间成本,实实在在帮助实体经济降本增效。

案例 44
中储智运创新无车承运人模式
打造物流服务新生态

一、基本情况

中储南京智慧物流科技有限公司（以下简称中储智运），成立于2014年7月，是国务院国资委下属中国诚通控股集团有限公司二级子公司中储发展股份有限公司成立的物流互联网科技企业。中储智运现为交通运输部无车承运人试点企业、江苏省重点物流企业、国家4A级物流企业。2017年，经国务院国资委批准，中储智运成为央企混合所有制改革试点单位。作为国家第一批无车承运人试点企业，中储智运不仅仅停留在无车承运人模式的应用上，而是创新地将无车承运人模式与运力竞价机制结合，创立了集超过70万有效司机运力、全运途可视化监控、全流程规范化财务、全时段专业化客服为一体的物流运力竞价交易共享平台。

二、主要做法

（一）为货主企业降低物流运输成本，提升运输效率

一是引入运力竞价机制。南钢集团是较早与中储智运达成战略合作的重要客户。双方合作后，成立中储智慧物流苏北运营中心，共同打造

"阳光物流"。南钢集团原有运输模式为"指定承运商运输",即通过招标与固定承运商或车队合作,运力、运价均较为固定且不透明。与中储智运合作后,南钢集团的运力需求开始参与市场竞价,类似于淘宝网的竞价模式,由此大幅降低了南钢集团的物流运价,并为其带来了更多市场运力储备。

二是提供一站式物流托管服务。湖南骏泰新材料科技有限责任公司是湖南国有大型纸业制造企业,中储智运与其开展深度合作后,通过提供专业化的一站式物流托管服务,为其降低物流运输成本。骏泰纸业将物流运输整体托管给中储智运,中储智运负责为其寻找优质运力,以及整个货物运输过程的装卸方案、流程管理、呼叫、调度、运输过程跟踪监控、风险把控与承担、大额运费的融资协调与结算。中储智运为骏泰纸业提供了一种全新的物流运作方式。

(二)为货主企业降低物流管理成本,提升管理效率

提供物流运输信息化管理手段。江苏省盐业集团有限公司是中储智运服务较早的生活资料类客户。中储智运为其量身打造了物流运输信息化管理系统:

一是可通过物流运输过程管理信息化平台,为货主提供货物运输流程管控与可视化在途监控功能,使货主在电脑上即可随时查看货物运输状态,无须时时通过电话跟踪货物运输情况。

二是可通过物流管理系统实现企业物流管理的信息化。平台为货主提供车辆管理、运单管理、运价监控、二维码确认回单、线上账务管理等信息化管理工具,以往纸质记录运单信息、人工核对车辆与回单信息、人工记账与对账等耗费大量人力与时间的线下运输管理流程均可通过平台实现在线操作与信息流转,既节省人力成本,又提升管理效率。

三是平台可提供供应链上下游物流运输动态的信息化管理服务。江苏省盐业集团可以通过平台进行原材料采购、成品销售运输等产业链上下游物流运输的管理,平台可为其提供行业动态预测、企业库存动态管

理、产销计划建议等大数据服务,为生产优化策略提供数据支撑。

(三)为卡车司机增效减负,提升其获得感、幸福感与安全感

中储智运致力于为 3000 万卡车司机创造"不设限、无忧虑、有尊严"的物流增值服务。中储智运通过整合全国真实可靠的货源,为卡车司机提供了更多货源选择,减少司机找货、等货成本;通过"智运棱镜系统",实时为卡车司机智能匹配最适合的货源,提升司机找货效率,降低返程空驶率;通过平台内部交易为司机及时结算运费,避免其经济损失。此外,中储智运已开展重卡租赁、小额信贷、货运保险等业务,为卡车司机提供"车辆租赁、货源直供、车后服务"一体的链条式服务,降低其运营成本,让他们挣更"舒心"的钱。

(四)为环境节能减排,促进绿色物流、循环物流发展

中储智运作为运力的共享平台,通过返程车源的有效利用,最大化实现合理运输,为社会环境等带来了诸多益处,有效提升了返程车辆利用率,促进了绿色物流、循环物流的发展。

三、经验成效

通过引入运力竞价机制,为南钢集团降低物流成本 7%~9%。合作半年时间内,南钢集团在中储智运平台上的发货量超过 400 万吨,平台运费成交金额约 1.2 亿元,总体降低物流成本 800 万元左右,平均降低比率为 7%~9%。随着合作的深入,中储智运平台真正为南钢起到了降本增效、缩短货品库存时间、提高物流信息化管理服务的作用。

通过提供一站式物流托管服务,为骏泰纸业节省物流运输成本 1000余万元。合作一年来,中储智运为骏泰纸业完成纸浆运输 445 万吨,平台运费成交金额超过 9000 万元,累计降低运输成本超过 1000 万元,降低比率达到 10%。

通过提供物流运输信息化管理手段,中储智运不仅为苏盐集团大幅降低企业运输成本,提高运输效率,更帮助苏盐集团实现了现有运输业务的线上智能管理,推动了苏盐整体"E物流"项目的开展。合作后,苏盐集团将部分运输业务交予中储智运平台承运。一个月内,苏盐集团在中储智运平台上发货近600单,总计发货近2万吨,运费合计约150万元。

案例 45
四川省成都市构建城市共同配送创新模式
积极推动降低物流成本

一、基本情况

随着城市化进程加快，城市货运量增加，城市物流正在不断地发展。企业、市民对城市配送的需求也不断增加，相应地对其高效配送的要求也随之增强，因此城市物流"最后一公里"问题也凸显出来。但当前我国城市物流配送面临着物流业务水平不高、信息化程度较低、运力分散、服务标准不健全等问题，这不仅影响了城市配送的发展，也影响了城市的正常经济和交通秩序，阻碍了城市的发展，同时也加重了配送需求企业的运营成本。因此，积极发展城市共同配送是促进城市物流发展的有效途径，也有助于提高城市配送效率，降低物流企业、配送需求企业的运营成本。

二、主要做法

成都以共同配送试点和供应链体系建设试点为契机，积极创新举措，推动降低物流成本。在商务部、四川省商务厅、成都市政府的统一领导和大力支持下，在成都市公安、商务、交通等市级部门通力配合下，成都城市共同配送试点、物流标准化、供应链体系建设等相关工作推进有序，成效初显。

（一）编制城市共同配送发展规划

出台《关于促进城市共同配送发展的实施意见》，编制印发《成都市城市共同配送试点企业申报指南》等形成了一系列配套支持措施，确立了由传统供应商直送模式逐步有序转变为集中（共同）配送的进阶发展模式，并制定了分阶段实施计划。

（二）建立城市共同配送管理新模式

成立由市政府分管副市长为组长的成都市城市共同配送试点工作领导小组，确立以物流主管部门为主体，商务、公安、交通等多部门协作的工作机制，建立良好的政策研究、制订、执行协同工作的方式和方法，有力保障城市共同配送试点车辆城区便利通行、车辆涂装、车辆监管等工作的开展。

（三）促进商贸企业物流配送模式转变

采取以点带面方式，主动拜访知名商贸流通企业区域总部或全国总部，详细讲解试点计划、措施和扶持政策，有力引导推动家乐福、人人乐、欧尚等成都大型商贸企业率先按照共同（集中）配送模式实施城市供应链再造。以集中（共同）配送模式为支点，以入城证合理配置为杠杆，有力撬动城乡商贸物流配送模式转变。

（四）创新城市共同配送监管和管理方式

采取政府购买服务的方式，发挥行业优势，引入行业优势互联网科技企业，搭建开放式城市共同配送监管服务平台，实现车辆监管、交通诱导、指标统计、绩效评价、数据分析等基本服务功能。通过发挥行业优势以及企业在管理模式、技术手段等方面的强项，弥补政府在行业管理中的劣势，既最大限度地节约政府管理投入又实现了管理效能的最大化。

（五）创新物流标准化推广应用方式

以开放式标准化托盘公共平台为抓手，率先推动国内首个开放式标准化托盘公共平台在城市共同配送试点企业中试用，一方面推动城市配送试点企业开展"带板运输"和托盘循环共用，另一方面推动托盘应用供应链体系建设相结合，要求试点企业、试点项目在实施中充分体现标准化托盘的广泛应用，形成标准化托盘推广应用新方式，探索实施物流标准化的新模式。

（六）推进配送末端公共服务站点建设

按照"横向联合、集约协调、效益共享"原则建设城乡两端公共型、开放式、集成化的城乡配送末端设施，探索引入社会资本建设城乡物流配送网络和节点。创新城市社区配送末端设施"多主体建设"模式，政府出台指导文件、企业实施建设，有效利用了各类资本力量，实现了末端设施建设"大提速"。

（七）"双管齐下"制定试点扶持政策

给予试点企业入城证竞拍费用50%的补助、试点车辆免费涂装城市配送专用标识、免费接入城市共同配送监控平台、免费使用城市共同配送数据服务、优先向试点企业推荐配送业务、优先宣传报道试点企业等一系列扶持政策，形成带动传统配送模式改革创新的"吸引力"；探索建立标准化集中配送车辆与普通入城货运车辆增减挂钩机制，试点车辆优先办理入城证，及时解决试点车辆在经营过程中新增入城证需求，优先给予试点车辆城区便利通行优惠政策，形成传统配送模式变革的"推动力"。

三、经验成效

(一)"降成本、提效率、减排放"试点效果显现

根据监控服务中心提供的统计数据分析,试点企业平均集中配送率由试点前的45%提升至65%;单车平均配送次数由试点前的1.89次提升至2.64次;单车平均满载率由试点前的70%提升至80%;单车平均运行时长由试点前5.99小时提升至7.16小时;快递(电商)企业投用标准化配送车辆共650余辆,逐步实现新(使用标准化配送车辆)老(允许快递企业使用小型客车运载快件)政策的平滑过渡;在公安交管新的入城证发放机制下(3年内逐步取消燃油货运车辆入城证发放),试点企业使用纯电动配送车辆突破1100辆,加快推进油(传统燃油车辆)电(新能源纯电动车辆)转换。

企业配送效率提升显著。家乐福中国西区(成都)供应链物流中心项目面积达4.8万平方米,是家乐福集团在中国区布点的第一个全品类物流配送中心(全国规划6个),为云、贵、川、渝等西部地区近40家大型连锁超市提供集中配送业务。欧尚超市在龙泉物流中心设立的集中配送中心于2016年上半年正式启用,大成都地区5个门店及后续新开门店都将实现集中配送。人人乐超市在提前投用位于郫县安德的集中配送中心后,集中配送率由试点前的30%提升到70%左右,单个门店收货人员由平均6人减少到4人,日均配送车次收货时间节约1/3以上,日均配送车次削减70%以上。鲜生活物流的冷链运输车辆享受城区道路全时段通行权后,单车日均配送作业时间增加4个小时,有效配送作业时间由原8小时提升至12个小时左右,有效配送作业时间增加50%以上,单车日均配送服务门店由原来20个左右提升至30个左右,单车配送效率提升50%以上。

（二）政策导向逐步显现

政府相继制定了多项促进城乡物流共同配送发展的政策措施，营造了良好发展政策环境。一是制定了优先保障城市共同配送试点企业车辆入城证需求的政策，在保持年度总量不变的情况下，每年度试点车辆入城证预留数量逐年递增，2017 年为试点企业补充办理了入城证 326 个，试点车辆全部取得入城证，解决了企业的"燃眉之急"；二是给予了纯电动货运汽车城区全时段通行和不受尾号限行的便利政策；三是给予了 231 辆从事大型超市卖场冷链配送的试点车辆城区道路全时段通行权；四是采取"先拍后补"的方式给予试点车辆入城证费用补助；五是建立了与城市共同配送车辆监控服务中心在车辆违章、临时交通管制等方面的信息沟通对接机制；六是政府统一购买监管服务，试点企业标准化集中配送车辆免费接入城市共同配送监管平台和免费涂装城市配送专用标识，免费共享试点车辆监控数据月度分析报告。

案例46
市场监管总局集中开展海运领域反垄断执法降低进出口物流成本

一、基本情况

海运是进出口运输的主要方式，我国超过90%的进出口货物均通过海运完成，降低海运相关费用，对减少进出口物流成本具有十分重要的意义。按照国务院部署，针对企业反映较为突出的进出口物流成本问题，市场监管总局价监局先后对国际集装箱班轮运输行业和沿海港口行业开展了反垄断调查。调查取得显著成效，有关船公司和沿海港口分别按照调查要求，调降了相关收费水平，每年可降低进出口物流成本91亿元，为实体经济发展营造了良好环境，得到党中央和国务院领导同志高度肯定。

二、主要做法

（一）准确把握海运领域不合理成本发生的主要原因

海运领域产业链条长，涉及市场主体众多，有关服务的专业性很强。通过对货主、货物代理、船舶代理、船公司、港口等市场主体及相关行业协会、研究机构的调研，发现有关方面对海运领域不合理成本的反映，主要集中在船公司和港口收取的费用方面。相关市场竞争不公平、不充分，是问题产生的重要原因。主要表现在以下两个方面：

一是市场主体议价地位不对等。在海运有关产业链条上，不同环节交易双方的地位往往存在不对等的情况。例如，由于我国外贸出口货物附加值总体不高，80%左右的出口货物都以FOB贸易条款成交，海运合同由国外买方与船公司签订，导致我国出口货主相对于船公司处于交易弱势地位。因此，船公司存在将不合理费用打包进码头作业费（THC），统一向出口货主收取的情况，加重了我国出口货主的负担。与此同时，由于港口的天然地理位置，港口经营企业在与船公司交易过程中往往居于优势地位，从而也存在不合理制定装卸作业费的情况。

二是行业壁垒仍然一定程度存在。随着港口管理体制改革的逐步深化，拖轮、理货、船代等市场已经相继放开，各类市场主体可平等进入。但部分港口借助其市场力量，并未完全开放港内市场，而是要求船公司使用本港下属企业提供的服务，使得相关市场处于相对封闭状态，服务价格高企。以理货为例，在一些完全放开市场进入的港口，集装箱船舶理货价格已低至5元/箱。而在一些市场竞争不充分的港口，船舶理货价格还高达18~22元/箱，差距达3~4倍。

（二）深入开展反垄断执法调查，规范市场主体行为

根据有关方面反映的情况，价监局分别于2015年11月和2017年4月起，先后对国际集装箱班轮运输行业和港口行业开展了反垄断调查，要求有关市场主体按照《反垄断法》要求，规范自身经营行为，降低实体经济运行成本。

一是深入调查，全面规范。由于相关行为复杂，两次执法均抽调上百名执法人员，开展了为期数月甚至长达一年的调查工作。在对国际集装箱班轮运输行业开展调查过程中，对在我国境内有运输业务的18家国际集装箱班轮运输船公司以及涉及的11家运价协议组织全部进行了调查，被调查企业占我国进出口集装箱海运90%以上的市场份额。在对沿

海港口开展反垄断调查的过程中,通过前期对主要港口的反垄断调查,部署全国沿海港口对照调查中发现的问题开展自查自纠,并要求有关省份价格主管部门加强指导监督,确保不留死角,有关行为得到全面规范。有关港口在接受调查后表示,此次反垄断调查深度前所未有,查找问题准确到位,对进一步深化港口管理体制改革,营造公平竞争市场环境,具有重要意义。

二是准确定位,依法行政。反垄断调查一方面要规范企业的价格行为,另一方面也要防止越位作为,越俎代庖。对放开由市场形成的价格,要由企业自主定价,政府不能不当干预。此次调查过程中,分别向有关船公司和港口经营企业指出了其制定码头作业费和装卸作业费中存在的问题,提出了制定有关收费应当遵循的原则和要求。同时,充分尊重相关市场主体的自主定价权,不采取一刀切的方式,而是要求其按照有关原则和要求,根据自身实际经营情况,合理制定收费标准。有关做法得到被调查市场主体的充分肯定。

三是破旧立新,着眼长远。调查中发现,有关市场主体公平竞争意识淡薄,对很多违反《反垄断法》的做法习以为常,不以为然,是导致相关行为多发的重要原因。为此,在反垄断调查过程中,注重加强《反垄断法》有关法律法规的宣传解读,强调各种所有制经济都要牢固树立公平竞争意识,公开公平公正参与市场竞争,充分发挥市场在资源配置中的决定性作用。同时,要求有关市场主体切实履行相关工作机制,维护不同市场主体之间的平等交易地位。例如,督促运价协议组织切实履行运价协商机制,在调整价格时充分听取我国相关货主协会反映进出口企业的意见,提升我国进出口企业在运价协商中的话语权,保障价格处于合理水平。

四是加强联动,齐抓共管。港口生产经营业务复杂,涉及面广、专业性强。在两次反垄断调查过程中,均与交通运输部等行业主管部门保持了密切沟通,形成合力,确保有关问题查找准确,整改方案可行有效。例如,在集装箱班轮运输行业反垄断调查中,就 THC 制定的有关原则与交通运输部进行了深入交流,交通运输部也在调查后加强对船公司备案THC水平的监督,确保监管落到实处。在港口行业反垄断调查中,与交通运输部联合召开了规范全国沿海港口生产经营行为工作会议,对港口经营企业自查自纠一并提出要求,取得了良好成效。

(三)营造公平竞争市场环境,降低进出口物流成本

一是船公司合理调降码头作业费收费标准。码头作业费是船公司向我国进出口企业收取的用于集装箱在码头装卸及平移而发生的费用,在海运附加费中占较大比重。此次调查要求船公司按照"谁委托、谁付费"和"成本补偿"的公平负担原则,剔除其中的空箱费等不合理费用,合理确定码头作业费收费标准。

二是沿海港口企业合理调降装卸作业费收费标准。上海港、天津港、青岛港、宁波舟山港、广州港、大连港、深圳港等主要沿海港口按照公平、合法和诚实信用的原则,根据自身生产经营情况,从2018年起合理调整本地外贸集装箱装卸作业费,下调幅度在10%~20%,从530~620元/箱下调至470~510元/箱。同时,相继约谈有关船公司,要求船公司按成本补偿的原则,继续合理调整码头作业费,确保降费效果落到实处。

三是港口内部市场壁垒全面打破。港口经营企业充分开放了港区拖轮、理货、船舶代理等服务市场,允许各类市场主体平等进入港口市场,并与港口下属企业展开公平竞争。港口经营企业要充分尊重船公司及其船舶代理对相关市场主体的自主选择权,保障公平竞争的市场秩序。部分港口经营企业同时废止了强制服务等不合理的交易条件。

三、经验成效

通过两次反垄断调查,海运领域有关市场主体的经营行为得到切实规范,营商环境明显改善,收费水平显著降低,每年可减少进出口物流成本91亿元。通过合理调降码头作业费收费标准,18家船公司平均每标

箱码头作业费下调 100 余元，最高下调 135 元，每年为我国进出口企业降低相关成本 46 亿元；通过合理调整本地外贸集装箱装卸作业费，合计每年可降低进出口物流成本约 45 亿元；通过打破港口内部市场壁垒，发挥了市场配置资源的决定性作用，提高了港口的服务质量和效率，并通过竞争形成合理价格，进一步降低用户负担。

The Casebook
on Cost Reduction

第八章
提高资金周转效率方面

资金周转效率也是制约企业运行成本降低的重要环节。本章选取3个典型案例，通过保证金清理及保函替代、投贷联动、建筑工程综合保险等措施提高资金周转效率，具有一定典型性。

中建八局东北公司安排部署各类保证金清收及保函置换、替代工作，一揽子解决工程尾款，效果明显。中关村示范区充分发挥中关村科技体制改革试验田、自主创新重要源头和原始创新主要策源地的功能定位和战略优势，率先启动投贷联动试点各项工作，取得明显成效。云南省通过在房屋建筑和市政基础设施建设领域推行保证保险替代现金形式缴纳保证金，盘活存量资金，切实减轻建筑业企业财务负担，加快推进云南省建筑业企业转型升级。

案例 47
通过保证金清理及保函替代一揽子解决工程尾款

一、基本情况

建筑施工项目具有投资金额大、施工周期长、受社会及自然环境影响大的特点，导致建筑施工项目风险性较高。各类保证金的缴纳对维护建筑市场的规范和诚信起到了一定的作用。但延期退还、超比例收取等现象的存在，造成大额资金被长期占用，加重了施工企业的负担，一定程度上影响了施工企业的发展。

2016年6月23日，国务院办公厅下发《关于清理规范工程建设领域保证金的通知》，对于建设工程保证金的种类、缴纳方式、返还保证金的期限、缴纳范围以及相关保证金的返还等作了进一步的规范；同年7月13日，住建部、财政部下发《关于切实做好清理规范工程建设领域保证金有关工作的通知》，布置落实国办〔2016〕49号文件精神；2017年8月31日，国务院国资委、住建部联合下发《关于进一步推动中央企业工程建设领域保证金保函替代工作有关事项的通知》，促进发展信用经济，推广保函使用，降低工程建设领域保证金规模。吉林省、黑龙江省、辽宁省等各地也先后发文，进一步落实国务院、住建部文件精神和工作部署，标志着建筑施工企业保证金清退及减轻资金占用负担的政策红利显现。

二、主要做法

为落实相关文件精神,中建八局东北公司(以下简称东北公司)下发了《关于进一步加强清理、规范各类保证金管理的通知》,安排部署各类保证金清收及保函置换、替代工作。各类保证金的保函置换、替代主要体现在以下几个方面:

(一)投标保证金管理"出点子"

推进保证金源头管控,重点关注投标保证金的缴纳比例,投标保证金现金缴纳标注不得超过项目估算价的2%,大额投标保证金、投资项目投标保证金及招标文件明确可采用保函缴纳的,均通过保函缴纳,减少资金占用。

以东北公司中标大连市创新创业园项目为例,该项目合同额8.8亿元,属大连市重点项目。招标文件明确要求投保保证金需缴纳1800万元现金,公司财务资金系统提出以保函方式缴纳,经与业主方反复沟通,最终以投保保函缴纳,减少资金占用1800万元。

(二)质量保证金管理"找路子"

以项目结算为契机,积极沟通业主,通过办理质量保函,一揽子解决工程尾款。东北公司盘锦苏宁、长春凯悦、盘锦富盈等项目,以项目结算为契机,通过商务谈判,签订结算协议,办理质量保函,一揽子解决工程尾款,共收回现金2761万元。

(三)农民工工资保证金管理"想法子"

建筑业现有的四类保证金中,农民工工资保证金是唯一涉及行政许可领域的保证金,行政许可领域的保证金带有很强的目的性以及强制性,加大了保证金管理的难度。

人工工资保证金的清理,关键在于找准合适的突破口,2017年辽宁省政府办公厅下发了《辽宁省人民政府办公厅关于促进建筑业持续健康发展的实施意见》，明确提出加强承包履约管理，减轻企业负担。支持参建各方以银行保函或担保公司保函的方式降低运营成本，相关单位不得拒绝企业以保函、担保方式代替各类保证金。以此为突破口，东北公司人工工资保证金保函置换取得成效。

东北公司鲁能希尔顿、大连艺术学院项目，共缴纳现金农民工工资保证金700万元，国办及辽宁省政府发文后，项目积极宣贯、解读政府文件，多次与大连金普新区劳动监察大队沟通，通过办理人工工资保函，置换存量现金保证金700万元。此后，东北公司在大连金普新区新开项目均通过保函替代缴纳农民工工资保证金，中铁铁龙、创新创业园项目通过替代免交保证金3178万元。

三、经验成效

（一）从"绝对数"成效来看

自2016年6月国办发文以来，东北公司积极推进保函置换、替代各类保证金，成效显著。通过质量保函提前收回质量保证金4797万元，收回工程尾款2761万元；通过投标保证金替代免交大额投标保证金1800万元；通过人工工资保函置换存量保证金700万元，替代免交5041万元，累计收回及减少现金支出15099万元。

（二）从"相对数"对比来看

2016年6月国办发文前，东北公司投标保证金、质量保证金、农民工工资保证金均通过现金缴纳，国办发文后至2018年4月，东北公司以"存量置换、增量替代"为原则，各类保证金总额受控，新增农民工工资保证金7575万元，保函占比67%；新增质量保证金4877万元，保函占比98%；新增投标保证金5666万元，保函占比32%。

案例 48
中关村积极推动投贷联动试点成效初显

一、基本情况

为深入实施创新驱动发展战略，鼓励银行业金融机构加大创新力度，探索符合我国国情的支持科技创新创业的金融服务模式，2016年4月20日，银监会、科技部、人民银行联合发布《关于支持银行业金融机构加大创新力度开展科创企业投贷联动试点的指导意见》（银监发〔2016〕14号），同意在中关村示范区等5个国家自主创新示范区开展科创企业投贷联动试点，国家开发银行、北京银行等10家银行纳入首批试点银行业金融机构名单。

中关村示范区作为首批开展投贷联动试点地区，认真落实国务院、银监会相关文件精神，充分发挥中关村科技体制改革试验田、自主创新重要源头和原始创新主要策源地的功能定位和战略优势，率先启动投贷联动试点各项工作，取得明显成效。

二、主要做法

（一）建立工作联动机制，率先启动试点

北京银监局、市金融局、中关村管委会及试点银行建立工作联动机制，按照银监会要求研究制定了《北京中关村国家自主创新示范区投贷联动试点实施方案》，构建市场主导、政府支持、试点银行业金融机构为主体的试点框架，坚持创新发展与审慎监管并重，设立专门用于投贷联动试点的市场化风险防控投资引导基金，实现风险可控和商业可持续。同时，中关村管委会与国家开发银行、北京银行等6家试点银行还签署了试点多方合作框架协议，并与中国银行单独签署投贷联动试点合作协议，搭建了政府、银行、担保公司等多方合作的市场化风险分担和利益分享机制，标志着中关村示范区投贷联动试点在全国率先启动。

（二）指导试点银行完善试点实施方案

结合中关村科创企业发展特点和融资需求，中关村管委会积极支持试点银行与创投机构、证券公司、担保公司、保险公司等开展广泛合作，初步设计了投贷联动、投保贷联动、认股权贷款等新型业务模式，不断探索完善股债联动的创新产品。同时，支持试点银行与担保公司、保险公司开展合作，建立健全投贷联动市场化风险分担和补偿机制，在此基础上形成试点银行投贷联动实施方案。国家开发银行已于2016年11月8日成立国开科技创业投资有限责任公司。中国银行、北京银行投贷联动试点实施方案已分别上报银监会和北京银监局备案，并先后设立投资子公司和科技金融专营机构。

（三）在全国率先发布投贷联动十条政策

为激励试点银行深入实施投贷联动试点，发挥中关村在全国投贷联动试点中的示范引领作用，2016年9月18日，中关村管委会联合市金融局、北京银监局在全国率先发布了《关于支持银行业金融机构在中关村国家自主创新示范区开展科创企业投贷联动试点的若干措施（试行）》（京金融〔2016〕201号），提出支持银行业金融机构在中关村开展投贷联动试点的十条措施，主要包括：鼓励试点银行、保险公司、担保公司参与投贷联动业务创新，不断扩大投贷联动信贷规模。按照信贷业务规模给予一定比例的信贷风险补贴。支持试点银行在中关村设立投资子公司，面向科技创新企业提供股权投资等投贷联动金融服务；对试点银行开展投贷联动业务的投资，给予一定比例的风险补贴。给予试点银行、保险公司、担保公司不良贷款及代偿本金风险补偿，分担信贷风险。鼓励试点银行培育支持优质企业。获得试点银行投贷联动业务支持的科技创新企业成长为新三板挂牌、上市或独角兽企业的，给予试点银行企业培育资金支持。市政府设立中关村科创企业投贷联动试点风险防控投资引导基金，采用股权投资等方式，支持中关村科创企业投贷联动试点工作。十条措施将引导金融机构不断探索金融支持科技发展的新机制、新产品和新模式，加大对中关村示范区科创企业投资力度，为中关村示范区科创企业发展提供坚实的资金保障和优质的金融服务，同时实现试点银行风险可控、商业可持续，进一步完善服务新经济的新金融生态体系。

（四）全国首个投贷联动试点项目落地中关村

2016年11月25日，国家开发银行北京分行、国开科技创业投资有限责任公司及北京中关村科技融资担保有限公司与北京仁创生态环保科技股份公司（简称仁创生态）签署投贷联动多方"投资+贷款+保证"协议，并于当日实现3000万元股权投资款、3000万元保证贷款同步到位，用于满足仁创生态绿色循环产品设计研发资金需求，这标志着全国首个投贷联动项目正式落地。该项目的签约仪式在当天中央电视台《新闻联播》和《经济信息联播》节目播出。

（五）搭建政银企信息对接机制

中关村科技创新资源丰富，科创企业聚集。天使投资和创业投资项目数及金额均居全国首位。高成长"瞪羚企业"5000余家，估值在10亿美元以上的非上市"独角兽"企业67家，数量仅次于硅谷。上市公司总数为321家，总市值达到5.2万亿元。新三板挂牌企业总数为1618家，其中创新层229家，约占全国六分之一。中关村管委会将持续跟踪、动态梳理优质科创企业的融资需求，为试点银行提供融资对接服务，搭建信息对接平台，提升服务效率。目前，在前期对接的基础上，国家开发银行已率先与液晶显示领军企业八亿时空签署了意向投资协议，取得了阶段性成果。同时，北京银行等也已储备相当数量投资项目，待投资子公司获批设立后即开始运作。

（六）支持银行创新多种投贷联动产品，满足多种融资需求

示范区银行业金融机构创新多种投贷联动产品，包括"贷款+直投""贷款+远期协议"等两种基本投贷联动产品。其中，国家开发银行北京分行、国开科技创业投资有限责任公司投资和贷款各 5000 万元支持北京东土军悦科技公司科技工业互联网建设，中国银行北京分行、中银国际控股有限公司投资和贷款各 800 万元支持北京讯腾智慧科技公司的智慧城市建设业务，以及为灵思云途营销顾问股份有限公司的大数据营销业务提供 1 亿元授信和 8667 万元的投资支持。

同时，示范区银行业金融机构积极开展选择权贷款、有限合伙基金、股债贷结合等探索。如中国工商银行北京分行设立 50 亿元"北京工盈中关村科创基金"，主要开展投贷联动；中国银行与企业签署协议，约定未来以一定金额进行投资；招商银行北京分行与投资机构协同配合，在种子期即接入独角兽企业摩拜单车成为主办行，提供供应链融资、资金托管等系列服务；北京银行建立"中关村投贷联动共同体"，优化投贷联动生态圈。

三、经验成效

截至 2017 年年末，中关村示范区内外部投贷联动支持项目 513 个，累计发放贷款 107.19 亿元，投资金额 7.16 亿元，居 5 个试点地区首位。缓解了科创企业融资难的问题，也进一步推动了银行差异化、特色化经营发展，为助力创新驱动发展战略和支持创新创业提供了新的制度安排。

案例 49
创新云南建筑工程综合保险
助力工程建设企业降低成本

一、基本情况

为认真贯彻落实中央深化"放管服"改革和国务院关于清理规范工程建设领域保证金的相关要求，针对云南省建筑业企业多为中小型企业、资金周转压力大、抗风险能力较弱等实际问题，云南省住房和城乡建设厅与云南保监局于 2017 年 1 月联合印发了《关于在全省房屋建筑和市政基础设施工程领域保证金开展综合保险试点工作的通知》（云建建〔2017〕25 号），在全省房屋建筑和市政基础设施工程领域的投标保证金、履约保证金、质量保证金、业主合同款支付保证等方面推广开展使用保证保险替代现金保证试点工作。

二、主要做法

通过在全省房屋建筑和市政基础设施建设领域推行保证保险替代现金形式缴纳保证金，切实减轻建筑业企业财务负担，降低企业交易成本，盘活存量资金，激发市场活力，加快推进云南省建筑业企业转型升级。试点包含以下 4 个险种：

（一）建设工程投标保证保险

该险种是指保险公司向工程项目招标人提供的保证投标人（指参加

投标的勘察、设计、监理或施工承包等建筑企业）履行投标义务的保险。当投标人未能履行投标义务，比如在投标截止后撤销投标文件，或者在中标后未按照招标文件约定与招标人订立合同，从而导致招标人受到损失时，由保险公司承担赔偿责任。

（二）建设合同履约保证保险

该险种是指保险公司向建设工程发包人提供的保证承包人（指勘察设计人、监理人或施工承包人等）履行建设合同义务的保险。当承包人未能履行义务，比如违反约定转包分包、采购使用不合格材料等，给发包人造成损失时，由保险公司承担赔偿责任。

（三）建设工程质量保证保险

该险种是指保险公司向工程项目发包人提供的保证施工承包人在缺陷责任期内履行工程质量缺陷修复义务的保险。当施工承包人由于自身原因不履行施工质量缺陷修复义务给发包人造成损失时，由保险公司承担赔偿责任。如果是市政基础设施项目，建筑工程质量保证保险试点项目的保险责任进一步扩展：保险期间内，保险单中载明的市政基础设施项目在正常使用条件下，因潜在缺陷发生市政基础设施《建设工程施工合同》列明的质量事故，造成被保险人直接经济损失，市政基础设施承包人需要承担相应修复责任的；保险事故发生时，为抢救建设工程或防止灾害蔓延，采取必要的、合理的措施而造成建设工程的损失；保险事故发生后，为防止或减少建设工程的损失所支付的必要的、合理的费用，保险公司按照合同约定负责赔偿。

（四）业主合同款支付保证保险

该险种是指由保险公司向工程项目承包人（指勘察设计人、监理人或施工承包人等）提供的保证发包人按建设合同约定支付合同款的保险。当发包人未能按照建设合同约定支付合同款，且拖欠的任何一期欠款已超过保险合同约定的等待期限时,由保险公司承担赔偿责任。

三、经验成效

自试点开展以来至 2018 年 9 月,全省共有 14 个州市陆续开展并使用"建设工程综合保险",累计为 2502 家企业、4207 个项目提供了保额 62.81 亿元的保证保险担保,减少企业资金占用约 62.42 亿元(保额扣减保费),与办理银行贷款支付现金保证金的传统模式相比,节约财务成本约 1.1 亿元。其中:投标保证保险业务 21046 笔,为 2412 家投标企业、3886 个项目提供了保额 62.81 亿元的投标保证保险担保,减少企业资金占用约 62.48 亿元,节约财务成本约 4900 万元;工程履约保证保险业务 347 笔,为 321 个中标企业提供了保额 7.2 亿元的履约保证保险担保,减少企业资金占用约 7.13 亿元,节约企业财务成本约 5200 万元。

参保企业有 95% 以上为中小建筑企业。根据前期调研的情况,试点工作开展前,部分中小建筑企业反映,中小建筑企业开具银行保函较难,银行授信额度往往无法充分满足需求,并有企业在银行开户、存入相应资金等要求,引入保险机制有利于较好地解决这部分企业的困难。例如,"玉溪科教创新城玉溪职教园区基础设施建设项目社会投资人一标段"工程,施工期限 1 年,要求缴纳保证金 2500 万元。如果建筑企业采用现金形式缴纳保证金,假设资金成本 8%,那么资金占用 1 年的成本为 200 万元;如果建筑企业采用出具银行保函形式缴纳保证金,则银行需收取 0.8% 至 1.5% 的手续费,并需冻结企业 30% 至 100% 不等的资金,如果企业在银行没有授信额度则要求企业提供其他担保。建筑企业结合自身实际,选用投保履约保证保险方式,仅缴纳保费 20 万元就获得保额 2500 万元的履约保证,资金释放效果明显。

The Casebook
on Cost Reduction

第九章
激励企业内部挖潜方面

除政府出台政策帮助企业降本增效外，企业也积极通过各种办法内部挖潜。本章选取了 11 个典型案例，有徐工机械、中联重科、株洲中车、北汽集团等先进制造业企业，也有西飞、九洲等军工企业；有煤电、钢铁等产能过剩行业，也有陶瓷等充分竞争行业。案例介绍了不少先进成本管理经验，具有很强的典型性和代表性。

徐工集团通过加速提升智能制造能力、开启新业态新模式、加速拓展全球能力布局、更加注重全价值链协同、研究落实政府优惠政策等一系列举措，实现了税收、原材料、物流、融资、人工和用能等成本的全面下降。中联重科股份有限公司积极探索经营模式变革，更注重以客户需求为导向、以技术和服务创造价值，打造企业的核心竞争力。西安飞机工业（集团）有限责任公司实施全面项目管理，以"成本＝收入－利润"为主要思路，制定各型号目标成本，并将各个项目管控融入主价值链相关业务计划中，实现项目成本、进度、质量各要素的精细化管控。株洲中车时代电气股份有限公司通过能源集中管理，提高了企业竞争力，取得了良好的经济效益。北汽集团创新性地搭建了精益成本体系，从价值链源头，识别设计成本，建立标准成本，以有效地控制实际成本。四川九洲电器集团有限责任公司面对竞争激烈的军工市场环境，探索军品成本精细化管理的方法与路径，在目标成本达标的基础上，实际制造成本降低了约 10%。西山煤电（集团）全面强化成本管控意识，围绕企业战略、研发、经营、财务、人力等方面的薄弱环节精准出招，努力拓宽降本增效空间，打出了一套创新管理、降本增效的"组合拳"，有力地推动了企业改革发展、转型升级各项工作。河北钢铁集团打破管理边界，发挥市场化机制引导作用，以效益为导向，引导产品结构调整升级，以资金管理为中心，建立资金集中管控体系，强化过程控制，创新生产运营组织，实现了原燃料成本、物流成本、工序成本降低，产品结构快速调整和融资结构显著优化。云南冶金集团一手抓敏感成本，一手抓政策红利，2017 年打赢扭亏翻身仗。新疆天业（集团）有限公司全力落实好"稳增长"政策，加强企业精益化管理，坚持创新驱动战略，挖掘降本潜力，提高全要素价值链生产率，实现企业降本增效。佛山众陶联产业平台由龙头企业抱团发起，以"产业+互联网+金融资本"为核心路径，打造"B2B+O2O"的陶瓷产业链全球性集采平台，消除中间环节，降低平台内企业成本，提升产业效率与产业资源的集中度，构建起陶瓷产业上下游协作共赢的生态系统。

案例 50
徐工集团内外并举努力实现降本增效

一、基本情况

徐工集团成立于 1943 年，始终保持中国工程机械行业排头兵地位，目前位居世界工程机械行业第 6 位，中国 500 强企业第 119 位，中国制造业百强第 44 位，中国机械工业百强第 4 位，是中国工程机械行业规模最大、产品品种与系列最齐全、最具竞争力和影响力的大型企业集团。

二、主要做法

（一）加速提升智能制造能力

围绕智能制造，重点在产品智能化、全球化协同研发、徐工工业云平台、双创平台、智能化产线升级、智能供应链以及远程运维服务等方面发力，加快公司从生产型制造企业向服务型制造企业转型。

（二）开启新业态、新模式

面对我国宏观经济发展"新常态"，徐工坚持发展中有新定位、新思路、新招数和新作为，在加强资本运作、发展金融业、重视后市场、培育信息化产业和现代物流方面，加快现代服务业的发展。

（三）全球能力布局拓展加速

将国际化纳入战略规划是拓展生存发展空间的重要举措，全球化布局、调整和兼并收购活跃，在加速海外渠道布局和能力提升的同时，更加注重技术研发、生产制造、营销服务、采购配套的深度本土化。

（四）更加注重全价值链协同

行业竞争已经由单一产品竞争发展为全价值链竞争，客户端注重与价值客户、大型租赁客户、政府及中字头客户关系维护和战略合作，注重提供成套化解决方案和全生命周期服务；市场渠道方面更加注重风险管控和经销商能力强化；供应链上更聚焦核心零部件战略布局和能力提升；金融业务已经成为重要的盈利渠道并上升为产业进行发展。

（五）研究落实政府优惠政策

国家近几年大力振兴制造业，加大了减税降费力度，徐工集团紧跟国家和省市优惠政策，成立专门减税降费项目组，实时研究跟进减税降费的政策动向及内容，并在集团内推进。

三、经验成效

（一）税收方面

2017年徐工集团总计缴纳税款17.23亿元（其中增值税及附加11.7亿元，占比67.92%；企业所得税2.05亿元，占比11.91%；房产土地税0.95亿元，占比5.5%），整体税负率4.18%，相比2016年有所降低，但制造业方面的税负仍偏高。2017年全年徐工享受税收优惠减免41513.88万元，其中所得税27967.64万元，增值税9485.50万元，房产土地税 192.40 万元，关税 2730.08 万元，附加税 1138.26 万元。2017 年营改增因素对徐工税收影响总金额为 7845.51 万元，其中进项增加抵扣 13226.87 万元，销项税额增加 5741.36 万元；对应营业税金及附加减少 898.26 万元。

（二）原材料、物流和融资方面

集团通过集中采购平台和战略布局与能力提升，2017 年原材料降本 6433.32 万元；通过物流公司专业化分工与统筹，降低物流成本 4491.41 万元；徐工财务公司推动产业链金融纵深规模化发展，构建以集团为核心的产融生态圈，通过优化资金渠道、优化金融工具创新，2017 年降低融资成本 41102.82 万元。

（三）人工成本方面

2015 年以来，国家先后降低或者阶段性降低社会保险费率 4 次，总体的社保费率从 41% 降到 37.25%，总体降幅接近 10%，再加上省市优惠政策，徐工集团当前社保费率为 29.95%，为企业人工成本的减负提供了很大支持。

（四）用能成本方面

2017 年，徐工集团电费优惠减负 572.63 万元（对比 2016 年，电价平均每千瓦时降低 0.033 元），其中公司下属 14 家单位直接购买 8382 万千瓦时优惠电量，节约电费 203 万元。2018 年，按照国家电力改革方案，与售电公司——海澜电力公司签署购买 20730 万千瓦时电量，预计优惠 500 万元；11 家单位签署 41.8MW 光伏机组建设协议，徐工重型、徐工科技、徐工挖机、徐工汽车、徐工履带底盘 28MW 机组已投产发电，预计全年节约电费 300 余万元。

（五）其他方面

2017年徐工获得政府补贴或奖励6381.92万元，行政事业性收费减免43.45万元，中介服务费用减免119.88万元，防洪保安基金减免432.74万元。

案例 51
中联重科股份有限公司变革生产计划模式

中联重科股份有限公司（以下简称中联重科）创立于1992年，主要从事工程机械、农业机械等高新技术装备的研发制造。公司先后在深港两地上市，是业内一流的高端装备制造企业。

一、基本情况

2014年以前，中联重科在生产模式上采用传统的备货式生产模式（Make-To-Stock，简称MTS），通过月度计划储备各类型号产品的安全库存，保障市场销售需求。MTS生产模式的主要缺点是生产与市场存在脱节，产品并不一定是当前市场需求的产品，带来呆滞库存风险大，资金占用成本高。2011—2015年，中国工程机械行业进入周期性调整期，原有的生产模式造成公司去库存压力巨大。

二、主要做法

随着中国工程机械行业从"上规模、拼速度"的外延式扩张转向"求质量、要效益"的内涵式发展，中联重科积极探索经营模式变革，更注重以客户需求为导向、以技术和服务创造价值，打造企业的核心竞争力。2014年起，中联重科逐步推行订单式生产模式（Make-to-Order，简称 MTO），形成以 MTO 为主、MTS 为辅、两者相互结合的生产模式。主要做法是：

（一）梳理生产周期，形成分级生产计划体系

将原来的双月滚动计划体系调整为分级生产计划体系，即：战略物资按长周期物资采购计划备货，八周滚动类物资按周滚动备货，装配计划按日订单补货。

1. 长周期物资设安全库存备货

针对采购周期在 3~6 个月的战略物资，通过对整机市场需求进行预测，结合战略物资的采购周期，滚动下达物资备货计划。并对通用性高的物资（如底盘、液压件）建立安全库存，以应对市场需求波动。

2. 八周滚动类物资按周滚动备货

采购周期在 8 周及以内的自制件及外协外购物料，根据 CRM 系统订单情况及产品的备货策略安排周上线计划（对畅销型号设定安全库存）。

3. 装配计划按日订单补货

按每天实际来单情况及安全库存进行补货，确定每天上线的具体型号并进行装配。

（二）梳理产品需求特点，形成分类供货模式

按需求对产品分类，再梳理采购及生产周期，按生产周期闭环跟进考核，确保各型号产品、各类备货模式下的交付周期按规达成。

1. 来单发货

此类产品是需求量最为集中的产品品种，按"二八原则"（20% 的产品占有 80% 的市场）对畅销型号设定安全库存，确保安全库存内的型号来单后能满足即刻发货。

2. 来单装配

此类产品虽然需求不大、不稳定，但关键零部件的通用性高，因此，可以在零部件层次配足库存，来单后即刻能上线生产（如：出口海外的订单，型号与国内不同，但交付期的要求较高）。

3. 来单采购

此类产品量小、品种杂、设计独特，但属系统客户或关键客户，订单必须满足，在订单确定后再启动物资备货及生产。

（三）在系统中固化订单式生产逻辑，并持续优化

以 SAP、CRM 系统为载体，从商机收集到销售实现实施全流程系统化管理，业务员对商机的准确性负责，制造部门对交付期承诺及零部件库存负责，销售部门对库存的产成品负责。这样在系统中固化订单式生产逻辑的基础上，再持续优化生产计划体系。

三、经验成效

中联重科 MTO 生产模式改变了企业原有的计划运作模式、提升了精细管理水平。生产计划一旦下达，CRM 系统会按既定的承诺周期计算入库时间，任何环节的异常都会通过入库时间的延期直接暴露，从而倒逼企业管理水平的提升。

自公司推行订单生产模式以来，公司的产成品、在制品、原材料存货管控水平有明显提升，生产系统中的原材料、在制品、产成品库存周转率大幅提高，呆滞库存逐年递减，费用及管理成本得到有效控制。详见表1。

表1　2015—2017年中联重科存货周转情况（单位：次/年）

项　目	2015年	2016年	2017年
存货周转率（原材料）	4.15	2.67	6.53
存货周转率（在产品）	13.18	10.90	17.36
存货周转率（库存商品）	2.91	2.56	7.49
呆滞库存同比下降率（%）	25	-31.64	-38.41

同时，中联重科的MTO生产模式得到国内顶级管理咨询公司AMT（企源科技）的高度评价，并作为国内经典案例收录在《掘金供应链》（2014年12月出版）一书中，在制造业同行企业中得到广泛的推广并取得显著效果。

案例 52
工具全寿命周期成本控制助力西飞

一、基本情况

西安飞机工业（集团）有限责任公司（以下简称西飞）创建于1958年，是我国大中型军民用飞机研制生产的重要基地。

（一）外部环境分析

当前，国家按照"五位一体"总体布局和"四个全面"战略布局，深入推进经济发展方式转变、供给侧结构调整、国有企业深化改革，宏观政策调控初见成效，国内宏观经济形势稳中向好。航空工业是国家战略性支柱产业和维护国家主权安全的重要力量，西飞作为航空工业成员单位，积极贯彻执行国家战略，统筹资源，优化布局，构建统一规范的服务保障体系，提供全寿命保障支持，提高效率、降低成本，服务公司的各个生产环节。

（二）内部环境分析

国有企业改革不断深化，军民融合、国有企业分类考核、"瘦身健体"提质增效、"三供一业"资产移交、降杠杆减负债等政策要求不断出台，强化公司存量资产管理、提高公司资产运营质量、提升公司盈利能力等面临较大挑战。为了适应军方客户管理要求，满足民机制造巨头对其飞机行业产业链的成本管控要求，需要加强公司生产组织能力，提升供应链管理能力和财务精细化管控能力。

公司开始实施全面项目管理，以"成本＝收入－利润"为主要思路，制定各型号目标成本，并将各个项目管控融入主价值链相关业务计划之中，实现项目成本、进度、质量各要素的精细化管控。

（三）工具业务成本管理现状分析

1. 工具计划与成本管理脱节，工具预算管控粗放

工具管理改革前，各专业厂所需工具成本的分解及费用核算粗放，工具需求计划与主产品制造计划严重脱节，所采购工具存在与现场需求不一致现象，出现因工具未配备影响零件生产交付时间的情况。

2. 工具库存管理信息封闭，工具使用低效

组织机构改革前，各专业厂对工具的管理相互独立，不能实现信息共享，各库房之间可通用的工具存在长期闲置现象，未能实现资源统筹管理，库房资源未能盘活，存在库存积压，影响公司存货指标。

3. 供应商合作模式单一，工具库存量大

工具采购目前仍采用传统的工具实物采购模式，根据使用需求储备一定周期的工具，采购后存储至库房，待使用时领取。该方法一方面造成存货较大，占用企业资金，较易形成积压库存，形成企业资产损失；另一方面，容易造成临时急件，不能高效保障型号生产。

4. 工具技术发展较落后，生产作业管理精益化程度低

工具技术团队未能有效参与至前端工艺设计，对用户产品需求缺乏深入了解，工具技术管理仍处于被动设计、选型、试验阶段。缺少工具选型时的标准化指导及工具评价标准；工具品种较多，成本偏高，技术保障能力较弱。

二、主要做法

（一）重新规划工具管理业务流程

鉴于工具管理存在的问题，自 2016 年，公司针对工具管理进行了全流程的业务重新规划及实施。从工具综合需求计划到工具供给、工具存储、工具处置，进行了全寿命周期业务分析及改革策略，整合工具资源，带动整个供应链成本的降低。

（二）工具管理业务建设

1. 按照公司年度预算指标，控制工具采购及生产成本

（1）承接年度项目工具费用预算指标，紧密结合公司生产计划进行费用分解。

公司各项目管理室根据项目进度分解工具费用预算指标至工具管理中心，根据产品主进度计划，结合工具库存情况，以工具需求配套为基础，将各项目工具费用分解到各专业厂，形成工具费用控制指标，并按照各专业厂费用执行情况进行预算指标考核。

（2）制定合理的工具综合需求计划，从源头控制无效工具采购及生产成本。

进一步优化工具管理流程，强化工具综合需求计划作用，将各专业厂报送的各项目的通用工具采购计划、专用工具采购计划、专用工具生产计划进行合并，制定公司统一的工具采购或生产计划，从而有效控制工具采购量及生产量，缩短库存占用周期，降低总体工具成本。

2. 适度集中供应商资源，提升供应商质量及后期维修保养能力

按照"赛马"、供应商评价标准等思路，重复性选择综合评价高的供应商，自动淘汰价格高服务质量较低的供应商，有针对性地强化各供应商现场服务力度，同时完善工具性价比体系，降低公司采购成本。

3. 逐步向服务采购转变，降低成本延伸至供应商

根据供应商产品、服务、业务量等综合评价结果，将供应商分为 A、B、C 三类，重点横向发展 A 类供应商及培养部分 B 类供应商的战略合作，将工具资源拉动方式延伸至供应商的库房及现场。

4. 提升进口工具国产化能力，降低进口刀具采购成本

为了满足型号生产的技术要求、质量要求及解决方案，通过现场调研、进口刀具修磨、原材料分析、模型分析等方法，对装配类刀具的合金材料、数字模型、加工状态、加工工艺、刀具设计、刀具制造、刀具使用以及刀具解决方案进行深入研究及试制，探索价值较高且处于垄断的装配类刀具国产化研发。

5. 建立生产现场精益单元，消除生产过程非增值作业

通过生产中 P-Q-R 分析，拟定整体硬质合金精益生产单元为精益改进试点，通过人、机、料、法、环五个方面的鱼刺图分析（见图 1），消除生产现场制约因素，消除生产过程不增值作业，减少在制品库存。

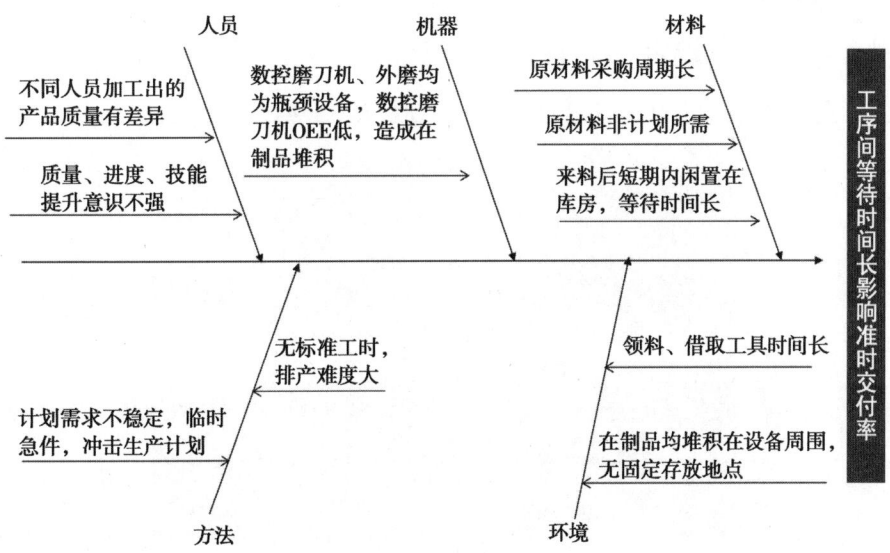

图 1　生产现场精益要素分析

6. 整合公司现有工具资源,降低工具存货占用

(1) 合并公司通用工具库房,盘活工具库存资源。

根据厂房布局、工具库房的借用频次,制定了库房合并方案,将相邻且工具产品相似的通用库进行合并,使同类工具化零为整,有效整合工具资源,盘活工具使用,减少工具的重复采购,降低工具成本。

(2) 减少专用工具品种,降低工具管理成本。

针对公司目前的所有专用工具,选取消耗量较大的专用刀具为突破口,减少专用工具库存品种及数量,降低了管理压力及管理成本,提高了工具的应用质量。

(3) 进行分库精益化改造,提升库房管理效率。

随着工具库房的不断合并,对库房的存储功能提出了新的要求,因此按照增强工具总库储备、周转功能,逐步取消工具分库储备,提升工具窗口功能,完成工具分库试点精益改造工作(见图2)。

(4) 建立工具维修保养流程,延长工具使用寿命。

编制公司级文件,规范工具生产过程中的保养计划,明确风动工具日常维修、定期保养、电动工具的维修、备件管理等工作内容,加强对维修人员的技术培训,提升维修人员的技术水平,延长工具使用寿命。对于回收至公司的闲置工具、报废工具通过调拨、修磨、改制、降格、拆除可用零件等方式,盘活库存资源,降低采购成本。

图2 库房精益化改进对比图

三、经验成效

(一) 工具采购成本明显降低,单位寄售模式试点全面开展

2017 年通过定向议价及多家供应商询比价采购两种方式,采购成本较原采购方式降低 10%,组织 5 家刀具供应商在精益加工中心开展了刀具全包方案的实施。

(二) 制造能力不断提升,生产制造成本持续降低

目前自制整体合金铣削类刀具占比 80% 以上。装配类合金刀具大部分技术准备已完成,部分已进入批产。结合技术标准化及精益单元持续改进,预计 2018 年将减少 30% 整硬刀具外购,减少 3 个月的整硬刀具积压。如图 3 所示。

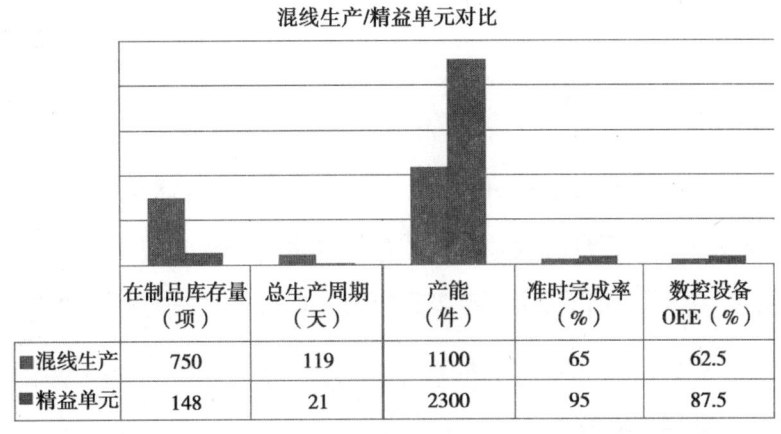

混线生产/精益单元对比

	在制品库存量(项)	总生产周期(天)	产能(件)	准时完成率(%)	数控设备OEE(%)
混线生产	750	119	1100	65	62.5
精益单元	148	21	2300	95	87.5

图 3 单元改进效果对比

(三) 库房占用明显减少,资源使用效率显著提升

通过通用库合并,库房数量由 107 个降低至 79 个,合并后工具种类减少约 30%,通用工具库临时储备量减少约 25%,保管工数量减少约 1/3,减少了工具的采购及管理成本。

案例 53
多维度指引下的能源集中管理
——株洲中车通过自我挖潜实现降本增效

株洲中车时代电气股份有限公司于 2005 年由中车株洲电力机车研究所有限公司等五家单位共同发起设立。公司属于轨道交通高端装备制造领域，专业从事轨道交通电传动系统、网络控制、变流器、列控系统、信号系统、轨道工程机械电气控制系统及整机、客车电气产品、大功率半导体器件、通用变频器、传感器、复合母排、城市智能交通系统等产品的研发、制造、销售和技术服务，产品广泛应用于电力机车、内燃机车、动车组、客车、城轨车辆（含地铁、磁浮、低地板）、轨道工程机械、电力、冶金等众多行业和领域。10 年来，面对全球经济巨变、贸易保护主义抬头、外部环境复杂多变的严峻局面，企业通过强化内部管理、自我挖潜、降本增效，提高了自身竞争力，取得了良好的经济效益。

一、基本情况

公司从 2012 年起推行开源节支专项工作，成立专项工作组，明确职责，坚持以不降低工作质量和产品质量为前提，为公司带来直接价值和间接价值为原则，以管理手段和技术手段为支撑，实现各项管理费用的降低，并建立长效机制。7 年来公司积累了一些成功降本增效的管理和实践经验，且值得推广。下面重点介绍多维度指引下能源集中管理的基本情况、主要做法和经验成效。

"十一五"期末，公司本部范围内下属单元单独进行能源计量的单位为7个，至"十二五"期末，已发展到12个，这些新增加的单独计量单位，其能源供给方案大多为独立设计、独立施工、独立使用，未能与公司的总体战略规划、周边能源供给状况、区域周边的能源供给变化等情况相联系，造成部分重复建设，能源储备余量空间不断累加，造成巨大浪费。例如田心工业园区中，电力供应预留容量为10000kVA，每年造成基本电费损失240万元。这些现象集中反映了企业在快速成长的过程中，能源管理方面未能及时同步跟进，公司扁平化组织管理方式条件下，没有建立一个专业齐全、分工明确、队伍完整的能源管理组织，同时，也不具备将高水平的能源管理知识、全新的能源管理信息和经验，与现有管理体制进行良好对接的机制，导致各项纵深管理难以施行。因此，如何在组织机构不变的基础上，实现节能降耗、降本增效的目的，是该课题的主要任务。

二、主要做法

（一）建立形式灵活的组织机构

公司成立了企业能源管理学会。该学会是具有一定行政管理职能的松散型学术性组织。这一组织按照多维度指引原则组建，成员自愿参加，主要活动是学术探讨和技术指导，并接受公司的委托，解决公司能源管理中的经济、技术和管理问题。该组织与现有行政能源管理机构紧密结合，实现"行政管理+学术指引"模式。不但适应了现有的扁平式行政管理组织形式，而且创造性地避免了人员编制、专业设置、经费来源等难题，实现了能源纵深管理并一以贯之的目的。详见图1。

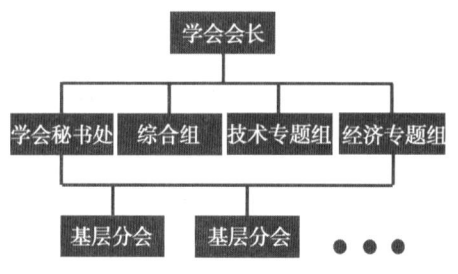

图1　企业能源管理学会组织机构图

（二）统一节能降耗指导思想

企业能源管理学会既是一个能源管理的支撑平台，也是一个为各种学术理论提供实践机会的平台。建立较为统一的思想和价值观极为重要。学会的指导思想是：（1）节能降耗是关乎人类生存的问题；（2）节能降耗与经济效益并重；（3）每个人都是节能降耗的执行者与创造者。将节能降耗作为一个思想道德标杆，不单单是要求大家养成节能降耗的生活、生产习惯，更为主要的是，必须履行各种节能降耗的义务，其中最主要的是要求大家成为节能降耗的创造者，要在产品设计、生产、经营、销售、使用过程中，将节能降耗理念始终贯彻其中。

（三）多维度指引方法库的建立

鉴于能源管理事项的实际操作性，以及建设工期的紧迫性，一般不允许进行长时间的研究与论证，这就需要能源管理部门事先建立方法库，以随时满足能源管理事项迅速决策的需要。于是公司建立了方法库，按各专业、专题进行分类，再依据各专业的最新理论成果，进行细分类（见图2）。方法库收编了国家、行业等方面的规定、规范，在变更时进行同步修订，收编了最新的科学技术进步情况（一般为成熟可靠的技术）、最新的工作经验总结，学会成员对库存内容要定期进行更新、增补与删减，保障库存方法的时效性和准确性。

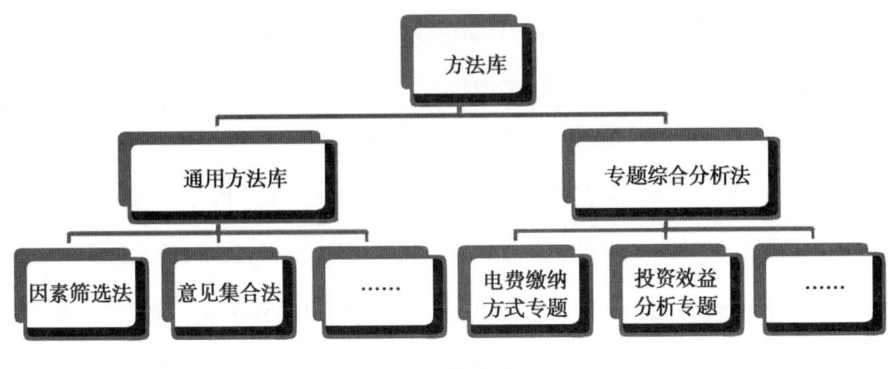

图2　方法库

(四) 多维度指引下的能源集中管理

能源集中管理是在能源管理过程中,通过对各种资源进行共享,实现能源高效利用的一种方法。能源集中管理的资源包括各种能源供给所使用的土地、建筑物、构筑物、设备、管线等。能源集中管理的内容主要包括自来水、电力、生产用工业纯水、燃气、压缩空气等。能源集中管理的范围是指在能够确保经济运行状况下,形成的一个或多个区域合成的、可以独立进行能源供给的区域。如独立的工业园区或相邻的多个工业园区。

1. 田心工业园 LED 灯具改造

(1) 田心工业园路灯集中控制。

田心工业园路灯集中控制改造项目是田心工业园能源集中管理的一个子项。园区共有路灯 208 盏,主要为园区提供道路及公共区域照明使用,每盏路灯功率为 250W,按每晚 10 小时照明计算,每年耗电 19 万千瓦时。现已达到使用寿命期限,需要进行更换或改造。其主要改造项如下:

A. 使用可调光 70W 和 100W LED 两种照明灯具替换原有 250W 金卤灯具,LED 灯具电能消耗只有金卤灯的 1/3,既满足透光度及照度要求,又降低了电能消耗,并满足了智能控制要求。

B. 通过路灯集中控制可实现远程开闭、区域需求开闭、照度调节

（照度决定灯具电能消耗）以及回路故障监控等功能，从而根据需要进行灯具选择及照度选择，降低电能损耗。

依照上述情况，实施投资简要分析如下：

单盏 LED 灯具价格在 1800~2350 元，而金卤灯价格只有 LED 灯具的 1/4，但从使用寿命上来看，LED 灯具使用寿命是金卤灯具的 4~5 倍，约为 20000 小时，每次更换灯具机械人工费用约 3500 元。本次智能改造费用为 19 万元（不含灯具价款），涵括本次灯具更换的人工费用，并约定制造厂商提供 3 年免费灯具更换承诺。通过综合测算，更换金卤灯与更换 LED 灯具（含智能控制部分）经济指标测算如下：

更换五次金卤灯总费用 = ［（208 盏×450 元/盏）+3500 元］×5 = 485500 元

更换一次 LED 灯具总费用（含智能控制部分）= （98 盏×2350 元/盏+110 盏×1800 元/盏）+190000 元 = 618300 元

更换 LED 灯具并进行智能改造每年节约电量费用 = （190000 千瓦时 - 63000 千瓦时）×0.8 元/千瓦时 = 100000 元。

投资收回时间 = （618300 元 - 485500 元）/100000 元/年 = 1.328 年。

（2）制造中心联合厂房 LED 灯具改造。

制造中心联合厂房共有三种灯型，工矿灯共计 1100 盏，T5 灯管（1200mm）共计 2410 盏，600mm×600mm 灯盘（每套灯盘含 3 支 600mm 灯管）共计 190 盏，制造中心联合厂房 2008 年投入使用，灯具已远超使用寿命，本次改造情况如下：

A. 使用 100W LED 工况灯替换原有 250W 金卤灯；

B. 使用 16W T5 灯管替换原有 28W T5 灯管；

C. 使用 35W 面板灯替换原有 60W 灯盘。

制造中心联合厂房灯具按 60% 使用率，每天工作 8 小时照明计算，合计每年将产生近 62 万千瓦时电能消耗。

依照上述情况，实施投资简要分析方法与前面相同。

经济指标测算如下：

制造中心联合厂房更换五次原型号灯具总费用=［(1100盏×580元/盏)+(2410盏×37元/盏)+(190盏×94元/盏)］×5=3725000元

更换一次LED灯具总费用=(1100盏×2350元/盏)+(2410盏×150元/盏)+(190盏×378元/盏)=3020000元

更换LED灯具每年节约电量费用=(620000千瓦时-270000千瓦时)×0.8元/千瓦时=28万元

2. 田心工业园电力供给集中管理

2008年，田心工业园的制造中心开始投产，后续相继建设了半导体三线、物流中心、风电厂房、变流厂房、西门子公司厂房、半导体五线等独立运作单位用建筑。田心工业园是公司本部重要的生产、科研及办公基地之一。包含了轨道交通产品组装及半导体器件生产等多项功能，对于电力能源容量需求及可靠性要求甚高。目前田心工业园共有梨366#线路、梨302#线路及龙354#线路三条10kV供电线路，并由田心工业园中心配电房进行供配电，原有各单元用电能源需求及实际使用情况为：半导体三线装机容量5700kVA，时代装备装机容量8600kVA；制造中心装机容量32345kVA；其他区域装机容量1930kVA；其中梨366#实际使用容量占总额定容量的39%，梨302#实际使用容量占总额定容量的62%。

(1) 因素筛选法运用。

运用因素筛选法对上述资料及相关情况进行逐一分析，发现两个重大约束因素未纳入能源管理事项所必须考虑的范畴，其一是工业园总容量为20000kVA，在未考虑该重大支撑因素的情况下，安装容量至48575kVA，超过额定负荷142.8%，威胁到安全生产。其二是预留容量过大，梨366#线路变压器剩余容量为61%，梨302#线路变压器剩余容量为38%，田心工业园多余容量约为10140kVA，已超过实际使用量，造成巨大资源浪费。

(2) 专题综合分析法运用。

从上述资料不难发现，涉及的电费缴纳方式选择问题比较多，仅就基本电费而言，采用容量计费缴纳额为 48574kVA×20 元/月 kVA，约为 971480 元/月，而采用需量计费缴纳额为则为 48574kVA×30 元/月 kVA×0.4=582888 元，每年就有约 400 万元的巨大差异。具体到每一独立核算单元，再进行细化分析，其节约潜力还有很多。

（3）集中管理措施。

企业能源管理学会接受公司委托，对田心工业园能源管理的现状进行综合分析，在"十二五"期末，完成全部集中管理整改工作，并与公司"十三五"规划相结合，制定"十三五"期间田心工业园能源集中管理的全部预案。并统一制定集中整改方案。主要整改措施如下。

A. 由学会主导完成《田心工业园电力增容情况的说明及相关情况的报告》的撰写，汇集经营、人力资源等方面的数据，报告企业缴纳国家利税、安置劳动力就业等方面的贡献，并制定整改措施，达到国家电网的相关规定要求。

B. 依据各分会提交的方案，结合公司发展规划，对梨 302#、梨 366# 电源供给进行重新分配，对现有变压器使用进行重新调配，加装 10000kVA 隔离变压器，实施统一供给、分别计量、费用合理分摊，对统一调配过程中多余的变压器容量，向电力部门申请停机，降低基本电费及空载损耗。对于新增用电需求，少量的以本单元备用余量供给，大量的以本次集中调配的剩余容量供给。鉴于外线总供给容量为 20000kVA，通过集中调配后，可以满足半导体五线新增 5600kVA 的需求，撤销新增外线建设项目，节约投资 1570 万元。

C. 组织各分会集中学习《电费缴纳方式选择专题》，依据各单元实际情况，制定本单元用电规划（包含平谷电价的电量电费部分）、电费缴纳方式，提交学会讨论通过后，由学会统一起草电费缴纳方式变更申请文件，统一提交电力部门申请变更（含变压器报停部分）。

D. 在改造过程中，应全部采用通用技术、通用设备、通用配件及器材，确保今后各单元之间、各单元内部能够互通互用。

改造后情况如表 1、表 2 所示：

表1 梨366#线路状况

序号	用电单元	变压器容量（kVA）	变压器实际使用容量（kVA）	变压器剩余容量（%）
1	田心工业园区食堂配电间	800	467	42
2	半导体五线	2000	450	84
		800		
3	制造中心联合厂房	1600	1123	30
4	半导体三线	1600	613	62
5	半导体三线	1250	754	40
6	制造中心变流器厂房	1600	1386	14
	合计	9650	4627	53
	梨366#额定总容量	10000	4627	53

表2 梨302#线路状况

序号	用电单元	变压器容量（kVA）	变压器实际使用容量（kVA）	变压器剩余容量（%）
1	隔离变	5000	3118	38
2	隔离变	5000	3118	38
	梨302#额定总容量	10000	6236	38

3. 田心工业园其他能源的集中管理

（1）纯水系统。

园区拥有纯水生产系统2套，每套生产量为30m³/h，仅有半导体三线、制造中心及在建半导体五线有纯水需求，而半导体三线目前有30m³/h的纯水产出量，除了满足自身需求外，还可以同时供应制造中心、半导体五线的生产需要。因此，取消新建纯水系统、停止运行生产系统1套，由半导体三线纯水系统统一供应，统一由半导体三线运维管理，费用实行按计量分摊。

（2）压缩空气系统。

压缩机系统的主要参数为：主机电功率（2台合计）150kW，产气量

为 $11m^3/min$，实际用量只有 65%。

目前制造中心、半导体三线均各自有压缩空气机站房，所以半导体五线不再新建压缩空气机站，改由制造中心压缩空气机站供给（半导体三线给予辅助），站房统一由制造中心运维管理，费用实行按计量分摊。

三、经验成效

在多维度指引下，公司的能源集中管理工作取得了可观成效，企业能源管理学会作为多维度指引下的能源集中管理模式的主要组织机构，已从起步时的1个，发展到23个（基层分会），成员由13人发展到157人，这其中包括教授级高工，也包括一线的普通员工，专业构成由5个发展至11个。令人欣喜的是，作为学会成员，虽然在能源管理工作中占用了许多个人时间，但他们通过在学会中的工作，也扩展了知识面和信息源，为本专业的研究提供了真实课题，所以，学会成员始终保持着高度的工作热情。

通过对田心工业园的能源集中管理和相应改造，节约了新建（包括改建）投资2100万元，截至2017年年末，累计节约电量114万千瓦时，节约燃气10.6万立方米，节约水13万吨，折合货币约214万元。节约基本电费610万元。该项目经过近三年的运行，始终保持良好运行状态，2017年万元产值能耗降至0.0089吨标煤。多维度指引下的能源集中管理模式的运用，与公司能源管理体系建设相结合，也得到了社会的充分肯定，获得国家专项补贴资金990万元。

目前，这一方法已纳入公司的管理制度，并与公司能源管理体系对接，体现到能源管理手册、管理制度中，形成了长效的管理机制。依据公司发展规划，多维度指引下的能源集中管理范围将不断扩大，管理手段、管理方法将不断丰富，能源管理在线监测将成为下一个具体实施目标。

案例 54
基于互联网模式的精益成本体系搭建
——北汽集团从价值链源头有效控制成本

一、基本情况

我国汽车行业目前正处于"由大向强"的转型关键期,自主品牌已经成为衡量国内各大汽车集团自身竞争力的重要体现。国内较为成功的车企如上汽、长安等利用互联网技术,整合内部资源和大数据,已经搭建起了贯穿整个产品价值链的成本体系,具备了丰富的产品及竞品数据库、准确的产品成本分析能力、有力的产品成本控制能力、较强的整车研发水平及供应商管控水平。

北汽集团作为国内五大汽车集团之一,在中国自主品牌市场占有重要的地位。在互联网与汽车制造业联系日益紧密的大背景下,面对日趋白热化的市场竞争,必须清醒认识并思考以下问题:

(1) 什么产品才是真正符合消费者需求的好产品?

(2) 如何有效控制整车成本,提升自主品牌的盈利能力?

(3) 如何提升产品在性能、质量方面的水平,从而提升自主品牌的价值?

(4) 如何整合资源,搭建有效的核心管理体系,保证北汽集团核心竞争力,打造百年基业?

为解决和克服目前普遍困扰各自主品牌汽车的成本问题,提高北汽自主品牌的盈利能力和市场竞争力，保障集团战略的实现，财务部门和研发部门密切合作，创新性地搭建了精益成本体系，从价值链源头，识别设计成本，建立标准成本，以有效地控制实际成本。

二、主要做法

（一）利用互联网技术，获取数据资源

一是集合互联网数据，精准市场定位。充分利用互联网数据资源，收集、分析消费者消费偏好，充分挖掘其潜在需求，分析市场竞争产品，明确产品方向及定位，无缝衔接产品研发及定价部门，输出符合市场发展趋势的产品需求及经济性分析报告。

二是整合数据资源，搭建产品数据库。利用互联网技术，结合北汽集团信息化系统实际，整合市场、研发、采购、制造等系统，对上述各系统进行整合，实现信息流的无缝链接，并利用对产品关键件的充分拆解后的数据获取及对供应商的管控，充实自有产品、竞争产品及供应商工艺流程、材料采用、设计结构及成本构成数据库，达到各数据的共享、协同和综合分析运用。

（二）导入精益设计方法论

精益设计方法论是国外先进车企如福特、菲亚特克莱斯勒、通用汽车等所采用的先进设计方法，主要内容是通过分析和优化产品设计，达到降低成本、提升质量、提升成品可制造性的目标。

通过精益设计方法论的培训，使得研发技术人员理解何为精益设计、把握精益设计的原则、掌握精益设计的方法，从而在整车研发过程中予以运用，为精益成本体系的建设打好基础。

在精益设计方法论培训的基础上，选择北汽集团具有典型意义车型的子系统模块，运用精益设计的方法，结合软件的应用，对该模块进行

产品成本和设计问题的分析，通过头脑风暴、广聚思维，提出能够降低成本、提升质量的再设计想法，最终制定出相关解决方案，并将该成果实际运用于在产车型。如图1所示。

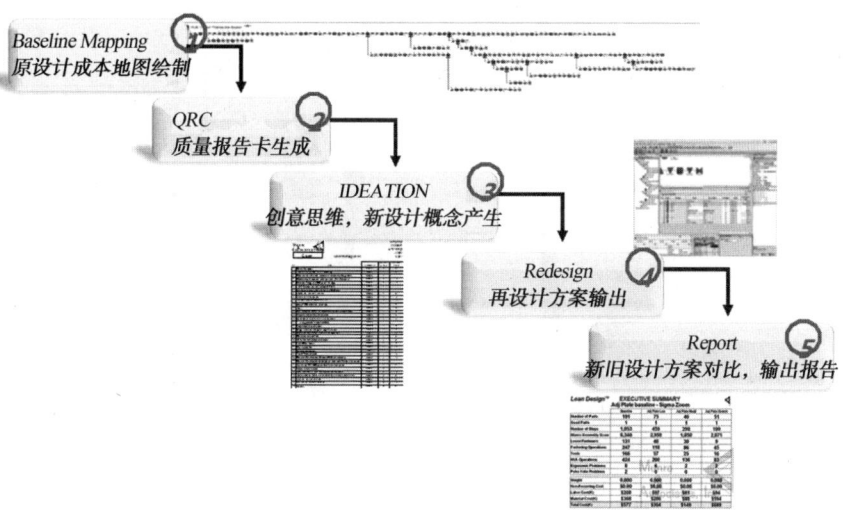

图1　精益设计工作坊流程

（三）产品成本标杆分析

产品成本标杆分析的具体内容为：对北汽集团现有自主品牌上市产品及在研产品进行分析，收集竞品在结构设计、工艺选择、材料应用等方面的优点和特点，并与竞品在成本、性能及质量等方面进行对比，从而识别出集团产品以上各方面待改进的地方，通过运用精益设计的方法对产品进行再设计，从而降低整车成本、提高产品性能、提升产品质量。如图2所示。

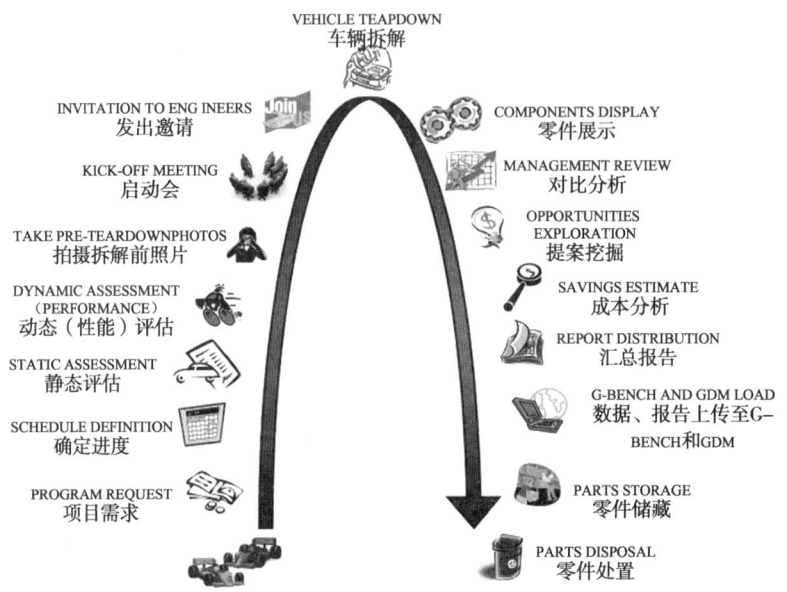

图 2　对标分析流程

对标分析的内容主要包括：

1. **整车的整体评估**

包括：设计风格、设计理念、框架结构。

2. **详细的数据采集**

包括：装配过程及步骤，材料及重量，材料成本、质量成本、人工工时及人工成本，其中将会利用内、外部资源所提供的全球标准成本数据库及北汽集团供应商数据对整车成本进行深入分析。

3. **竞品的创新亮点**

包括：竞品在工艺、材料及成本方面的优势。

产品标杆分析需要利用外部资源来帮助实施，每个车型将会形成详细的分析报告，内容涵盖产品性能、质量、成本分析及与竞品的对比，同时还包括再设计的概念，并将所有分析数据存储在软件平台上，从而搭建起较为完整的整车技术及成本数据平台。

（四）成本体系构建

成本体系构建的内容主要包括：对北汽集团当前成本体系进行评估，在体系构建过程中采用先试点、后推广的方式，运用精益设计理念和精益成本管控的方法，针对试点项目实施并建立数据体系及成本管控流程。该工作主要分为以下几个阶段：

一是评估现有成本管理体系及新体系的建设规划。结合国内外先进企业的经验，如宝马、通用、长安、上汽等，对集团当前的设计成本、物料成本、制造成本等进行评估，找出目前成本管控体系中存在的薄弱环节及问题点，提出新的成本管理体系的建设规划。

二是试点项目的选择。根据北汽集团内部和相关供应商数据确定项目选择范围，提出具体目标和实施计划。目前已经对 BJ40L、BJ80 等相关车型进行了全部及部分拆解分析。

三是试点项目的实施和数据体系的建立。根据已制定的项目计划推进项目实施，如图 3 所示主要内容及过程包括：（1）引入外部基础信息作为体系搭建的基础，主要包括：材料、人工、利率、税收、内外部机加工率等基础信息，通过以上基础信息的采集，完成成本系统框架的初步确立。（2）在基础数据采集的基础上，通过对集团供应商数据进行不断深化收集，不断优化成本数据库中的数据及流程信息，从而在创建一个全面的成本计算系统的同时，将供应链信息和价值流程图信息进行本地化处理，保证体系数据库的全面性、有效性。

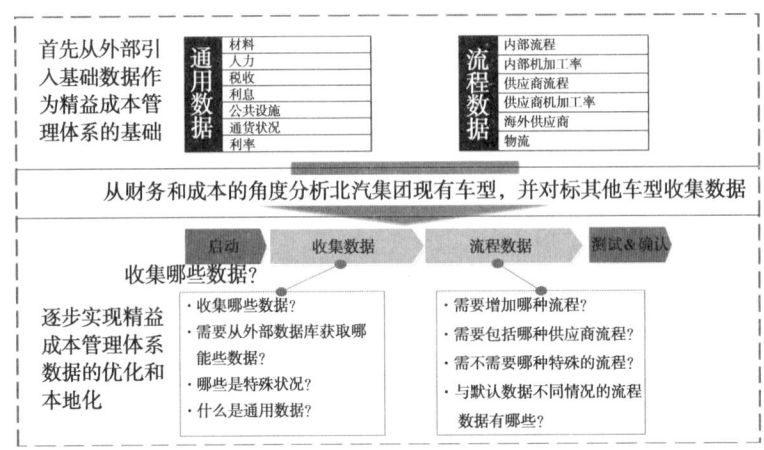

图3 成本数据库数据收集体系

四是成本管控流程的建立。在成功实施成本体系试点项目后，确立整车全开发周期成本管控流程，如图4所示，对开发阶段成本管理的相关内容进行明确，并达到以下目的：在产品开发流程的初始阶段便能设置正确的目标成本，将目标成本合理分配至整车各系统，并在整个研发过程中综合运用成本计算数据库和工具对当前状态下的零部件成本进行测算，从而有效地管理和控制目标成本，特别是在关键的G8、G6、G4研发节点，对目标成本进行有效控制，保证产品上市后的盈利能力，并在成本方面保持可持续竞争力。

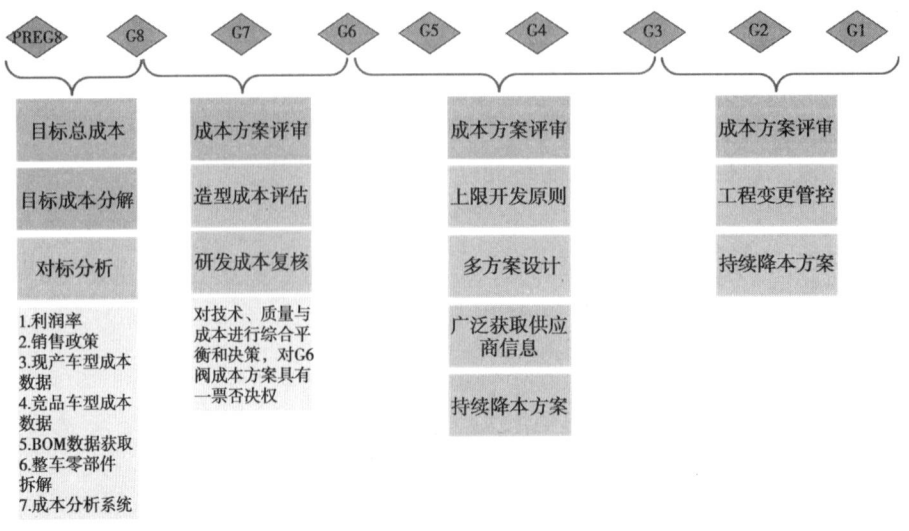

图4 整车开发流程中的成本管控内容

三、经验成效

（一）主要经验

1. 依托互联网技术打造的数据库是精益成本体系的基础

精益成本管理模式，要求将产品设计和产品研发阶段作为成本控制的重点。要实现最优的整车设计成本，提高最终产品的价格竞争力，就要求项目团队做好充分的价值分析，尤其是利用互联网技术，完成整车和各个系统成本结构的信息积累，建立规范的成本数据库，并通过大量的对标车辆拆解，建立对标中心。

2. 提高全供应链各环节人员的参与度是精益成本体系的关键

精益成本管理的精髓在于实现最优的供应链成本，因此落实营销、研发、采购、制造的成本控制责任，提高供应链各环节人员的成本意识和成本分析能力是精益成本体系建设的关键。全供应链的参与既有利于识别和确定产品的应该成本，同时也是达成可能成本的必要条件。

3. 精益成本体系搭建是一项长期性、持续性的工作

精益成本管理的实现无法一蹴而就，也无法生搬硬套，必须经过长期持续的投入，才能形成一套最适合北汽集团发展的管理体系。一是要求数据库的持续完善和积累，定期更新消费者需求变化、生产工艺变更、采购成本变化等信息，确保成本数据库信息的准确；二是要求成本分析和价值管理方法的不断创新和应用，在借鉴行业内先进做法和理念的同时，结合北汽集团业务实际进行消化吸收和转化；三是要求建立与精益成本体系配套的组织结构，围绕财务部和研发部门搭建跨部门的成本管理团队，使研发、采购、生产制造和营销相互渗透和配合，确保精益成本体系的有效运行。

（二）主要成效

经过一年多的初步搭建及实施，2017 年通过精益设计体系下的优化设计和管控，研究总院全年实现在产车型降本 2405 万元。未来几年将以"北京"品牌 4 个车型为产业化试点，实现每辆车单车成本降低 1000 元的目标，按每车生命周期销量 15 万辆计算，将提高自主品牌收益约 6 亿元。

在实现经济效益的同时，此项目还在提高原材料使用率、实现产业价值链共赢、提升民族品牌认可度方面产生了不小的社会效益，并且促进了以下管理效益的提升：

一是掌握价值工程及设计优化方法，从物料成本、劳动力和重量三个角度助力中期改款。搭建起了 CBOM 架构，摸清了相关车型及零部件的应该成本。

二是借助专业软件，切实做到研发过程中对整车物料成本管控。全面了解精益设计方法，熟练掌握 Click 2 Cost 成本计算方法；创建基线装配图，可初步判断零部件生产及装配过程中出现问题的可能性。

三是保证了 2016、2017 年越野车研究院降本指标的完成；从基线成本地图、应该成本、产品再设计方案三个维度培养起了北汽自己的精英团队，目前设计成本专业工程师已达到 30 多名。

案例 55
提升成本管理水平 促进产品效益增长
——九洲公司实行产品全过程精细化管理的探索与实践

一、基本情况

四川九洲电器集团有限责任公司（以下简称九洲公司）是军民融合发展的大型高科技企业集团，是国家从事二次雷达系统及设备、空管系统及设备科研、生产的大型骨干军工企业。

随着军队体制改革深入，原来较为封闭的军工行业也逐步引入了市场竞争机制，过去的产品（或项目）报价中一般仅有10%～20%是竞争性报价，而现在这一比例已提升到70%～80%。目前九洲公司的产品大部分为竞争类产品，成本压力加大和内部成本管理水平相对落后的矛盾日益突出。

与民品业务相比，军品业务具有小批量多品种、物资齐套周期长、科研生产严重交叉、市场需求无法预测、任务紧、责任重等特点。作为传统的军工企业，九洲公司在管理方面一般是以保进度、保交付为工作重点，对成本控制和内部管理水平提升的重视程度不够。

二、主要做法

A产品是九洲公司近年重点投入研发的新产品，预计第一批次的销售额达 2 亿元。作为关系公司未来发展、行业地位稳固和增量来源的支柱产品，面对竞争激烈的军工市场环境，九洲公司在全力投入的同时，从 A 产品入手开始探索军品成本精细化管理的方法与路径。

（一）产品研发阶段——研发成本控制和单机目标成本实现

1. 立项阶段

A 项目组编制可行性研究报告和目标成本方案，对 A 项目的成本投入、收益回报及风险进行测算分析，同时确定 A 项目的经费预算额度和单机目标成本，将目标成本作为一票否决指标；科技委在立项论证时审议并确定项目的单机目标成本，将经济指标纳入研制目标，做到技术与经济的统一，既考虑研制项目的战术、技术、功能、质量，又考虑如何以最小的成本保障项目的顺利实施。

2. 项目实施阶段

由设计、财务、市场、工艺、采购、信息化中心、生产、质量、人力资源等部门的主管人员组成跨部门的 A 项目成本推进小组，开展成本规划活动；科发部、生产部为组长单位，分别负责研发和生产阶段成本推进小组的组织、调度和内外协调；财务部为副组长单位，负责实际生产成本的核算与监控、预警工作，牵头开展成本分析。确保产品成本小于或等于目标成本。

财务部按 A 项目的科研工作令号建立专账，归集、跟踪项目经费发生情况，严格按经费预算额度进行预算管控，同时跟踪设计优化对单机目标成本的实现情况，将样机单机制造成本情况反馈给成本推进小组；成本推进小组研究确定降低产品生产成本的解决方案，如果仍达不到目标值，提请项目组对设计方案进行优化改进，直到达到目标成本。

3. 项目结题阶段

A 项目负责人组织进行全面的项目经济性评价，评价重点有：设计功能是否存在冗余；在满足性能、质量的要求下，设计方案是否最经济；外购材料、标准件、零部件、电元器件、保障设备等供应商的选择是否最经济，设计的产品是否满足目标成本控制要求；项目经费是否超预算等。对于在经济评审中提出的问题，由设计部门归零。

（二）批生产阶段——生产过程成本控制与持续降低

A产品进入批产阶段后，成本推进小组的主要职责是持续改进产品的工艺设计和外购件价格控制，解决可能存在的潜在问题，确保产品实际成本小于或等于目标成本；检查目标成本的实际达成情况，对成本控制的实际效果进行评估，确认责任归属，达到成本控制和持续降低的目标。

1. 采购实施环节——外购件价格控制

充分利用SAP系统信息平台展示的各类材料各批次采购价格信息，核定A产品外购材料的标准成本，同时进行采购价格监控分析，促进采购部门及时采取措施控制采购成本；对A产品的高价值外购件，引入了产品审价模式，进行成本审查及价格谈判，并采取持续跟踪的方式推进器件降价、替代和外购转自制等工作，外购线缆降价约10%（已订货的105套A产品采购支出减少近1100万元）；天线罩外购转自制，节约采购成本约70%。

2. 生产计划环节——完善核算基础

通过生产订单类型与业务类型的对应设置，精确各类业务成本数据的归集与追踪溯源；适时监控生产订单的业务描述、业务类型选择的准确性、规范性；严格执行材料定额管理制度，按生产订单BOM给生产车间配、发料；工时定额员按派工单核定工时；工时统计员按派工单统计完工工时，按月编制工时报表传递至成本核算会计；通过物资库位的分类设置，将材料消耗计入成本的时点延迟至车间生产现场领料环节，精确材料消耗成本化的时点，解决车间现场在制品盘点不准确和日常管理难度大等问题，为 A 产品成本核算工作奠定基础。

3. 生产实施环节——以标准成本法进行成本控制

基于 A 产品的结构为"树"架构（最终产品是由固定个数的零件或组件组成），结合公司材料定额、工时定额方面的现有管理基础，以标准成本作为 A 产品成本控制方法，即按照产品 BOM 的加工装配过程，从低层向高层逐层累积，滚算得出产品的标准制造成本，并以单机目标成本为上限，结合实际生产批量和产能情况，核定 A 产品的标准成本。

在生产过程中，财务部每月监控已完工入库生产订单的物料消耗情况，对实际成本与标准成本有差异的生产订单，将物料 BOM、生产订单 BOM、订单实际领料三者进行对比分析，找出物料消耗差异（如订单组件已搭未领、超额领料、订单 BOM 与物料 BOM 不相符等情况），并反馈给生产与物料控制部和生产车间，要求其限期整改（补充滞后投料或者退回超额领料）或说明原因，还原产品的标准物料清单，提高产品标准成本核算的准确性，反映成本控制的实际效果。

（三）售后服务阶段——售后服务成本控制

以技术服务单为售后服务全过程的关键衔接点。市场部门接到售后服务任务时，填写技术服务单，组织相关部门实施，同时将有偿服务的技术服务单传递至财务管理部核价，与客户签订合同；财务管理部同步按有偿或无偿售后服务的生产订单归集服务成本；任务结束后开具发票、办理结算手续。

（四）第一批次交付完成阶段——完全成本分析与评价

从标准 BOM 内的成本投入、交付前的返修成本和报废损失、交付后的返修成本、自筹科研经费摊销额、超销售合同投产积压风险预估、项目预计盈亏情况等角度，对 A 项目进行完全成本分析与评价，并对该项目运营全过程中存在的问题提出改进建议。

三、经验成效

（一）成本控制工作初见成效

通过成本推进小组对 A 产品的成本规划活动，对成本达标方面的问题逐项分解、落实责任者，并实施闭环管理，最终该产品在目标成本达标的基础上，实际制造成本降低了约 10%。

2016 年，将 A 产品的成本控制方法推广应用到 3 个科研项目和 3 个科带产项目，节约成本 2000 多万元。

（二）完善了内控机制，夯实了公司成本核算与管理基础工作

（1）物流运行机制的规范，基本解决了成本核算无法跟踪物流、无法及时准确的问题。

（2）材料领用的审批控制，解决了生产订单领料随意、定额领料与额外领料混淆、额外领料审核不严等问题。

（3）SAP 系统运行的适时监控，促进物资管理部门和生产部门逐渐理解了成本核算与控制方面对生产业务链的要求，增强了按 BOM 控制产品成本的意识，从而提高了成本核算的及时性、准确性。

（三）调动了员工的积极性，增强了全员控成本的行动力

通过精心组织系统流程和业务操作的培训、日常业务的财务监控等，调动了员工对实行新管理方法的热情和学习的积极性，降成本的主动性、积极性、创造性明显增强。

案例56
西山煤电（集团）打出创新管理和降本增效"组合拳"

降低综合成本，提高发展质量是企业实现结构调整、转型升级的核心要素。2016年以来，西山集团积极对接落实国家、省市供给侧结构性改革关于降成本的政策要求，全面强化成本管控意识，围绕企业战略、研发、经营、财务、人力等方面的薄弱环节精准出招，努力拓宽降本增效空间，打出了一套创新管理、降本增效的"组合拳"，有力地推动了企业改革发展、转型升级各项工作。

一、基本情况

山西焦煤西山煤电（集团）有限责任公司（以下简称西山煤电），是山西焦煤集团的核心子公司，全国最大的炼焦煤生产基地，全国首批循环经济试点单位。其前身为1956年成立的西山矿务局，总部位于太原市西山脚下。西山煤电产业分布于4省（市）9个地市20余个县区，涉及煤炭、电力、焦炭化工、建筑建材、物流贸易、餐饮服务等领域。

西山煤电主要开采西山、河东、霍西三大煤田，资源总量92.1亿吨，煤种有焦煤、肥煤、1/3焦煤、气煤、瘦煤、贫瘦煤等，其中焦煤、肥煤为世界稀缺资源，被誉为世界瑰宝。煤炭产品主要有炼焦精煤、喷吹煤、电精煤、筛混煤、焦炭等，其中炼焦精煤具有中低灰、中低硫、低磷、黏结指数高、结焦性强等多种优点。产品畅销全国，出口亚欧。

历经60年艰苦卓绝的发展，西山煤电现有21对矿井，生产能力4206万吨/年；9座选煤厂，总洗选能力5790万吨/年；9座发电厂，总装机容量327万千瓦；3座焦化厂，总产能640万吨/年。

"十三五"期间，西山煤电坚持"为企业谋长远、为职工谋福祉"的办企理念，弘扬"团结奉献、求实进取"的企业精神，以改革创新为驱动，以精益管理为手段，以企业文化为引领，以作风建设为保障，全面打造安全、产业、管理、改革、创新、民生持续进步的现代化新型能源集团。

二、主要做法

（一）以瘦身战略为契机，深挖内部潜力，减少生产投入

1. 主业瘦身高效发展

坚持主业精干高效发展战略，分行业降本增效。严格执行国家去产能政策，主动削减煤炭落后产能，2016年核减产能898万吨，白家庄矿顺利关闭退出。紧抓"减人、减面、减盘区、提高单产、提高单进、提高效率"主线，有计划、有步骤发展先进产能，2016年单产同比增加2.6%，单进同比增加4.5%，马兰矿、屯兰矿、东曲矿等11个国家"特级""一级"安全高效矿井进入煤炭先进产能行列；积极把握电改机遇，推进矿区电网建设，加快组建售电公司，发电企业生产成本同比降低164.17元/万千瓦时；持续改进生产工艺，降低原料煤成本，积极开展网上竞标销售，焦化行业利润同比增加9893万元。

2. 眼光向内挖潜增效

深入推进精细化管理，进一步划小核算单位，深层次降本提效。大力开展十大系统立标对标，"一矿一策、一厂一策"全方位挖潜堵漏；坚持开展修旧利废、清仓利库，最大限度挖掘废旧物资使用效益，减少新

材料投入，2016年修旧利废5575万元，清查积压及待报废物资1264万元，利库217.19万元。

（二）以技术升级为核心，坚持保障投入，提高产出效率

1. 工艺装备提档升级

大力推进新技术、新工艺和装备升级，支撑主业高效发展。西山集团所属杜儿坪矿实施切顶卸压自动成巷无煤柱开采技术，有效减少掘进进尺。斜沟矿选煤厂TCS煤泥分选系统、东曲矿选煤厂浮精脱水系统投入使用，精煤总产量提高2%，回收率提高1.6%，洗选成本降低5%。通过技术升级和环节能力改造，西山集团单产、单进水平在煤炭行业一直处于先进水平，2016年，单进为127638吨/个·月，同比提高1.4%，是行业平均水平的1.7倍，单进为362米/个·月，同比提高3%，是行业平均水平的2.7倍。

2. 环保技术不断创新

坚持自主创新与协同研发相结合，积极推进节能环保技术创新突破。大力实施矿井水处理厂和古交中心污水处理厂升级改造，矿井水废水处理率达到100%，中水回收率提高到82%；西山集团所属古交电厂、武乡电厂脱硫脱硝、粉尘排放获得实质改善，综合脱硫效率分别提高到98%和85%以上；五麟焦化与太原理工大学合作研发的"西山绿焦"，固硫率达到60%以上，二氧化硫排放量减少70%，粉尘减少96%，环保检测全部合格，达到国内领先水平，进入政府采购目录，西山集团被中国煤炭工业协会和中国煤炭加工利用协会评为"2014—2015年度煤炭工业节能减排先进企业"。

（三）以管理创新为突破，转变体制机制，激发经营活力

1. 大力开展承包经营

坚持推动经营机制转变，激发经营活力，开展内部承包经营。对生

产经营单位实行以党政正职为经营者的领导班子承包经营责任制,按照责、权、利对等的原则放权经营,指标刚性落实到基层队组、车间,经营压力层层传递,促使各单位积极创新思路、整合资源、挖掘潜力,千方百计降本增效,有效激发了各单位经营活力。

2. 试点实行契约化管理

积极探索管理体制改革新模式,按照"自愿申请、双向选择"的原则,选取所属五麟公司等 5 家单位试点推行以聘任制、任期制和经营目标责任制为主要内容的契约化管理。倒逼试点单位主动改革,压缩机构,降低管理成本,5 个试点单位共压缩科级机构 57 个,减少科级干部职数 71 人,精减处级干部 5 人。打破了干部能上不能下的固有模式,实现了"多劳多得、不劳不得、按劳分配"的机制,干部职工主动经营、主动负责的意识显著提升。

3. 深入开展后勤市场化改革

根据国家剥离企业办社会职能,减轻企业负担的相关政策,结合企业实际,改革后勤系统运行机制和管理模式。在企业内部引入市场运行机制,以价格结算为纽带,连接后勤辅业和主业之间的经济往来,模拟市场化运行,逐步使后勤系统面向内外市场,自主经营、自负盈亏、自我发展。目前后勤系统初步完成了分账核算、定编定岗定员、服务价格测算等市场化改革基础工作,已开始模拟市场化运行,为下一步逐步减少后勤补贴,分离移交"三供一业"奠定了基础,也为企业减负开辟了新路径。

(四)以全面预算为基础,强化资金运营,严控财务支出

1. 预算管理不断加强

全面强化预算管理作用,坚持对收入、利润指标刚性考核,预算指标一经批复下达,原则上年度内不予调整;建立事前计划、事中控制、

事后分析的预算控制体系,跟踪掌握预算执行情况,及时采取应对措施,保障预算执行到位。

2. 企业资金合理调控

坚持资金集中管理使用,将有限资金合理运用到最需要的地方,保障资金协调平衡,最大限度提高资金运行质量和效率;严控各类非生产性支出和预算外支出,招待费、差旅费分别同比下降5.16%和7.61%。

(五)以转岗分流为重点,推进创新创业,优化人力资源

1. 转岗分流稳妥推进

根据一线满员、辅助精干、地面减员的要求多渠道分流富余人员。西山集团所属太原选煤厂、公用事业公司、矸石电厂等单位率先探索,通过承包美锦选煤厂、成立护卫支队、组建电力检修公司另辟蹊径,实现了创收自养,妥善安置了转岗职工。2016年,西山集团总计转岗分流12551人,从业人员净减少5819人,中止劳动合同2016人,人工成本居高不下的现状得到缓解。

2. 劳务中心发挥作用

结合企业劳动用工实际,搭建人力资源劳务输出平台,设立西山煤电劳务管理中心,统筹管理企业劳务用工,推动了劳动力资源的有序合理流动,提高了劳动用工效率,降低了企业用工成本,同时也促进了转岗职工再就业,保障了职工合法权益。

3. 双创工作初见成效

全面推进创新创业工作,带动引领职工创业就业。挂牌成立西山众创中心,15家微小企业、24个创客团队登记入驻,闲置车间、厂房、场地得到充分利用;微软"云暨移动应用孵化基地"项目落户西山,政府2500万元专项资金到位,每年可为企业培养100名高级IT人才;矿山公园、大数据中心、滴滴出行呼叫中心等一批项目的有序建设,在推动企

业转型升级的同时，也进一步促进了企业人力资源的优化配置。

三、经验成效

（一）管控环节压缩投入

严格成本要素管理，预算刚性考核，强化设计源头管理，减少无效环节投入，原煤完全成本同比降低29.76元/吨，投入产出比得到提高；强化物资采供管理，坚持集中招标采购、比质比价，不断提高采购性价比，2016年生产材料、设备配件采购共节约成本4988万元；规范工程项目管理，积极对接"营改增"政策，及时调整基建程序、计税方法，2016年，西山集团甲供工程取得节税效益1365万元。

（二）科研费用高效投入

针对煤炭行业低位运行、企业经营困难的实际，多渠道争取科研资金，保障研发投入。2016年，西山集团科技研发费用立项190个，预计确认25960万元，按50%加计扣除减免企业所得税3220万元；同时，企业设立创新基金，推行项目承包责任制，申报科技成果鉴定20项，获得国际领先7项，国家授权专利2项，"煤层瓦斯安全高效抽采关键技术体系及工程应用"项目获得国家科技进步二等奖，做到了合理投入、高效产出。

（三）融资成本逐步降低

抢抓融资政策利好频发的有利契机，积极拓宽融资渠道，降低融资成本。主动与银行沟通协调，争取使用和新增授信额度，综合融资成本同比下降47个基点；采取签发银行承兑汇票和"票易票"方式，缓解现金流紧张压力，资金使用成本有效降低；严控有息债务融资总额，进一步将存量高息融资置换成低息融资；分期开展基金融资项目，降低资产负债率，企业整体融资能力得到提升。降本增效是一项长远系统工作，西山煤电将继续深入贯彻落实国家供给侧结构性改革战略部署，深层次对接落实山西省降低实体经济企业成本的任务要求，持之以恒开展降本增效工作，助力企业改革发展、转型升级。

案例 57
河钢集团基于工具和管理创新实现降本增效

一、基本情况

河钢集团有限公司成立于 2008 年，隶属于河北省国资委，注册资本 200 亿元。经过十年来稳健经营，已发展成为跨地区、跨行业、跨国经营的大型钢铁集团，形成以钢铁为主业，金融服务、海外事业、非钢板块协同发展的产业格局。2017 年，实现营业收入 3068 亿元，年末资产总额达 3762 亿元，连续 9 年上榜《财富》世界企业 500 强，获中国钢铁企业"竞争力极强"A+最高评级，被世界钢铁协会列为全球钢铁制造 50 强第三位。

近年来，河钢集团打破管理边界，发挥市场化机制引导作用，以效益为导向，引导产品结构调整升级，以资金管理为中心，建立资金集中管控体系，强化过程控制，创新生产运营组织，实现了原燃料成本、物流成本、工序成本降低，产品结构快速调整和融资结构的显著优化。

二、主要做法

（一）打破管理边界，发挥市场化机制引导作用

以推进"以产线为独立市场单元的组织结构扁平化变革"为契机，

打破原有的主体生产厂的概念，将原有的主体生产厂整合为若干个事业部，将产线均作为"独立法人"管理，各"独立法人"之间完全按市场价格结算。各事业部由"成本中心"改为"利润中心"，即各事业部"利润=全收入−全成本"，全收入包括内部和外部收入，全成本包括各工序制造成本和应承担的期间费用。建立与各事业部价值创造关联度和服务产线贡献率大小相结合的绩效评价体系，通过让收入与效益挂钩等措施提升全员、全要素降本的积极性。

（二）以效益为导向，引导产品结构调整升级

为适应销售订单呈现批量小、规格多等特点，成本核算方面推行"小微化"，建立由核算单元转变为经营单元的价值导向，价值定位前移，由原来的事后算账转变为事前规划，成立若干个"小微团队"，充分利用信息化系统设计产品订单开发进度模型、钢轧品种订单跟踪数据基础台账，测算产品订单核算成本及盈利情况，作为接单排产依据。成本费用指标标准化。通过作业成本法等方法不断提高各项指标、费用等在各产品不同品种、规格之间分配标准的精度，将费用合理分配到"品种+规格+宽度+锌层厚度"等不同产品，多维度、多视角为"小微团队"测算产品品种盈利水平提供依据，并据此建立了成本标准化模型。通过标准化成本模型的建立，在上、下游产品价格变化时，可及时掌握不同品种规格产品的盈利能力水平。

（三）应对环保新常态，建立能源环保核算体系

建立环保成本台账。环保成本主要是测算环保对企业的直接影响，包括环保设施运行、检修、维护费用、水费、电费、药剂费、材料费、人工费用、检测费用、危废处置费、排污费、环保税等所有列入企业费用化支出的项目。间接影响包括减停产损失，原有环保设施减值损失，原材料采购成本、物流成本增加等。完善能源核算体系。建立各个发电机组成本效益测算模型、峰平谷用（发）电分析测算模型、外购水与循

环水成本效益测算模型、氧气生产规模与外销量成本效益测算模型等。

(四) 以组织创新为基础,设立财务共享服务中心

将总部单位直管财务人员职能,即每个单位从事现金出纳、费用报销、应收应付及银行对账岗位同类合并,整合分散重复的业务,利用信息化系统,设立财务共享中心。同时,各大子公司成立区域共享中心,将原来分散在各个财务机构的费用管理、资金收支等职能,全部划入到所在地区共享中心,取消其下属单位的资金收付职能。

(五) 以信息化为手段,开发内部网络银行系统

借助"互联网+"思维,开发了内部网络银行。可以实现集团内部经营单元之间交易不动用真实现金,以"虚拟货币"结算,结算中心统一收付外部资金,实现企业虚拟货币与真实资金之间的一体化;内行资金类型按现金与承兑两种模式运行,附有承兑汇票按日折算功能;开户单位账户正数余额按存款计息,账户负数余额按贷款计息,实现资金主动归集,区域结算中心主动向总部结算中心归集资金;可按照子公司隶属关系设定账户组,同一账户组内借贷余额可以对抵;基于真实交易背景,开户单位之间的财务费用作为价外费用随货物结算,实现增值税抵扣。

(六) 强化过程控制,优化预算控制手段

基于钢铁企业全成本构成要素,并按要素占比情况,河钢集团将钢材全成本归纳为"四要素成本"与"四要素外费用"两大类。"四要素成本"指原燃料成本、动力成本、人工成本、财务费用,"四要素外费用"是指以上四要素成本以外的所有费用。对该费用项目进行了细致梳理、合并后,统一确定了100项费用名目。在此基础上又结合原燃料、动力、人工、财务费用及往来结算支付项目,从资金支付角度按项目进行梳理,合并同类,削减不必要名目,最终统一确定了支付名目106个。严格预算编制和费用支付。将各子分公司及部门的年度费用预算录入内

行系统,系统能够自动把年度预算平均分解为月度预算,并在月初自动根据预算安排,把内行货币资金拨付给各开户单位的对应账户。按照组织架构给每个经营单元建立一个内部网络银行资金结算账户和费用结算账户。费用核算首先通过费用预算模块监控,在有费用项目和费用预算基础上,进入内部网络银行系统费用报销业务程序,受内部网络银行账户资金控制,有内部网络银行货币资金才可报销。

(七)以资金管理为中心,建立资金集中管控体系

确定了融资管理刚性控制目标,即以 2013 年年底全集团融资总量及各子公司的融资总量和各子公司的实际产量为基数,确定集团及各子公司融资量控制方法。明确了"三不"目标即融资规模不增加、负债水平不上升、财务费用不提高。自 2014 年起把"全年无新增贷款"作为不可触碰的红线,总部掌控全集团每一笔融资合同,每笔融资到期如果续作,必须报经总部批准。2017 年 10 月以来,河钢集团以内部网络银行为依托,以财务公司网银监控为抓手,按照"量入为出、以收定支"的原则,实行收支两条线管理,通过内部银行对子分公司收、支进行流量控制,坚决管住子公司非生产性支出。对外收款方面,子公司将外部销售收款(包含现金和票据)全部上存集团内行;对外支出方面,按照支付三原则(有预算、有资金、名目规范)规定向集团申请支付指令,符合要求的集团拨付资金。

(八)创新生产运营组织,建立低资金保障下的运营模式

从源头上杜绝高价物料的采购和使用,精准测算不同成本的原料配比方案,寻求最优的系统经济效益;加大对"外委、外包、外雇"和流通环节中间商的清理力度,大力削减基本生产要素以外的非生产性开支;实行设备和主要备品备件的全生命周期管理,提高设备完好率和运行效率;停止一切计划外投资项目,把精力转移到提高产线资源配置、品种结构调整和营销服务水平上来。通过一系列生产经营组织方式的变革,

转变为低资金保障下的运营模式。

（九）拓宽融资渠道，构建集团债券市场融资体系

2017年2月，河钢集团获得了银行间市场协会DFI发行资质，是河北省第一家、国有钢铁企业第一家获得该发行资质的企业。利用该资质，河钢集团可以自主、灵活地选择发行债券品种和窗口期，合理调整长、短期融资结构。2017年累计发行债券528亿元，其中中长期债券329亿元，有效把握了发债时间窗口期，使未来三年内财务成本降低10亿元。国际评级机构惠誉进行首次国际信用评级，获得"BBB+"级结果。

（十）利用金融工具，盘整存量资金

河钢集团利用自贸区税收政策，成立了融资租赁公司，打造为集团内部设备统一采购平台，并利用租赁业务产生稳定的、可预期的现金流，发行资产证券化产品；成立保理公司，作为供应链深度整合的助推器，开展集团商业承兑汇票、外部银行承兑汇票贴现业务。组建河钢集团票据中心，将传统的票据分散管理模式转变为全集团票据资源的统一运营管理，提升票据资源整合和创效能力。发挥本外币资金池职能，实现了境内外资金联动，调剂了境内外资金的余缺，减少了人民币与外币兑换损失。

（十一）推行全产业链金融服务，提升产业链管理成本

在借鉴德高商业模式的基础上，设计了销售端金融服务方案，即通过引入保险机制对信用销售形成的应收账款进行承保，从而规避90%坏账风险。在惠唐物联平台的基础上，开发集"系统标准化、自动化，功能集成性、开放性"的供应链管理平台，通过阳光操作、刚性资金结算制度，降低采购成本；创设"河钢铁信"在线金融支付工具，引入电子化、标准化及可分拆、可流转的类商票支付方式，提高信誉保证。充分利用中国香港、新加坡等地区和国家低成本资金与自有资金资源办理押

汇贷款，押汇贷款3个月美元成本1.8%，流动资金美元贷款3.8%、欧元2.3%，仅押汇年节约财务费用2亿元。依托德高国际贸易平台，结合钢材出口业务，调配境内外资源办理出口钢材预收款融资，由德意志银行组成银团贷款3.8%，每年集团押汇贷款10亿~15亿美元，节约财务费用2.4亿~3.6亿元。

三、经验成效

（一）原燃料降本显著

2016年、2017年，国内铁精粉采购成本分别比中钢协平均采购成本降低36元/吨和28元/吨，进口矿采购成本分别低于普指0.6美元/吨和1.12美元/吨。

（二）物流成本逐年降低

2016年、2017年吨钢综合物流费用均由原来的400多元分别降至313.77元/吨和315.21元/吨，不含海运费运费分别降至277.83元/吨、273.31元/吨。

（三）工序成本挖潜巨大

2016年、2017年全集团共实现内部挖潜202亿元，折吨钢挖潜226元，其中2016年度挖潜总额117亿元，吨钢挖潜260元；2017年度挖潜总额85亿元，吨钢挖潜191元。

（四）产品结构快速调整

2016年品种钢比例达54%，2017年又提升至64%。2017年集团销售超过450万吨，成为汽车用钢国内第二大供应商。家电板销量达到280万吨，家电用彩涂产品市场占有率高达30%，保持国内第一大供应商引领地位。重轨产品通过 CRCC 复审并获得欧洲出口"通行证",成为我国唯一通过欧标认证企业。

(五)融资结构得到优化

2017 年年末,长期融资比重达 43%,较上年提升 10 个百分点,直接融资占比 28%,较上年提升 3 个百分点。

(六)金融公司利润可观

2017 年,河钢财务公司全年贷款投放余额 121 亿元,累计办理信贷业务 873 亿元,开展票据业务 245 亿元、投资理财业务 118 亿元,创效 4 亿元。2017 年河钢租赁在完成售后回租 145 亿元的基础上,开展衡板、乐钢设备直租 5 亿元;河钢保理办理票据保理 183 亿元,合计创效额达到 5.55 亿元。河钢售电 2017 年 2 月在北京电力交易中心取得 5 省市交易资质,2017 年为子公司获取低价电资源 53.5 亿千瓦时,实现降本 1.71 亿元。

案例 58
一手抓敏感成本 一手抓政策红利
——云南冶金集团降成本出实招见实效

一、基本情况

云南冶金集团股份有限公司(以下简称冶金集团或集团)是集采选矿、冶炼、加工、勘探、设计、工程施工、内外贸为一体的云南省有色金属工业重点骨干特大型企业集团。拥有采矿近1200万吨、选矿近1200万吨、冶炼260万吨、各类加工产品100万吨的年生产能力,已形成较为完整的产业链。截至2017年年底,资产总额近900亿元,是中国企业500强和中国制造业500强企业。

受宏观经济增速放缓和行业周期下行影响,冶金集团连续四年亏损,经营压力巨大。面对严峻局面,冶金集团没有丧失信心和斗志,没有消极等靠,根据中央关于"去产能、去库存、去杠杆、降成本、补短板"五大任务的总体部署,按照《云南省关于供给侧结构性改革降成本的实施意见》(云政发〔2016〕45号)、《云南省降低实体经济企业成本实施细则》(云政发〔2017〕50号)等文件(以下简称两文件)的具体要求,紧紧盯住"降本增效"这个目标,按照"抓党建、晒成本、促帮扶"这个主线,奋力开展各项工作,有效组织集团各职能部门和企业,认真分析市场、积极研究政策,抓住重点、找准短板、拿出举措、有效实施,实现营业成本、销售费用、管理费用、财务费用等各项成本同口径均出现较大程度下降,营业总成本增幅远远低于营业总收入增幅,2017年全年合并报表实现10.18亿元利润(上年同期亏损42.92亿元),打赢扭亏翻身仗。

二、主要做法

(一)剖析成本,研究政策,找准症结明方向

冶金集团主业横跨多种金属,各金属的产业链条上下延伸多个环节,成本影响因素十分复杂,要做好成本管控,做到有的放矢,有效降低生产经营管理成本,在全过程控制的基础上,必须抓住对经济效益影响最敏感的成本因素以及最可控的成本控制因素这两个"牛鼻子"。为此,冶金集团一方面认真分析成本构成,对各环节成本逐一剖析,排出敏感顺序,找到关键因子,对症下药,拿出有针对性的措施;另一方面,认真研判政策,学习领会两文件精神,找到最有操作性的突破口,分解落实任务,最大程度发挥政策导向作用,精准有效降低成本费用。

冶金集团属于资源类的高载能行业,最敏感的成本因素就是能源和原料成本,全年用电量近300亿千瓦时,是南方电网第一大用户,加上原料成本,两项成本占集团主要产品生产成本的80%以上,占主营业务成本的50%以上。抓实抓好这两项成本的降低,降本增效的工作目标就实现了一大半。

冶金集团属于重资产行业,2017年年末带息债务超过480亿元,全年年利息支出达到29.15亿元。同时,冶金集团又是高物流量的行业,仅铝板块、铅锌板块全年物流量就超过700万吨。近年来,国家和云南省在降低财务成本、物流成本等方面出台大量政策,提供大量政策机遇。在集团的各成本因素中,最有可能发挥政策作用的就是这二者。

(二)精心组织,有的放矢,拿出举措抓重点

围绕上述主要成本费用项目,结合成本管理均在下属生产企业的实

际，集团精心谋划，统筹安排，通过预算指标安排、管控模式调整、专项工作推进、资金管理资本运作协同等多种方式，在降本工作推进中积极发挥职能部门及各子企业主观能动性、切实贯彻集团意图，确保成本费用降低和经济效益增加落到实处。

一是牢牢抓住全面预算管理这个龙头。在各企业年度预算指标下达过程中，立足实际，合理拔高，在可比成本降低率、可比管理费用降低率等指标上，提出既不浮夸又须全力以赴才能实现的要求。对指标完成情况严格跟踪，对标考核，确保下达的指标起到实实在在的指导作用。

二是积极推进集团管控模式转型。在前期探索试点的基础上，全面推行"管控中心+平台公司"的管控模式，陆续成立"能源管控中心+售电公司""矿产资源管控中心+资源公司""资本运营管控中心+投资公司""技术中心+研究院"等一系列机构，将集团部门的行政推手职能与平台公司的市场抓手功能结合起来，确保集团降低能源、资源等成本的意图得到有效落实。

三是扎实抓好市场营销、生产调度等专项工作机制。通过定期召开集团市场分析会、生产调度会等专项会议，精准定位生产经营和管理过程中出现的各种新情况、新问题、新政策，问计于民，提出应对的新思路、新办法、新应用，尽可能降低原辅料采购成本、生产成本等费用。

四是切实推进资金管理和资本运作协同工作。充分发挥集团资金集中管理优势，在合法合规的前提下，全集团范围内的资金统筹安排，极大地降低了资金使用成本，提高了运行效率。按照中央和云南省降杠杆工作的总体要求，充分发挥多层次资本市场功能，全力推进各个层面的混改和资本运作工作，改善集团各级公司的资产负债结构，直接降低财务费用支出。

三、经验成效

集团公司抓住龙头重点，各职能部门、管控中心和子企业层层推进，抓大不放小，全面落实降本增效工作，多个方面取得明显成效。

（一）总体成本降低

2017年度有色金属价格上涨，集团全年营业收入超过470亿元，收入增长35.32%，营业成本同比增长31.36%，销售毛利率自2016年的13.84%提高到2017年的17.27%，提升了3.43个百分点。营业成本项目中，矿产资源、大宗辅料等外购价格上涨幅度远大于产品销售价格，毛利率上升主要得益于各生产企业强化生产过程管理，节能降耗、提高金属回收率、减少跑冒滴漏等措施的有力实施。2017年管理费用和销售费用的增幅也大大低于营业收入增幅。在同期带息债务规模基本持平、市场利率水平却较大幅度上涨的情况下（2017年仅银行同业一年期拆借利率就同比上升1.22%），财务费用增幅只有0.97%，降本增效成效显著。

（二）能源成本降低

抓住云南省被列为电力体制改革综合试点的机遇，充分发挥"能源管控中心+售电公司"管控模式作用，以南方电网第一大用户地位为依托，集团售电公司集合全集团各企业零星分散的用电需求，化零购为趸购，通过年度双边交易、月度双边交易、月度增量挂牌交易方式直接进入电力交易市场购电，最大限度降低用电价格、提高效益。2016年用电综合均价较2015年降低13.50%，降低用电成本超过8亿元。2017年在省内市场化交易电厂侧均价上涨2.35%的情况下，冶金集团用电综合均价只上涨1.56%，同口径节约超过1.60亿元。

（三）原料采购成本降低

通过按月召开的集团市场营销分析会，深入分析、准确把握市场行情，科学有序安排采购的节奏和数量，适时调整营销、套保策略，努力实现采购成本最优化。2016年全年国内市场氧化铝平均出厂价为2069元/吨，云铝采购平均出厂价格为1940元/吨，较同期市场价格低129元/吨，全年节约采购成本 2.7 亿元；2017 年全年国内市场氧化铝平均出厂价为 2904 元/吨，云铝采购平均出厂价格为 2792 元/吨，较同期市场价格低 112 元/吨，全年节约采购成本 2.3 亿元。

资源自给率较高的驰宏锌锗公司则强化各项工作，在提高铅、锌选矿回收率，及锌冶炼回收率、铅粗炼直收率、铅精炼直收率等指标上做文章，2017 年上述五个指标分别提高 0.47、0.07、0.93、0.52、0.7 个百分点，相当于原料成本降低 2300 万元。

（四）财务成本降低

集团公司充分发挥财务公司资金集中管理平台功能，强化集团资金统筹力度，系统地降低集团资金使用成本。集团各子公司通过内部融资 2016 年减少 3600 万元财务成本，2017 年减少 4000 万元财务成本，加上 2016、2017 两年财务公司自身的利润 8769 万元、9177 万元，通过财务公司资金平台的统一运作，2016、2017 年共节约财务成本超过 2.56 亿元。

充分发挥集团资本运营管控中心作用，加大股权融资力度，统筹谋划上市公司再融资，2016—2017 年，集团下属两个上市公司共计实现再融资 3 次，引入集团外增量股权资金 98.89 亿元，大幅降低了集团资产负债率和财务成本。

（五）物流成本降低

根据两文件精神，对符合中国铁路总公司议价政策规定的运输产品，通过议价方式给予铁路运价下浮优惠。集团公司积极协调昆明铁路局集团有限公司形成战略合作关系。集团下属企业强化沟通，争取铁路局支持。其中铅锌板块积极争取铁路运输价差优惠系数，并根据运输市场变化，调整小金属、贵金属等产品运输方式，大幅降低物流成本支出。通过铁路运输优价及运输模式调整，2016、2017 年分别减少铁路物流费用支出 1800 万元、2100 万元。铝板块大力发挥战略联盟优势，通过量价互保等措施，增加专用铁路到发物资的品类，吸引社会物资运量，仅此一项 2017 年就节省物流成本 3800 万元。采用社会公开招标与邀标相结合的方式选择合格承运方,通过阳光下运作晒出成本中的水分。冶金集团的物流已逐步从保障性物流向低成本物流转变。

围绕"三去一降一补"的总体要求,冶金集团在供给侧结构性改革中主动作为,提高可持续竞争力,通过包括"晒成本"在内的各项工作推进,努力打造行业优强企业,努力建设高质量发展的新时代冶金。

案例 59
精益管理促进降本增效 创新驱动引领企业发展
——新疆天业苦练内功挖掘降本潜力

一、基本情况

新疆天业（集团）有限公司（以下简称天业集团）组建于1996年7月，是新疆生产建设兵团第八师的大型国有企业。连续多年进入中国企业500强、中国制造业500强，是全国第一批循环经济试点企业、技术创新示范企业、循环经济教育示范基地和资源节约型、环境友好型企业创建试点企业。天业集团控股的新疆天业（代码：600075）于1997年6月在上海交易所上市，天业节水（代码：0840.HK）于2006年2月在香港成功上市。天业集团所属产业涉及化工、热电、电石、水泥、塑料制品、节水器材、物流、矿业、建材、食品、对外贸易、建筑与房地产等多个领域，是目前国内产业化配套最完整、产品品种最多的电石乙炔法聚氯乙烯生产企业，世界上生产规模和推广应用面积最大的高效节水农业综合服务企业。

天业集团通过20多年的发展，形成了140万吨聚氯乙烯树脂、100万吨离子膜烧碱、245万吨电石、400万吨新型干法电石渣制水泥、180万千瓦热电、20万吨1,4-丁二醇、25万吨乙二醇和600万亩节水器材生产能力，拥有国家认定的企业技术中心、国家节水灌溉工程中心、博士后科研工作站和氯碱化工国家地方联合工程研究中心等国家级高水平研发平台。

二、主要做法

（一）全力落实好"稳增长"政策，实现企业降本增效

1. 积极对接自治区、兵团及师市出台的"稳增长"系列政策措施

为应对近几年经济下行压力，自治区、兵团及师市先后出台了"稳增长"的一系列措施，对重点行业解困起到了明显的成效，天业集团紧紧抓住政策，依托政策为根基，有效应对危机，保障了企业经济的平稳运行。一是抓住铁路运输运费补贴政策，大力开展产品运输，2016年物流运输实现降本近1.14亿元。二是紧紧抓住低电价政策及新能源电力替代工作，2016年节约电力成本约1.09亿元，2017年节约电力成本约1.18亿元；同时矿业产业三大石灰基地实施了直购电方案，2016年节约成本近591.25万元，2017年节约成本近503万元。三是认真对接营改增和企业研发费加计扣除政策，积极研究政策，对营改增、精简归并等政策进行认真解读、宣贯应用，实现成本降低，2016年争取研发费用加计扣除2700万元以上，2017年争取研发费用加计扣除1631万元。

2. 抢抓"一带一路"的发展战略机遇，加大中欧班列发运

在国际市场形势严峻的大环境下，天业集团紧紧抓住"一带一路"机遇，首先在2015年3月10日首次顺利试运西行国际货运班列，从石河子（天业站）发运一列天业自产产品聚氯乙烯和烧碱抵达俄罗斯科夏科夫卡站。西行国际货运班列的开通运行，较以往采取传统东出运往欧洲的运输方式，是一条运输时间短、运距少、成本低、市场竞争力强的贸易新通道，对天业产品销往俄罗斯、中亚、北欧、东欧，最终到占领欧洲市场，开辟了一条新的运输方式。另外，积极打造乌鲁木齐中欧班列集结中心的分中心和兵团中欧班列集结中心。积极推进"内引外联、东

联西出、西来东去"的向西开放战略,通过中欧国际货运班列实现国内产品的发运和销售,同时,从国外引进能源、资源类商品的进口,不断调整优化贸易结构,促进贸易畅通,推动对外贸易多样化发展。2015年发运班列5列,发运产品8000吨;2016年发运中欧班列18列,发运产品2.1万吨;2017年发运中欧班列104列,发运产品16.82万吨。

(二)全面加强企业精益化管理,提高全要素价值链生产率

1. 提高经营管理水平,实现从精细化管理向精益化管理转变

一是深入贯彻落实安全生产"红线"理念,完善安全生产目标管理措施,强化安全生产工作基础,有效控制和减少各类生产安全事故发生,实现生产的平稳运行,达到降本增效的目的。二是坚持绿色发展,始终坚持生态保护第一,把发展建立在生态安全的基础上,增强环境保护意识和责任意识,加大污染防治力度,落实生态保护责任,切实保护好新疆的一草一木、山山水水,让新疆青山常在、绿水长流。三是加快实施名牌战略,积极开展"质量立企""名牌兴企""品牌强企"活动,不断提升企业的信誉度、美誉度和知名度。在目前23个PVC品种的基础上,加速研发出下游能大批量使用、个性化的特种PVC树脂,生产高端化、差异化、多元化产品,让创新产品成为天业提质增效的增长点,形成参与市场竞争的"新蓝海"。四是转变升级管理理念,运用精益思维,优化内部管理。把内控管理与外部市场需求高效统一于天业的发展目标,追求存量最小化、流动最大化、生产最优化,满足下游客户需求,最终实现价值最大化。五是整合全价值链。从原料采购、仓储运输、生产、库存、订单处理、配送、销售等全价值链做一个高效的整合。在全价值链整合上做到精益化管理,通过信息化、自动化、智能化来提高管理效率,取消没有任何附加价值的作业,持续提高劳动生产率,达到经济效益最大化。

2. 改变成本控制方式,实现从降低成本向重塑成本转变

一是剖析各种显性和隐没成本,改进成本策略和结构,精确计算

"投入"与"产出",将成本以严格、细致的科学手段进行管理分析,奠定重塑成本的基础。二是转换思路,用创新的技术、智能化的手段,打破原有的控制成本的方式,构造全新的成本结构。三是从深度、高度和广度上降低成本。统筹协调生产和管理流程中的各个环节链条,改进管理模式和运行机制,减少中间层的重复性操作,任何环节做到最优化,实现生产满负荷和管理满负荷。

3. 立足当前,谋划长远,多措并举实现降成本

一是加强运行监测,提高分析研判能力,重点对循环经济产业链企业实现精准生产调度,确保运行高效稳定。二是在原料采购、生产、库存、销售、市场等环节,对产品的全生命周期价值链进行资源的高效整合,把压低库存量、降低原辅料价格、提升销售模式等方面作为节本增效的具体措施,认真落实。在生产降成本方面,实施精益化管理,持续开展"拧毛巾"式的降成本方式,同时加强生产过程管控,确保生产装置满负荷运行,杜绝跑冒滴漏和非计划性停车。在物资采购环节降成本,按照采购的"5R"原则,即适时、适质、适量、适价、适地的采供模式,规范操作流程,及时组织企业生产所需物资的供应。在物资采购价格上,引入价格竞争机制,寻找最佳的成本切入点,了解市场物资价格走势,广泛收集价格信息和分析价格波动走向因素,采取反复询价、比价、竞价的优选法,在比较、筛选、反馈和决策等程序上进行了有效的尝试。2016 年、2017 年集团公司全价值链降成本分别达到 4 亿元、0.7 亿元。三是提高全员劳动生产率,配置人力资源和健全激励与约束机制,提升信息化、自动化、智能化水平,降低显性成本、严控机会成本、定制人力成本,力求实现生产最优化、存量最小化、价值最大化。通过优化岗位设置,运用信息化、自动化、智能化提升劳动效率,2016 年实现了劳动生产率提高 15% 的目标,2017 年劳动生产率提高 26.82%。四是实施全面对标管理,对生产规模、产品质量、效率、消耗、运转率、负荷率以及资金占用率、资产周转率等与先进企业进行全面对标分析,找差距、找短板，努力实现天业集团的各项指标向优秀企业学习靠近。五是提升财务管理水平，提高资本运作的能力。不断探索和创新财务管理模式，形成经营成本核算、财务管理、产融结合、资本运作相互支撑的财务运作体系。2017年实现财务利息支出下降1亿元。加大供应链金融和资本运作力度，2017年天域汇通完成贸易额1亿元。六是积极推进两化融合建设，打造数字化工厂和智能化生产线，借助信息化平台打造"物流+互联网"和ERP为中心的管理一体化，不断提升大数据的分析和解读能力，为生产提供依据。七是进一步加强公司技改及检修费用控制。在资金实际使用上，科学计划，严格施工程序和工程核算，确保资金按计划完成。八是加大节能节水改造力度，建立能源管控一体化系统，通过可视化的能源管理中心，抓住节能的关键环节，运用先进的节能技术，提升节能效果。天业集团连续六年荣获"中国石油和化学工业联合会能效领跑标杆企业"称号。九是加强企业现场管理，实施"6S"管理方式（即整理、整顿、清扫、清洁、安全、素养），以达到提高企业管理水平和降本增效的目的。建立健全现场管理考核标准及考核办法，从制度建设入手，努力用制度和机制来管理，使现场管理由无序向有序转变。

4. 推进多种营销模式，大力开展降库存实现降成本

一是在产品降库存上，大力实现产品销售。公司主动融入"一带一路"发展倡议，各类产品开拓全球市场，已销往全球108个国家和地区，其中涉及50个丝绸之路沿线国家和地区。通过直销、预售、期货及电子商务等多种营销模式，实施差异化精准营销，与生产同步放大高端、保持中端、压缩低端，逐步实现由通用产品占据主导向特种个性化产品占据主导转变。2016年产品库存降低近6.68亿元。在房地产房屋销售降库存上，公司紧扣国家房产地去库存调控政策，开展多种营销模式，掌握市场需求信息，研究房地产市场规律，大力促进房地产库存销售，全年房产库存较同期降低近3358万元。二是加大库房库存物资清理，按照物资的"物有所值、物尽其用"的消耗定额和合理配置资源原则，进一步紧缩库存，调剂积压，净化库存结构，化静止闲置资产为动态增量资产，2016年整体库存物资较同期下降35%，其中积压物资较同期下降18%，2017年积压物资再降30%，有效盘活了资金的使用效率。

（三）坚持创新驱动战略，挖掘降本潜力

创新是天业的灵魂，也是天业集团实现超常规、跨越式发展的不竭动力和制胜法宝。天业集团以现有的循环经济产业链为基础，围绕"纵向延伸、横向可调"，进一步优化产业结构，延伸循环经济上下游产业链，提高产业链抗风险能力。重点发展聚氯乙烯树脂、烧碱、电石、1,4-丁二醇和乙二醇下游产业，以及乙炔、氯产品下游产业链。推进氯化聚氯乙烯、纳米碳酸钙、万山天业触媒回收等项目的产业化。持续改进和提升固汞触媒品质，加大固汞触媒对外销售力度。积极开发超低汞触媒，加快无汞触媒工业化试验进程，形成触媒"生产-应用-回收"一体化产业链，继续保持行业领先地位；同时，加大科技研发投入，做好新产品开发工作，针对市场需求，不断提高产品品质；积极开展技术改造，不断优化生产工艺，充分发挥循环经济链的核心竞争优势，实现降本增效的目的。近两年实施的降成本技改项目案例及取得的成效有：天域新实化工电石渣及废次钠回收乙炔气改造项目降成本达818万元，实施BDO引氢气至盐酸改造项目年节约天然气140万方减少人员8名，聚合装置管线改造项目全年可提高PVC产量2544.9吨，聚合软水加热改造项目全年降低成本136.2万元。天能化工实施氯乙烯热水余热回收利用每年可节约蒸汽和纯水成本约为385.2万元，实施循环水泵改造项目可节约电费524万元，冷冻增加一台新型高效蒸发器每年可减少一次水消耗25920立方米，全年增产PVC5981吨、液碱3888吨。对氯碱系统内蒸汽冷凝水进行水和热量的优化利用节约蒸汽采购成本640万元。对PVC浆料离心机进行优化节约蒸汽采购成本127.8万元。天伟化工电氯分厂二次盐水增加在线分析降成本费用66.4万元；实施SPVC干燥智能控制年节约成本13万元；EPVC干燥蒸汽冷凝水及高压清洗泵机封水回收利用

年节约成本 78.1 万元。碱分厂上盐斗提机的改造年节约成本 14.4 万元。

三、经验成效

近几年氯碱行业产能严重过剩、供大于求的矛盾日益凸显，行业面临着严峻的考验。发动全员降成本、增效益、强创新、严管理，是行业走出困境、实现更快发展、建设永续竞争力的迫切要求。天业集团紧紧围绕国家供给侧结构性改革的五大任务——去产能、去库存、去杠杆、降成本、补短板，积极行动，着力推进，把五大任务与天业经营实际联系起来，积极对照，拿出有力的措施和办法，进行层层推进，取得了较为明显的成效。

案例 60
打造陶瓷产业链整合服务平台
开辟传统产业降本增效新路径

佛山众陶联产业平台（以下简称众陶联），是经政府培育指导，由龙头企业抱团发起，依托产业优势，以供应链为切入点，推动陶企生产经营各环节模式创新再造的产业链整合服务平台，为互联网与实体经济相融合的新模式新业态。

一、基本情况

佛山陶瓷发展历史悠久，改革开放后进入迅猛发展期，大量乡镇企业和民营企业兴起，拥有一群扎根本土、深耕陶瓷领域多年的企业家，由此催生出东鹏、鹰牌、新中源、新明珠、蒙娜丽莎等一批中国名牌，形成面积超过 100 万平方米的陶瓷专业市场，年产值超过 1000 亿元，产量占全国 30% 以上，出口量占全国 70% 以上，产品远销世界 100 多个国家和地区，成为全国重要的陶瓷产业基地、享誉世界的陶瓷之都。

随着我国经济发展步入新常态，佛山陶瓷过去粗放发展隐积的弊端逐渐凸显，面临转型升级"痛点"。如陶瓷行业整体产能过剩，生产成本不断攀升，产品质量不够稳定，高端产品竞争力不强，高能耗高污染问题突出等。站在佛山陶瓷不进则退的时代"拐点"，陶瓷企业家们深刻认识到：佛山陶瓷必须勇于刮骨、整装重发，抱团推进陶瓷产业转型升级和行业高质量发展,方能实现破茧重生。

2016年3月,佛山市政府按照"政府引导、市场主导、企业主体、龙头带动、多方参与、抱团整合"的原则,以陶瓷行业为试点,扶持东鹏陶瓷、新明珠陶瓷、蓝源资本等15家企业发起成立佛山众陶联产业平台,以"产业+互联网+金融资本"为核心路径,打造"B2B+O2O"的陶瓷产业链全球性集采平台,消除中间环节,降低平台内企业成本,提升产业效率与产业资源的集中度,构建起陶瓷产业上下游协作共赢的生态系统。

二、主要做法

(一)创新供应链采购模式,降低企业成本

导致成本上涨的关键原因在于采购交易不透明、不规范,隐性成本太高。为此,众陶联将上下游陶瓷企业的碎片化资源整合到平台上,打通采购方与源头供应方直接对接渠道,彻底解决供采双方信息不对称问题,减少中间交易成本,同时净化行业生态。平台建立的交易模式包括撮合交易、集中采购、源头采购等。撮合交易是提供线上查询及业务洽谈,促进供采双方直接达成交易,这是目前最活跃的交易模式;集中采购是整合行业采购需求量,统筹发起招投标采购,争取更低的市场采购价格;源头采购是与原材料供应基地对话,最大化压缩中间环节,让交易成本最省最优。截至2018年11月底,平台累计交易金额超423亿元,为平台内企业平均降低成本约10.58%,大大增强企业获得感。

(二)建立健全陶瓷行业标准,提升产品品质

通过先承认企业现有标准、再优化企业标准、最终提炼众陶联标准等三级步骤,建立健全行业采购物料标准、质量检测标准、付款标准以及团体标准,改变陶瓷行业原材料采购没有标准的痛点。已累计制定原

材料检测和抽样标准36项，针对108种常用原材料全部制定了物料标准，发布团体标准11项，填补了许多国内标准空白。企业可利用物料标准，再造生产流程分析，从源头上提高产品质量。

（三）畅顺企业"走出去"机制，拓宽市场空间

积极打造"一带一路"海外泛家居超级商贸平台，2017年12月，众陶联与阿曼工业部、阿联酋经济部、卡塔尔皇家商会建立战略合作伙伴关系，共同构建中国与阿拉伯国家产能合作平台。建立完善销售网络，在"一带一路"国家设立关内展示馆、关外保税区。建立设计联盟，针对不同国家民族习惯、文化习惯、宗教习惯、生活习惯、建筑习惯，研究适销对路的创新型产品。打通物流通道，与佛山瑞翔国际货运有限公司合作，筹建海、陆、空泛家居可视化物流平台。

（四）创新污染共治和节能机制，推动绿色发展

成立环保平台，将最新的环保技术、环保设备放到平台上，为陶瓷企业共治污染提供全方位服务。大力推广干法制粉，单位粉料综合能耗可下降79.91%，污染物总排放可下降84.41%。积极参与电力改革，与多个售电公司签订合作协议，帮助企业进入电力交易平台。与中国科学院广州能源研究所合作，进行碳盘查和碳排放调查，为陶瓷行业全面实施碳交易做足准备。

三、经验成效

（一）政府引领，为平台型企业发展全面护航

众陶联在成立和运作过程中也遇到了一些困难和问题，市委、市政府立足陶瓷实力雄厚的产业基础，充分发挥民营经济发达的内生优势，因势利导，通过政府引领、企业唱戏，助推众陶联最终顺利诞生、有效

运作。主要有以下经验：

1. 政府引导助诞生

由于各企业之间利益存在偏差，自发性抱团组织松散，难以成功。早在2014年11月，东鹏陶瓷等龙头企业即发起成立佛山陶瓷产业联盟投资有限公司，谋求推动行业抱团发展，但由于组织架构松散、发展路径不清、运作机制不佳等原因，未发挥成立之初预期作用。在此之际，市政府充分发挥引导和协调作用，敏锐捕捉市场信息，及时引入从事产业互联网整合的蓝源资本金融投资集团，组建专门工作组，与陶瓷协会共同研究"产业+互联网+金融资本"的顶层设计方案，最终推动众陶联顺利诞生。

2. 政策扶持上轨道

平台型企业初期一次性投入和运营成本较高，会存在现金流短缺情况。为使平台运作尽快步上正轨，2017年，市政府在市发改局设立总规模5亿元的佛山市供给侧结构性改革专项基金，以股权投资形式投资众陶联2000万元。市有关职能部门强化常态服务，积极为其争取各级政策优惠与扶持资金。众陶联由初期亏损逐步向止损、盈利阶段过渡，2018年预计盈利2000万元。

3. 市场运作促发展

企业的发展需要政策扶持，但最终还是要靠市场。众陶联通过三步走完善市场化运作：第一步，科学搭建"UCA众陶联"线上平台。将初始加盟企业的供需资源整合到该平台上，提供"B2B+O2O"服务，促成线上交易，形成先期示范带动效益。第二步，迅速集聚目标客户群体。发起股东利用行业影响力，带动产业链上下游企业集聚，并按照"先邀请企业免费加入，后按企业通过平台交易实际金额，收取一定比例费用"的营销策略，迅速吸引过千家企业注册加入。第三步，做强主业同时扩大业务领域。做强集中采购这项主业同时，将业务拓展到标准、检验、研发、环保、大数据、人才等多个领域，为企业提供更多增值服务，为平台创造更多盈利点。

（二）多方共赢，带动效应持续扩大

众陶联成立后，展现出勃勃发展生机，在多个领域取得明显成效，形成独具特色的经验模式，并具备可复制推广意义。

1. 平台影响力不断扩大

截至2018年11月底，平台内企业数从最初的16家陶瓷企业增加到注册会员数7026家；企业产值大幅提升，由成立最初的800亿元增加到超过2215亿元，占全国陶瓷行业的48%；服务范围持续扩大，先后在山东、辽宁、江西、湖北等地建立分站，基本覆盖陶瓷主要产区，与各地企业建立广泛合作关系。

2. 带动涌现系列"众"字平台

在众陶联效应带动下，佛山陶瓷行业发展逆势上扬。2017年佛山陶瓷（墙地砖）总产量11.45亿m^2/年，增长9.8%，高于全国（-1.15%）10.95个百分点，分别较2015年、2016年加快8.9和9.1个百分点。市委、市政府总结提炼其可复制可推广的经验做法，向其他优势传统产业复制，先后推动成立了"众塑联""众衣联""众铝联"等一系列"众"字产业平台。其他优势传统行业也正积极探索成立服务各自行业的产业平台，"众"字产业平台在佛山呈遍地开花之势。

3. 形成积极社会反响

众陶联成立以来，得到各方关注和媒体聚焦。2017年7月，央视大型政论片《将改革进行到底》第二集聚焦报道了众陶联做法。此外，还受到省内外兄弟城市和行业协会、龙头企业广泛关注，先后接待各类调研活动数十批次，东莞家具、中山灯饰、双鸭山煤炭等行业也纷纷借鉴其经验。

下一步，佛山将抓紧抓牢供给侧结构性改革工作主线，进一步完善支持实体经济发展的政策体系，不遗余力扶持众陶联等各类产业平台优化发展，推动传统产业降本增效提质，在制造业转型升级路上探索更多有益经验。

The Casebook
on Cost Reduction

附 录

国务院关于印发
降低实体经济企业成本工作方案的通知

国发〔2016〕48号

各省、自治区、直辖市人民政府,国务院各部委、各直属机构:

现将《降低实体经济企业成本工作方案》印发给你们,请认真贯彻执行。

国务院

2016年8月8日

(此件公开发布)

降低实体经济企业成本工作方案

开展降低实体经济企业成本工作，是党中央、国务院为有效缓解实体经济企业困难、助推企业转型升级作出的重要决策部署，对有效应对当前经济下行压力、增强经济可持续发展能力具有重要意义。为切实抓好各项工作任务的组织落实，确保取得成效，特制定本方案。

一、总体要求

（一）指导思想。全面贯彻党的十八大及十八届三中、四中、五中全会精神和习近平总书记系列重要讲话精神，落实党中央、国务院决策部署，按照"五位一体"总体布局和"四个全面"战略布局，牢固树立和贯彻落实创新、协调、绿色、开放、共享的发展理念，推进供给侧结构性改革，采取针对性、系统性措施，有效降低实体经济企业成本，优化企业发展环境，助推企业转型升级，进一步提升产业竞争力，增强经济持续稳定增长动力。

（二）目标任务。经过 1~2 年努力，降低实体经济企业成本工作取得初步成效，3 年左右使实体经济企业综合成本合理下降，盈利能力较为明显增强。**一是税费负担合理降低**。全面推开营改增试点，年减税额 5000 亿元以上。清理规范涉企政府性基金和行政事业性收费。**二是融资成本有效降低**。企业贷款、发债利息负担水平逐步降低，融资中间环节费用占企业融资成本比重合理降低。**三是制度性交易成本明显降低**。简政放权、放管结合、优化服务改革综合措施进一步落实，营商环境进一步改善，为企业设立和生产经营创造便利条件，行政审批前置中介服务事项大幅压缩，政府和社会中介机构服务能力显著增强。**四是人工成本上涨得到合理控制**。工资水平保持合理增长，企业"五险一金"缴费占工资总额的比例合理降低。**五是能源成本进一步降低。**企业用电、用气定价机制市场化程度明显提升，工商业用电和工业用气价格合理降低。**六是物流成本较大幅度降低。**社会物流总费用占社会物流总额的比重由目前的4.9%降低0.5个百分点左右，工商业企业物流费用率由8.3%降低1个百分点左右。

（三）主要原则。

坚持全面系统推进和抓住关键环节相结合。妥善处理政府和市场、中央和地方的关系，调动各方面积极性，全面推进降成本工作。突出问题导向，创新工作思路和方法，针对造成实体经济企业成本居高不下的关键因素，制定可操作、可落地、可检查的系统性政策措施。

坚持解决当前问题与着眼长远发展相结合。坚持标本兼治、远近结合、综合施策，一方面及时出台有针对性的政策措施，缓解当前的突出矛盾和问题；另一方面通过深化改革，营造良好发展环境，逐步解决造成实体经济企业成本过高的体制机制问题。

坚持支持企业发展与实现优胜劣汰相结合。突出政策措施的针对性和差别化，既要有效降低实体经济企业成本，加快转型升级步伐，又要充分尊重市场经济规律，加快落后产能退出，提升经济可持续发展能力。

坚持降低外部成本与企业内部挖潜相结合。在加强制度设计、优化政策环境、发挥好金融系统支持作用，有效降低外部成本的同时，引导实体经济企业采取提升生产效率、提高管理水平、加快技术创新等挖潜增效措施，降低企业内部成本。

坚持降低企业成本与提高供给质量相结合。以增加有效供给、提高供给质量为前提，发挥好骨干管理人员、技术人员、广大员工的关键作用，加强质量管理，增强创新能力，进一步增加产品和服务供给，增强产业竞争力。

二、合理降低企业税费负担

（四）全面推开营改增试点，确保所有行业税负只减不增。将营改增试点范围扩大到建筑业、房地产业、金融业、生活服务业，并将所有企

业新增不动产所含增值税纳入抵扣范围。（牵头单位：财政部，参加单位：全面推开营改增试点部际联席会议成员单位）

（五）落实好研发费用加计扣除政策，修订完善节能环保专用设备税收优惠目录。加强协调配合，落实好研发费用加计扣除政策。研究将新材料、关键零部件纳入首批次应用保险保费补偿机制实施范围。修订完善《环境保护专用设备企业所得税优惠目录》和《节能节水专用设备企业所得税优惠目录》。（牵头单位：财政部、工业和信息化部，参加单位：税务总局、国家发展改革委、环境保护部、保监会）

（六）扩大行政事业性收费免征范围，清理规范涉企收费。将国内植物检疫费、社会公用计量标准证书费等18项行政事业性收费的免征范围从小微企业扩大到所有企业和个人。全面实施涉企收费目录清单管理，将涉企行政事业性收费、政府性基金、政府定价或指导价经营服务性收费和行政审批前置中介服务收费等项目清单，在地方政府及国务院各部门网站常态化公示。进一步清理各类电子政务平台的服务收费，严禁依托电子政务平台捆绑服务并收费。查处和清理各种与行政职能挂钩且无法定依据的中介服务收费。加强涉企收费监督管理，畅通企业举报渠道，完善查处机制，制止乱摊派、乱收费等违规行为，坚决取缔违规收费项目。（牵头单位：财政部、国家发展改革委、工业和信息化部，参加单位：国务院国资委、税务总局）

（七）取消减免一批政府性基金，扩大小微企业免征范围。取消大工业用户燃气燃油加工费等地方违规设立的政府性基金。落实好已明确的减免政府性基金等政策，将新菜地开发建设基金、育林基金征收标准降为零，停征价格调节基金，整合归并水库移民扶持基金等7项政府性基金；将教育费附加、地方教育附加、水利建设基金免征范围由月销售额或营业额不超过3万元的缴纳义务人扩大到月销售额或营业额不超过10万元的缴纳义务人。（牵头单位：财政部、国家发展改革委，参加单位：国土资源部、水利部、农业部、税务总局、国家林业局）

三、有效降低企业融资成本

（八）保持流动性合理充裕，营造适宜的货币金融环境。通过差别准备金率、再贷款、再贴现等政策引导银行业金融机构加大对小微企业、"三农"等薄弱环节和重点领域的信贷支持力度。发挥开发性、政策性金融作用，为基础设施建设和重要战略性新兴产业发展提供长期低成本资金。（牵头单位：人民银行、国家发展改革委、财政部，参加单位：工业和信息化部、农业部、银监会）

（九）降低融资中间环节费用，加大融资担保力度。完善信贷资金向实体经济融通机制，降低贷款中间环节费用，严禁"以贷转存""存贷挂钩"等变相提高利率行为。引导金融机构针对不同企业合理定价。督促银行业金融机构依法合规收费，制止不规范收费行为。发展政府支持的融资担保机构，允许有条件的地方设立政府性担保基金，探索运用资本注入、再担保、风险补偿等措施，提高融资担保机构为战略性新兴产业、小微企业、"三农"服务积极性。（牵头单位：银监会、人民银行、国家发展改革委、财政部，参加单位：工业和信息化部）

（十）完善商业银行考核体系和监管指标，加大不良资产处置力度。综合考虑盈利能力、经营增长、资产质量、资本充足率等方面的考核因素，适当提高风险容忍度，落实小微企业贷款风险容忍度要求。完善信贷人员尽职免责政策。支持和督促商业银行补充资本，按市场化方式及时核销不良贷款，做到应核尽核，增强对实体经济的信贷资金投放能力。适当调整不良资产转让方式、范围、组包项目及户数方面的规定，逐步增强地方资产管理公司处置不良资产的能力，完善不良资产转让政策，提高不良资产转让的效率和灵活性。支持有发展潜力的实体经济企业之间债权转股权。（牵头单位：银监会、人民银行、国家发展改革委、财政部、税务总局，参加单位：国务院国资委）

（十一）稳妥推进民营银行设立，发展中小金融机构。推进已批准民营银行的筹建工作，引导其积极开展业务；稳妥推进民营银行发展，成熟一家、设立一家。加快发展金融租赁公司、融资租赁公司、村镇银行

等各类机构。（牵头单位：银监会、商务部，参加单位：人民银行）

（十二）大力发展股权融资，合理扩大债券市场规模。完善证券交易所市场股权融资功能，规范全国中小企业股份转让系统（"新三板"）发展，规范发展区域性股权市场和私募股权投资基金。改革完善公司信用类债券发行管理制度，合理扩大债券发行规模，提高直接融资比例。在投资者分类趋同的原则下，分别统一公司信用类债券市场发行准入标准和审核规则。加快债券产品创新，发展股债结合品种，研究发展高风险高收益企业债、项目收益债、永续债、专项企业债、资产支持证券等。加大信息披露力度，规范债券发行企业信息披露行为，提高市场透明度。加强信用评级制度建设，强化市场化约束机制，积极稳妥推进债券市场开放。（牵头单位：证监会、人民银行、国家发展改革委，参加单位：财政部）

（十三）引导企业利用境外低成本资金，提高企业跨境贸易本币结算比例。推进企业发行外债登记制度改革，扩大全口径跨境融资宏观审慎管理试点范围，进一步简化程序，合理扩大企业发行外债规模，放宽资金回流和结汇限制。在合理调控外债规模、促进结构优化和有效防范风险的前提下，鼓励资信状况良好、偿债能力强的企业赴境外发行本外币债券。扩大人民币跨境使用，引导商业银行改善金融服务，提高企业在跨境贸易中使用本币结算的比例，降低汇兑成本和汇率波动影响。（牵头单位：国家发展改革委、人民银行、国家外汇局）

四、着力降低制度性交易成本

（十四）打破地域分割和行业垄断，加强公平竞争市场环境建设。清理废除地方自行制定的影响统一市场形成的限制性规定，加快放开垄断行业竞争性环节。开展市场准入负面清单制度试点，从 2018 年起正式实行全国统一的市场准入负面清单制度。对连锁企业要求设立非企业法人门店和配送中心的，所在地政府及有关部门不得以任何形式设置障碍。组织实施公平竞争审查制度，从源头上防止排除和限制市场竞争的行为。健全竞争政策，完善市场竞争规则，加强反垄断和反不正当竞争执法。

强化价格检查，优化市场环境，健全经营者自主定价领域的市场规则。（牵头单位：国家发展改革委、商务部、工商总局，参加单位：工业和信息化部、国务院国资委、国家能源局）

（十五）深化"放管服"改革，为企业创造更好的营商环境。简政放权、放管结合、优化服务同步推进，提高政府公共服务能力和水平，为企业提供优质公共服务和公共产品。推进行政审批制度和监管制度改革，优化行政审批流程，重点围绕生产经营领域取消和下放行政审批事项，合并具有相同或相似管理对象、管理事项的证照资质，实行联合审批。大幅压减各类行政审批前置中介服务事项，无法律法规依据的一律取消。进一步优化企业投资项目相关审批程序，利用好投资项目在线审批监管平台，落实平台建设中的识别代码和个性化审批监管要求。保障各类市场主体在投资核准、政府扶持、参与政府投资项目等方面享受同等待遇。对民间投资进入自然资源开发、环境保护、能源、交通、市政公用事业等领域，除法律法规有明确规定的外，取消最低注册资本、股东结构、股份比例等限制。简化外商投资企业设立程序。研究推广对符合条件且不需要新增建设用地的技术改造项目实行承诺备案管理。规范涉企行政检查行为，落实"双随机"抽查机制，建立随机抽查事项清单。（牵头单位：国家发展改革委、工业和信息化部、国土资源部、商务部、海关总署、税务总局、工商总局、质检总局，参加单位：环境保护部、住房城乡建设部、交通运输部、国务院国资委、国家能源局）

（十六）加快社会信用体系建设，加强知识产权保护。利用好全国信用信息共享平台及企业信用信息公示系统，加强信用信息归集、共享、公开和使用。开展守信联合激励和失信联合惩戒，在行政管理、公共服务、市场交易和投融资等领域对守信企业实施优惠便利措施，对失信企业依法严格限制和约束。将注册登记、行政审批、行业主管部门作出的行政许可和行政处罚等信息归集到相应企业名下，依法予以公示。加强知识产权保护，加大对专利、注册商标、商业秘密等方面知识产权侵权假冒行为的打击力度，降低企业维权成本。（牵头单位：国家发展改革

委、人民银行、工商总局、国家知识产权局，参加单位：工业和信息化部、商务部、海关总署、税务总局、质检总局、银监会等）

（十七）提升贸易便利化水平，合理降低服务收费标准。全面推广国际贸易"单一窗口"，推进口岸管理相关部门信息互换、监管互认、执法互助，对信用记录良好的企业降低出口商品查验率，降低企业货物的通关成本。整合建立统一的公共资源交易平台体系，依法确定收费范围，规范服务收费行为，合理降低服务收费标准。积极稳妥推动行业协会商会与行政机关脱钩，厘清行业协会商会与行政机关职能边界，清理行业协会商会违法违规强制企业付费参加考核评比、表彰、赞助捐赠等项目。（牵头单位：海关总署、质检总局、国家发展改革委、民政部，参加单位：工业和信息化部、人力资源社会保障部、财政部、国土资源部、环境保护部、住房城乡建设部、国务院国资委、国家林业局）

（十八）加快剥离国有企业办社会职能和解决历史遗留问题，减轻企业负担。建立政府和国有企业合理分担成本的机制，坚持分类指导、分步实施，多渠道筹措资金，加快剥离国有企业办社会职能。全面推进国有企业职工家属区"三供一业"分离移交，剥离企业办医疗、教育等公共服务机构，对国有企业退休人员实行社会化管理，解决好厂办大集体等国有企业历史遗留问题。（牵头单位：国务院国资委、财政部、人力资源社会保障部）

五、合理降低企业人工成本

（十九）降低企业社保缴费比例，采取综合措施补充资金缺口。从2016年5月1日起，对企业职工基本养老保险单位缴费比例超过20%的省份，将单位缴费比例降至20%，单位缴费比例为20%且2015年底企业职工基本养老保险基金累计结余可支付月数超过9个月的省份，可以阶段性将单位缴费比例降低至19%；将失业保险总费率阶段性降至1%～1.5%，其中个人费率不超过0.5%。以上两项社保费率降低期限暂按两年执行，具体方案由各省（区、市）确定。综合采取实施渐进式延迟退休年龄、开展基金投资运营和划转部分国有资本充实社会保障基金，以及支持各地通过拍卖、出租政府公共资源资产等方式筹集资金,为降低企业社保缴费比例创造条件。(牵头单位:人力资源社会保障部、财政部、国务院国资委)

(二十)完善住房公积金制度,规范和阶段性适当降低企业住房公积金缴存比例。对住房公积金缴存比例高于12%的一律予以规范调整,不得超过12%。从2016年5月1日起两年内,由各省(区、市)结合实际,阶段性适当降低住房公积金缴存比例。生产经营困难企业除可降低缴存比例外,还可依法申请缓缴住房公积金,待效益好转后再提高缴存比例或恢复缴存并补缴缓缴的住房公积金。(牵头单位:住房城乡建设部,参加单位:国家发展改革委、财政部、人民银行)

(二十一)完善最低工资调整机制,健全劳动力市场体系。统筹兼顾企业承受能力和保障劳动者最低劳动报酬权益,指导各地合理确定最低工资标准调整幅度和调整频率。推进户籍制度改革,实现居住证制度全覆盖,将外来务工人员纳入当地教育、基本医疗卫生等公共服务覆盖范围,降低劳动力自由流动成本,加快形成统一开放、竞争有序的劳动力市场体系。(牵头单位:人力资源社会保障部、国家发展改革委、公安部、财政部)

六、进一步降低企业用能用地成本

(二十二)加快推进能源领域改革,放开竞争性环节价格。加快推进电力、石油、天然气等领域市场化改革。完善光伏、风电等新能源发电并网机制。2017年基本放开竞争性领域和环节价格管制,形成充分竞争的机制,使能源价格充分反映市场供求变化,提高价格灵活性。(牵头单位:国家发展改革委,参加单位:国家能源局)

(二十三)加快推进电力体制改革,合理降低企业用电成本。加快实施输配电价改革试点。积极开展电力直接交易,放宽参与范围,有序缩减发用电计划,扩大市场化交易电量的比例。对未参与直接交易和竞价交易的上网火力发电量,以及重要公用事业和公益性服务等用电,继续实施好煤电价格联动机制,合理调整一般工商业企业用电价格。简化企业用户电力增容、减容、暂停、变更等办理手续，缩短办理时限。（牵头单位：国家发展改革委、国家能源局，参加单位：工业和信息化部）

（二十四）完善土地供应制度，降低企业用地成本。积极推进工业用地长期租赁、先租后让、租让结合供应，工业用地的使用者可在规定期限内按合同约定分期缴纳土地出让价款，降低工业企业用地成本。保障物流业用地供应，科学合理确定物流用地容积率。（牵头单位：国土资源部，参加单位：财政部）

七、较大幅度降低企业物流成本

（二十五）改善物流业发展环境，大力发展运输新业态。健全现代物流标准体系，强化物流标准实施，推动物流业与制造业等产业联动发展。完善城市物流配送体系，优化资源配置，提高物流效率。推广多式联运，加快构建国家交通运输物流公共信息平台，推进跨部门、跨区域、跨国界、跨运输方式物流相关信息互联共享，鼓励企业间运力资源共享，提高运输车辆实载率。大力发展多式联运甩挂、企业联盟甩挂、干线运输和城市配送衔接甩挂等运输模式。推动无车承运人业务加快发展。（牵头单位：国家发展改革委、交通运输部，参加单位：质检总局）

（二十六）合理确定公路运输收费标准，规范公路收费管理和监督执法。尽快修订《收费公路管理条例》，科学合理确定公路收费标准，逐步有序取消政府还贷二级公路收费。坚决查处高速公路车辆救援服务中的各种乱收费行为，规范车辆超限处罚标准，减少各类执法中的自由裁量权，坚决杜绝乱罚款、"以罚代管"等行为。（牵头单位：交通运输部、财政部、国家发展改革委、公安部）

（二十七）规范机场铁路港口收费项目，清理不合理服务收费。全面清理机场、铁路、港口码头经营性收费项目，除法规规章规定的项目外，禁止指定经营、强制服务、强行收费行为，清理强制对进出港（场）企业收取的不合理费用和地方政府设立的不合理涉及铁路收费。（牵头单位：民航局、铁路总公司、交通运输部、国家发展改革委）

八、提高企业资金周转效率

（二十八）推进实体经济经营性资产证券化，开展投贷联动试点支持科技创新创业企业。鼓励实体经济企业将符合条件的经营性资产证券化，或通过金融租赁、融资租赁方式盘活存量资源。选取部分符合条件的银行业金融机构和地区，在依法合规、风险可控的前提下，对科技创新创业企业开展投贷联动业务试点，为科技创新创业企业提供合理的融资结构和持续的资金支持。（牵头单位：人民银行、银监会、证监会、商务部，参加单位：工业和信息化部）

（二十九）支持重点企业资金周转，多方筹资清偿拖欠工程款。鼓励地方政府加强协调，支持重点企业筹集周转资金，防范企业资金链断裂风险传导。地方政府统筹置换债券资金在内的预算资金，按照相关规定妥善偿还经清理核实属于地方政府债务的拖欠工程款；通过出让资产等方式获得的增量资金，优先用于清偿政府投资项目拖欠工程款。（牵头单位：国家发展改革委、财政部、人民银行、银监会，参加单位：住房城乡建设部）

（三十）清理规范工程建设领域保证金，减少资金占用。摸清目前建筑业所需缴纳各种保证金现状，研究制定依法依规开展清理工作的意见，按照既有利于减轻企业负担、又能形成新约束机制的原则制定切实可行的政策措施。（牵头单位：住房城乡建设部、财政部、国家发展改革委、人力资源社会保障部、国务院法制办）

（三十一）加强资金清欠，化解企业债务链风险。鼓励企业加强往来款项管理，引导企业加快付款，减轻全社会债务负担。发挥财务公司在提高资金使用效率方面的作用，加快产业链企业间资金周转，推进财务公司延伸产业链金融服务试点。对债务规模较大且有三家以上债权银行的客户，协调各债权银行成立债权人委员会，避免因单家机构处置不当引发新的风险。（牵头单位：银监会、人民银行，参加单位：工业和信息化部、财政部、国务院国资委）

九、鼓励引导企业内部挖潜

（三十二）引导企业管理创新和精益生产，利用信息技术手段降低成本。鼓励企业充分利用新一代信息技术等手段，实现内部管理升级，创新营销模式，提高效益水平。大力发展智能制造和智慧流通，提高产品的成品率、优质品率和精准营销匹配率。加快推进绿色制造，大幅降低资源能源消耗，实现降本增效。推进小批量、多批次、低库存、少环节的柔性化生产和作业成本法应用，提高企业供应链管理水平。（牵头单位：工业和信息化部、国家发展改革委、商务部）

（三十三）加强先进技术推广，鼓励企业加强目标成本管理。完善鼓励和支持企业转型和技术创新的政策，支持推广可有效降低企业成本的各种技术，促使企业持续提高生产效率。引导企业加强目标成本管理，对生产经营全过程和各环节耗费实施严格的全面控制，制定相应降成本目标。（牵头单位：国家发展改革委、工业和信息化部、国务院国资委）

十、落实降成本工作配套措施

（三十四）推进体制机制改革。进一步推进简政放权、放管结合、优化服务改革，积极稳妥推进国企改革和企业兼并重组，有序推进财税、金融等领域体制机制改革，加快推进资源要素市场化改革，降低供给成本、提高供给效率，形成有利于企业降低成本和健康发展的制度环境。

（三十五）支持创新活动。加快实施创新驱动发展战略，深入推进大众创业、万众创新，加强科技创新、管理创新、机制创新、营销创新和商业模式创新。发展新兴产业，加大对企业创新活动的支持，提高创新资源产出率和全要素生产率。

（三十六）发挥"互联网+"作用。充分运用互联网、物联网、云计算等新一代信息技术，改进生产经营模式。通过"互联网+"协同制造，提升企业运营效率，降低运营成本。通过"互联网+"高效物流，提升运输效率，降低流通成本。通过"互联网+"政务服务，实现部门间数据共享，提高服务效率，降低交易成本。支持企业利用电子商务拓展市场、降低生产经营成本。

（三十七）利用两个市场。加快实施自由贸易区战略，推进双边和多边贸易投资谈判，促进贸易投资便利化。结合实施"一带一路"战略，加大支持企业"走出去"力度，鼓励企业充分利用国际国内两个市场、两种资源，提高资源利用效率，降低原材料成本。

（三十八）改进企业管理。完善现代企业制度，优化运营模式，培育企业家精神和工匠精神，发挥好广大企业职工的作用，激励挖潜增效。鼓励企业与国际先进企业对标，加强企业标准化建设，推进企业研发设计、物流、采购、安全生产、销售服务等管理标准化，提高运行效率。

（三十九）降低监管成本。加强反垄断、反不正当竞争、知识产权保护、质量安全监督等市场监管；充分运用大数据手段，加强对市场主体的监管，提高监管效率。整合优化执法资源，有效避免多层多头重复执法。

（四十）改善公共服务。加强政府公共服务平台建设，扩大覆盖面，延伸服务终端，优化服务流程，提升服务效能。加强标准体系建设，开展强制性标准整合精简，加快制定公益类推荐性标准和满足市场、创新需要的团体标准，降低市场推广应用成本。推广政府购买服务方式，吸引社会资本参与提供公共服务。

（四十一）优化产业布局。加强规划引导，综合考虑资源、市场等因素，加快经济结构调整，优化产业布局。加大对国家级新区、开发区等功能性平台建设支持力度，加强公共基础设施和服务平台建设，完善产业链、物流链，提高产业发展的配套、协作和集约化水平。

（四十二）分行业降本增效。增强降成本工作的针对性，根据行业特点，研究制定具体政策措施，加快实施转型升级降本增效专项行动，有序推出并切实落实煤炭、石化、钢铁、有色金属、建材、机械、汽车、电子信息、消费品、物流等行业的转型升级降本增效方案。

十一、建立健全降成本工作推进机制

（四十三）加强组织领导和工作协调。由有关部门建立降低实体经济企业成本工作协调机制，加强综合协调，统筹推进各项工作，跟踪督促落实。省级人民政府要建立完善降低实体经济企业成本工作推进机制。有关部门和地方政府要加强工作指导,形成降低实体经济企业成本的长效机制,重点是建立健全常态化的组织协调和督促落实工作机制;建立效果评估和统计监测机制;建立根据形势变化动态调整政策措施机制。

(四十四)加强对落实情况的督促检查。有关部门、地方人民政府是本领域、本地区降低实体经济企业成本工作的第一责任主体。各部门、各地区要按照党中央、国务院决策部署,根据本方案抓紧制定实施细则。加强专项督查,推动各项政策措施落实,并根据实际情况不断充实完善政策措施。适时将降低实体经济企业成本转为常态化工作,加强企业运行情况动态监测和常态化监督检查。

(四十五)适时评估总结和推广经验。各部门、各地区要在2017年3月底前进行一次政策落实情况及效果评估,积极推广效果良好的政策和做法,研究解决出现的问题,相应及时调整政策;从2017年起,每年年中报送一次政策落实情况。根据工作进展,适时进行阶段总结和协调,对后期常态化工作提出要求;在阶段性完成降低实体经济企业成本工作任务后,组织进行全面工作总结,完善推进降成本工作的长效机制。

关于做好 2018 年降成本
重点工作的通知

发改运行〔2018〕634 号

公安部、民政部、司法部、人力资源社会保障部、自然资源部、生态环境部、住房城乡建设部、交通运输部、水利部、农业农村部、商务部、国资委、海关总署、税务总局、市场监督管理总局、统计局、银行保险监督管理委员会、证监会、能源局、林业和草原局、民航局、外汇局、知识产权局、全国总工会、残疾人联合会、铁路总公司办公厅（办公室、综合司），各省、自治区、直辖市、计划单列市、副省级省会城市、新疆生产建设兵团发展改革委、经信委（工信委、工信厅）、财政厅（局）、物价局，人民银行上海总部、各分行、营业管理部、各省会（首府）城市中心支行、各副省级城市中心支行：

  在党中央、国务院坚强领导下，经过各方共同努力，两年来降低实体经济企业成本工作取得显著成效，年度目标任务顺利完成。党的十九大报告指出，必须坚持质量第一、效益优先，以供给侧结构性改革为主线，推动经济发展质量变革、效率变革、动力变革，提高全要素生产率。为不断增强我国经济的创新力和竞争力，切实提高供给体系质量，显著增强我国经济质量优势，按照中央经济工作会议和《降低实体经济企业成本工作方案》（国发〔2016〕48 号）要求，结合近两年工作实践，降低实体经济企业成本工作部际联席会议 2018 年将重点组织落实好 9 个方面 30 项任务。

一、2018 年降成本目标任务和总体要求

深入学习贯彻习近平新时代中国特色社会主义思想和党的十九大精神，坚持稳中求进工作总基调，深化供给侧结构性改革，持续推进降成本工作，确保完成国发〔2016〕48 号文件提出的 3 年左右使实体经济企业综合成本合理下降，盈利能力较为明显增强的目标任务。

在降成本工作中，更加注重中长期目标确立和长效机制建设，把降成本与产业转型升级、提升持续发展能力结合起来，以提高实体经济供给体系质量为重点，持续增强我国经济质量优势。坚持统筹谋划、分类实施，坚持远近结合、标本兼治，坚持外部减负、内部挖潜，坚持上下联动、互相借鉴。在降低制度性交易成本、税费成本和要素成本上协同发力，降低企业负担。

二、持续降低税费负担

（一）通过结构性减税支持实体经济发展。统筹推进增值税改革，优化调整增值税税率，落实支持创业创新的税收优惠政策，落实对中小微企业、科技型企业的税收优惠政策，下调部分产品进口关税。

（二）提高纳税便利程度。尽快推出分行业扩大小规模纳税人自行开具增值税专用发票试点范围等具体改革措施；研究推出改进税收优惠备案方式、简并优化申报表、建立信用积分制度等具体改革措施。规范办税程序，推进纳税服务一体化。推进异地纳税便利化，实施"互联网+税务"行动计划，推行全国统一规范的电子税务局，加快实现电子与实体服务同质化，营造良好税收环境。

（三）归并减免政府性基金和合理降低行政事业性收费。修订《行政事业性收费标准管理暂行办法》。对行政事业性收费情况进行梳理，降低偏高的收费标准。落实排污交易改革思路。

（四）进一步清理规范经营服务性收费。降低电信资费，督促基础电信企业进一步落实取消手机国内长途和漫游费等降费措施，进一步降低流量资费、中小企业专线标准资费和国际港澳台漫游资费。取消、降低部分服务性收费和相关行业协会商会收费。

（五）依法查处各类涉企违法违规收费。检查涉企收费目录清单落实情况，确保收费目录清单执行到位。重点查处电子政务平台、行政审批中介服务、行业协会等领域违规收费行为。严格落实中央和地方已印发的关于行政审批中介服务事项清理规范的文件，梳理重点部门行政审批前置中介服务及相关政策法规依据，应当由行政机关委托中介机构并付费的，督促有关部门及时整改。继续深化行业协会商会与行政机关脱钩改革，规范行业协会商会收费，着力消除利用行政影响力收费现象。

（六）深化收费目录清单制管理。建立公布《政府定价的经营服务性收费目录清单》，建立目录清单动态调整机制，根据形势发展变化及时调整。凡具备竞争条件的经营服务性收费项目一律放开，不具备放开条件的均列入收费目录清单，严格监管。

三、合理降低融资成本

（七）加强和改进对制造业的金融支持和服务。鼓励金融机构坚持区别对待、有扶有控原则，不断优化金融支持方向和结构，在风险可控、商业可持续原则下，着力加强对制造业科技创新和技术改造升级的中长期金融支持，合理安排融资利率、授信期限和还款方式。引导金融机构积极开发符合企业资金需求特点的流动资金贷款产品，鼓励有条件的依法合规开展"应收账款融资"及"年审制"等合理金融创新。

（八）发展普惠金融支持小微企业发展。落实好对普惠金融领域贷款达到一定标准的金融机构的定向降准政策，持续推进中小微企业信用体系建设，积极运用信贷政策支持再贷款、再贴现等工具，引导金融机构加大对小微企业的支持力度。积极稳妥推进村镇银行培育发展，督促村镇银行全面提升支农支小服务能力和水平。深化"银税互动"和"银税合作"，有效解决银企信息不对称难题，降低银行风险管控成本。

（九）发展融资担保支持小微企业发展。推动融资担保机构回归服务小微和"三农"本源、专注融资担保主业。尽快设立国家融资担保基金，支持地方政府性担保机构发展，改善小微企业融资环境。推动省级农业信贷担保机构向市县延伸。

（十）提升金融对实体经济的服务能力。继续推进多层次资本市场建设，提高直接融资比重。积极支持符合条件的企业通过资本市场进行股权融资。进一步简化中小企业股份转让许可，完善融资制度安排，创新融资品种和服务。继续推动债券市场创新发展，增强服务实体经济能力。进一步完善和细化全口径跨境融资宏观审慎管理政策，在有效防范外债风险的前提下，继续拓宽境内企业融资渠道。不断优化和完善人民币跨境业务政策，引导企业在对外贸易及相关投融资活动中使用人民币进行计价结算。

四、着力降低制度性交易成本

（十一）营造公平竞争市场环境。全面实施公平竞争审查制度，打破行政垄断、地区分割，维护全国统一市场。加大对公用事业、网络型行业等领域的反垄断执法力度。全面实施"双随机、一公开"监管，完善监督检查工作机制，推动跨部门联合检查。强化企业公共信用监管的作用，进一步完善企业经营异常名录和严重违法失信企业名单管理，推动部门间企业公共信用信息共享和失信联合惩戒。推进检验检测结果互认，采信第三方认证结果，提升监管效率。推动认证国际合作，推进"一审多证"，减轻企业负担。

（十二）在全国推开"证照分离"改革，全面规范"多证合一"改革。抓好"证照分离"改革提速，推动"照后减证"，着力解决准入不准营的问题，大幅缩短商标注册周期。建立国家层面统一的"多证合一"整合目录，推进全国范围内"多证合一"改革模式的规范统一。鼓励有条件的地区开展减证便民行动，全面清理各级政府机关及所属事业单位在行使行政职权和提供公共服务时要求行政相对人提供的证明材料。

（十三）进一步压缩企业开办时间。通过大力推进企业登记全程电子化和电子营业执照应用、加快企业名称登记管理改革等多项措施，着力提升企业登记注册便利度。选择北上广深作为重点地区，落实地方政府主体责任，狠抓具体部门和工作环节，大幅压缩企业开办时间，争取2018年年底前在北上广深率先实现企业开办时间（包括工商登记事项办理、刻制印章、申领发票）不超过 8.5 天。及时总结推广先进经验，缩小与国际先进水平的差距。研究开展取消新设企业开立基本存款账户许可事项试点。加强信息共享和业务协同，探索实践更加简化、便捷的市场准入退出机制。

（十四）持续优化营商环境。与国际营商环境先进水平进行对标，建立完善开办企业时间统计通报制度。鼓励有条件的地区开展营商环境对标提升行动，查找存在问题和差距，持续改进。

（十五）推进"互联网+政府服务"。鼓励有条件的地区在现有省级电子政务服务平台的基础上，不断丰富完善服务事项网上办理功能，加快政府信息系统互联互通，打破信息孤岛，实现数据共享，变串联审批为并联审批；推进"最多跑一次"改革、"不见面"审批服务。

（十六）简化企业投资项目审批程序。鼓励有条件的地区对非核准类项目实施企业投资项目承诺制试点，加快项目报建手续办理；探索通过强化"区域能评、环评+区块能耗、环境标准"机制，推动简化项目能评、环评工作内容，避免重复评价，精简审批程序。

（十七）进一步压减工业产品生产许可。除涉及安全、环保事项外，凡是技术工艺成熟、通过市场机制和事中事后监管能保证质量安全的产品，一律推动取消生产许可；对与消费者生活密切相关、通过认证能保障产品质量安全的，一律推动转为认证，加强事中事后监管。确需保留的，严格实行目录清单管理，简化审批程序。

五、延续"五险一金"缴存比例等政策降低人工成本

（十八）保持政策连续性降低人工成本。加快落实《划转部分国有资本充实社保基金实施方案》。延长阶段性降低住房公积金缴存比例、企业职工基本养老保险单位缴费比例和失业保险费率实施期限；保持工伤保险行业基准费率不变，阶段性对符合条件省份的费率进行下调。完善城镇职工基本养老保险和城乡居民基本养老保险制度，建立企业职工基本养老保险基金中央调剂制度。修订《失业保险条例》，扩大失业保险基金支出范围。

（十九）完善残疾人就业保障金和工会会费缴纳政策。研究修改《残疾人就业条例》，调整完善残疾人就业保障金政策。研究工会经费收缴使用的科学性、合理性。

（二十）实施技能人才培训福利计划。鼓励有条件的地方通过政府购买服务等方式，支持职业院校、企业和社会培训机构开展职业技能培训。按规定落实职业培训和职业技能鉴定补贴政策，为产业转型升级、经济结构调整提供技能人才支撑。

六、有效降低用能用地成本

（二十一）合理降低用能成本。深化电力、天然气价格改革。继续开展电力市场化交易，制订完善电力市场化交易细则，推进建立有利于促进公平竞争、交易电量和交易比例大幅提升的市场结构及市场体系，更好地发挥市场在资源配置中的决定性作用。持续深入推进输配电价格改革，开展区域电网输电价格和跨省跨区专项输电工程输电价格的成本监审和价格审核。通过清理规范电网环节收费，临时性降低输配电价、扩大跨省区电力交易规模以及降低政府性基金等措施，一般工商业电价平均降低10%。支持有条件的企业自建分布式能源，支持新能源发电与用能企业就近就地进行交易。指导地方加强省内天然气管道运输和配气价格监管。

（二十二）降低企业用地综合成本。指导地方研究出台长期租赁、先租后让、租让结合等方式供应土地的实施细则，加快政策落地。对省（区、市）层面统筹推进的重大项目，优先保障用地计划，加快用地审查报批，提高用地配置效率。

（二十三）积极推进不动产登记制度改革。通过优化工作流程、增设服务窗口、增加办事人员、创新信息化服务举措等方式，进一步精简办事环节、压缩抵押登记等办理时限。健全信息互通共享机制，大力推行不动产登记、交易"一窗受理、并联办理"，提高不动产登记效率和便利化程度。

七、加快降低物流成本

（二十四）规范公路、港口和车辆检审收费。加快推进《收费公路管理条例》修订，深化收费公路制度改革，降低过路过桥费用。进一步规范公路治超执法，督促指导各地落实《关于治理车辆超载超限联合执法常态化制度化工作的实施意见（试行）》。落实货运车辆年检年审依法合并工作。推行高速公路通行费增值税电子普通发票开具工作。稳步扩大高速公路分时段差异化收费试点。加强价格行政执法，规范市场自主定价的港口经营服务性收费行为，推动港口企业调减港口作业包干费收费标准。

（二十五）通过多种途径优化运输方式。大力发展先进运输组织方式，充分发挥各种运输方式比较优势，提高运输组织效率。深化铁路改革，提升运输效率和服务水平，发展集装箱等成组化运输，发挥铁路在多式联运中的突出作用，积极提升铁路货运比例。支持无车承运人等"互联网+"物流新业态发展，促进物流资源合理配置，降低货车空驶率，提高物流运作效率。加快修订《道路运输条例》，完善相关法规制度，推动无车承运人有序健康发展。推进物流配送网络建设，实施城乡高效配送专项行动。加大物流标准化推广力度，完善托盘、周转筐、包装、集装箱等相关物流设施设备标准。开展物流降本增效综合改革试点，进一步破除制约物流降本增效和创新发展的体制机制障碍。

（二十六）支持重要节点物流基础设施建设。加强物流规划和用地管理，将物流用地纳入土地利用总体规划、城市总体规划，并在城乡规划中综合考虑物流发展用地，统筹安排物流及配套设施用地选址和布局。充分利用存量物流用地资源，提高闲置土地资源利用效率，合理增加物流设施用地。研究开展供应链创新与应用试点，积极推进供应链平台建设工作。

八、提高资金周转效率

（二十七）继续清理规范涉企保证金。修订农民工工资保证金管理办法，落实差异化缴存措施。推广银行保函替代现金形式保证金。

九、激励企业内部挖潜

（二十八）支持引导企业降本增效。支持企业围绕智能化、绿色化等方向进行技术升级改造，瞄准国际标杆，全面提高产品技术、工艺装备、能效环保、质量效益和安全水平。鼓励有条件的地区通过事后奖补等手段，支持企业技术研发创新和升级改造。引导企业重视供应链管理和精细化物流管理，降低能源原材料采购成本。鼓励地方有关部门和行业协会总结内部挖潜、降本增效工作成效显著的典型企业做法，梳理企业提升内部管理、降低能耗物耗和各项费用等方面的有效途径，引导其他企业对标挖潜、降本增效。

十、加强长效机制建设

（二十九）深入推进降成本长效机制建设。不断完善降成本工作推进体系和工作机制，充分发挥相关领导小组、协调机制的作用，加强部门之间、部门地区之间的相互配合、信息沟通、协调会商，协同推进降成本工作。建立台账制度，将任务逐项分解落实，逐条明确相关要求。建立动态跟踪制度，加强统筹协调，密切跟踪配套政策制定情况、重点任务进展完成情况，及时解决政策推进中的困难和问题。

（三十）加强政策宣传和经验推广。充分利用各种宣传渠道和手段，加大降成本政策宣传力度，向企业传达解读各项优惠、扶持政策，为企业享受政策红利创造条件。有关部门和各地应充分听取企业意见，强化对企业反映问题的反馈和及时处置。降低实体经济企业成本工作部际联席会议将加强对各地好的经验、做法和案例的梳理，加强宣传和推广。

同时，按照国发〔2016〕48号文件要求，组织做好降成本总结评估工作，切实解决评估中发现的问题，确保降成本目标任务圆满完成。

请各单位认真做好相关重点工作。

国家发展改革委
工业和信息化部
财　政　部
人　民　银　行
2018年4月28日